郑永廷文集

（第八卷）

郑永廷◎著

·广州·

图书在版编目（CIP）数据

郑永廷文集：共八卷／郑永廷著. —广州：中山大学出版社，2023.8
ISBN 978-7-306-07872-8

Ⅰ.①郑… Ⅱ.①郑… Ⅲ.①政治—中国—文集 Ⅳ.①D6-53

中国国家版本馆 CIP 数据核字（2023）第 143907 号

ZHENG YONGTING WENJI（DI-BA JUAN）

出 版 人：王天琪
策划编辑：嵇春霞 周昌华
责任编辑：陈晓阳 周昌华
封面设计：曾 斌
责任校对：卢思敏
责任技编：靳晓虹
出版发行：中山大学出版社
电 话：编辑部 020-84110283，84113349，84111997，84110779，84110776
发行部 020-84111998，84111981，84111160
地 址：广州市新港西路 135 号
邮 编：510275 传 真：020-84036565
网 址：http://www.zsup.com.cn E-mail:zdcbs@mail.sysu.edu.cn
印 刷 者：恒美印务（广州）有限公司
规 格：787mm×1092mm 1/16
总 印 张：122 印张
总 字 数：2190 千字
版次印次：2023 年 8 月第 1 版 2023 年 8 月第 1 次印刷
总 定 价：680.00 元（全八卷）

目录

人的现代化概念解读*

自人的现代化概念被提出以后，不同学科的学者从不同视角和不同层面对其进行了界定，概括起来，大致有以下几种界定类型。

一、界定“类”的现代化与个体现代化

“类”的现代化，是指整个人类状况的现代化，或指国家的国民、民族的族群现代化。“类”的现代化包括人口素质现代化和人的主体意识现代化两个方面。人口素质的现代化表现为人口类型的现代化、人的身体素质的现代化和人的文化素质的现代化。人口类型的现代化，一是指人口再生产从传统类型向现代类型的转变，反映的社会指标是人口的生育率、出生率和增长率；二是指人口的城乡结构和产业结构的转变，反映的社会指标是非农业人口比重、城市人口的比重、第三产业人口的比重等。人的身体素质的现代化是指人口的健康化程度，反映人口健康水平的重要指标有平均预期寿命、恩格尔系数等。人的文化素质的现代化是指人口的知识化水平，反映人口知识化水平的社会指标有社会成员的受教育程度和掌握科学文化知识的程度。总的来说，人口的城市化、非农化、知识化和健康化是人口现代化的主要反映。人的主体素质的现代化是指在现代化进程中，要培养人的现代意识、能力和心理素质。对“类”的现代化的界定，包括类特性的相应发展、类社会关系的相应发展、类能力的相应发展，以及类的和谐、协调发展。所以，“类”的现代化也被称为人的广义现代化。

个体现代化，是指个人状况的现代化，是人的狭义现代化，主要包括个体生存方式与发展方式的现代化。个体生存方式现代化表现为个体在现代社会条件下，其思维方式、工作方式、活动方式及生活方式具有适应性，即与现代社会条件相协调，表明生存方式具有现代性。个体发展方式现代化表现为在开放、市场体制和科学技术迅速发展的条件下，个体的价值观念、情感欲求、主体精神、知识体系、能力结构、心理状况的超越性，即能伴随并推

* 原载于《人的现代化理论与实践》，人民出版社 2006 年版，作者郑永廷等，收录时有修改。

动现代社会的发展，具有竞争性。个体生存方式现代化是个体现代化的前提，个体发展现代化是个体现代化的目的。没有个体生存方式现代化，就不可能有个体发展方式现代化；没有个体发展方式现代化，就不可能使个体生存方式维持现代化。

类的现代化和个体现代化是人的现代化的两个层面，即整体层面和个体层面，二者是一般与个别的关系。类的现代化是个体现代化的根本条件，个体现代化是类的现代化的实现基础。只有把握两个层面的统一与互动，才能认识和把握人的现代化的基本特征与发展趋向。在关于人的现代化的研究中，界定和研究个体现代化的较多而界定和研究类的现代化的较少，界定和研究二者关系的则更少。

二、界定过程现代化与素质现代化

对人的过程现代化的界定，是以人的转变或人格转变、人的发展为线索作出的。“人的现代化就是在生活环境变化的影响下，一个传统人转变为现代人的过程。”① “人的现代化是指人由传统人格转化为现代人格的过程。”② 人走向现代化的过程，也就是同阻碍其发展的各种因素相抗争，摆脱各种自然力量、社会力量的束缚，谋求人的全面发展的过程。过程现代化界定强调的是人的传统性与人格的传统性向人的现代性或人格现代性的转变，这种转变过程是人的现代化实现的过程，也是人的发展过程。因此，界定过程现代化是对人的动态性、状态性的界定。这种界定自英格尔斯提出以来，一些学者对其进行了传承与丰富。

人的素质现代化概念，是研究者对人的现代化的界定。有的研究者认为，人的现代化就是或主要是人的素质的现代化，是指与现代社会相联系的人的素质的普遍提高和全面发展。由于不同研究者对素质的理解不同，因而对素质现代化的界定也各有侧重，如有的研究者强调人的人文素质，认为“人的现代化，就是个人的文化素质的现代化”③，“是至真的科学素质与至善的人文素质的完善结合”④。也有研究者强调人的能力和心理健康。而更多的研究者注重人的素质的全面提高，包括与现代科技和生产力发展水平相

① 张著名：《走出“人的现代化”理论研究的误区》，载《社会》2000 年第 7 期，第 24 页。
② 褚宏启：《教育现代化的路径》，教育科学出版社 2000 年版，第 149 页。
③ 傅丽芬：《关于人的现代化的诠释与反思》，载《理论探讨》1995 年第 1 期，第 83 页。
④ 金奇：《人的现代素质略论》，载《北京社会科学》2002 年第 2 期，第 144 页。

适应的生理、心理、思维方式、思想道德、知识能力、行为方式等各个方面的普遍提高和全面发展。界定素质现代化，是对人的主体性、发展性的界定，这种界定源于对现代人特征的概括和人的全面发展理论。

过程现代化与素质现代化虽各有侧重，但也有内在关联。过程现代化暗含人的素质转变与提高，没有人的素质转变与提高，就不能实现传统人向现代人的转变；而素质现代化必定是一个过程，即一个素质逐步转变与提高的过程，人的现代素质不可能一下子形成。这两个概念各有其运用的条件。一般来说，当社会处于由传统向现代的转折过程中时，运用人的过程现代化概念，可以将传统与现代人进行比较，从而更能提高人们实现现代化的自觉性。进入现代社会，在社会竞争和实施全面教育的过程中，运用素质现代化概念，能够引导人们注重自身素质的全面提高。

三、综合界定与关系界定

人的现代化的综合界定，是把前面几种有所侧重的界定综合起来，或从多个层面概括人的现代化，形成人的现代化综合性概念。例如，有的研究者认为，人的现代化“是人的生存方式和发展状态的历史转型”，“是人的素质全面发展的动态过程”，“是人的思想价值观念、行为方式、生活方式实现传统到现代的转变”。这些观点把素质界定和过程界定结合起来，既强调人的素质提高和人的全面发展，又强调从传统向现代的转变。也有研究者把人的类的现代化与个体现代化结合起来，认为人的现代化是人口素质现代化和个体主体意识现代化的结合，人口素质现代化是宏观层面的全体人的现代化，个体主体意识现代化则是微观层面的个人内在素质的现代化，这两个方面的现代化总是不可分割地联系在一起。

所谓人的现代化的关系界定，就是不孤立地对人的现代化进行界定，而是把人的现代化与其他现代化联系起来进行界定。比较多的关系界定是把人的现代化与社会的现代化联系起来进行界定，例如，刘永佶教授从人与社会关系层面提出“人的现代化是社会现代化的内动力，也是实现社会现代化的内在条件，社会现代化则是人的现代化的总过程”①。从外在与内在关系层面，把现代化划分为两个层面：一是外在现代化，即社会现代化；二是内在现代化，即人的现代化。这两个层面的现代化是不可分割地联系在一起

① 刘永佶：《中国现代化导论》，河北大学出版社1995年版，第453页。

的。“人的发展是可持续发展的实质和核心。当代中国的发展过程也就是社会主义现代化的实现过程，而人的现代化则是关键。”① 也有的学者从主客体关系层面把现代化划分为客体现代化即社会现代化、主体现代化即人的现代化：“人的现代化，是客体现代化的根本保证和动力，客体现代化，又为人的现代化提供根本条件和前提。”② 还有的学者从人与文化的关系角度界定人的现代化，提出人的现代化是“从观念到行为，从传统社会向现代社会的转变，既表现为一个艰难困苦的文化转型过程，又表现为一个人格转型过程”③。以上几种关于人的现代化概念的界定各有侧重和特色，也都有其合理性。之所以对人的现代化问题有多种不同的界定，是因为人的现代化所包括的内涵丰富和所关联的外延广泛。因而，从其自身的本质属性、功能属性、社会属性等方面可以作出不同界定，从其与社会不同要素的相关性方面可以作出不同界定，从时间演化与社会转折的视角也可以作出界定。

人的现代化，就是在现代化建设进程中，人的全面、协调发展的状况与过程。在时间上，我国社会既不是以小农经济为主的传统社会，也还没有全面实现现代化，而是正处在转折、改革和社会主义现代化建设过程中，人也处在转变、发展过程中。研究处在转变过程中的人的发展问题，对于促进转变、推进发展无疑是十分迫切而必要的。在面向现代化的发展问题上，我国的社会背景与西方国家实现现代化的状况是不同的，我国不会走西方工业化的老路，而是要在借鉴与创新、继承与发展、传统与现代的复杂张力中，探索出符合我国实际的现代化道路。因此，在我国，人的现代化必须尽可能避免走西方人的现代化所经受的异化、片面发展的曲折之路。实现人的素质的全面提高和人与社会、自然的协调发展，既要努力保持发展现实状态的全面性与协调性，也要保证长远发展过程中的全面性与协调性。只有人全面、协调发展，才能保证和推动社会的全面与协调发展。

四、人的现代化的相关概念

与人的现代化相关、相近的概念，在社会生活的不同场合和各个不同的

① 韩庆祥：《人类是时代的声音：当代人类发展的深层问题与人类回应》，载《中国社会科学》1998 年第 1 期，第 19 页。

② 中国人学学会：《人学与现代化：全国第二届人学研讨会论文集》，广西人民出版社 1999 年版，第 180 页。

③ 方世南：《社会现代化与人的现代化》，苏州大学出版社 1999 年版，第 31 页。

学科领域都有学者运用。本文除主要运用“人的现代化”这一概念之外，为表述方便，也用了“人的全面发展”“人的发展”的概念。

（一）人的解放的概念

所谓人的解放，不仅指人在反动统治阶级的压迫下通过斗争获得自由，而且泛指人通过解除观念、制度、活动方式等各种束缚，获得自由和发展。因而人的解放既包括作为一个阶级的人的解放乃至人类的解放，如无产阶级的解放、人类的解放，也包括个体的解放，如思想解放。马克思主义的学说，就其实质内容和功能而言，就是关于人的解放的学说。这个学说既表达了人的解放的目标，也表达了人的解放的过程，还表达了人的解放的尺度。虽然马克思和恩格斯没有提出人的现代化的概念，但马克思主义关于人的解放的学说预示和涵盖了人的现代化的内涵与过程。在马克思那里，无产阶级为谋求解放的斗争及未来将实现的社会主义制度，都是被融入世界历史和社会现代化进程之中的，都是为了推进社会和人的现代发展。恩格斯在 19 世纪 40 年代发表的《共产主义原理》中便开始猜解“现代之谜”。他说：“人只需要了解自己本身，使自己成为衡量一切生活关系的尺度，按照自己的本质去估价这些关系，真正依照人的方式，根据自己本性的需要，来安排世界，这样的话，他就会猜中现代之谜了。”[①] 他还强调，“共产主义是关于无产阶级解放的条件的学说”[②]，随着产业革命的发展，富有现代性的“新人”就会出现。“当 18 世纪的农民和手工工场工人被吸引到大工业中以后，他们改变了自己的整个生活方式而完全成为另一种人；同样，用整个社会的力量来共同经营生产和由此而引起的生产的新发展，也需要一种全新的人，并将创造出这种新人来。”[③] 显然，恩格斯在这里所指的农民和手工工场的工人是传统人，而被吸引到大工业中的人则是现代人。因此，人的解放的概念是比人的现代化的概念更早，更具预示性、长远性和丰富性的概念，而人的现代化概念则是人的解放概念在现代社会中的具体化。

（二）人的全面发展的概念

人的全面发展概念是马克思主义创始人论述颇多的一个概念。马克思提

---

① 《马克思恩格斯全集》第 1 卷，人民出版社 1972 年版，第 651 页。
② 《马克思恩格斯选集》第 1 卷，人民出版社 1995 年版，第 230 页。
③ 《马克思恩格斯全集》第 46 卷（上），人民出版社 1979 年版，第 237 页。

出了许多关于人的发展的著名论断。马克思在《1844年经济学哲学手稿》中提出，“共产主义是使人以一种全面的方式，也就是说，作为一个完整的人，占有自己的全面的本质”。他在《德意志意识形态》中进一步提出，自由活动在共产主义者看来，这是“完整的主体”从全面才能的自由发展中产生的创造性的生活表现。《共产党宣言》认为每个人的全面而自由发展是共产主义的基本原则，是人类社会追求的根本目标。马克思主义经典作家在一系列论著中，阐述了人的全面发展的内涵、意义、目标、过程和实现的基本途径。然而，人的全面发展是一个历史过程，在这个历史过程中，不同的历史阶段有衡量人全面发展的不同客观尺度，从而使不同历史阶段的人的全面发展带有明显的时代特征。人的真正自由、充分、全面发展是建立在私有制、旧的分工被消灭，并已实现共产主义公有制的基础上的。那时的社会财富极为丰富，人们可以各尽所能，按需分配；人们对社会关系有很强的主动性和调控能力；人们的道德水平、文化水平得到空前提高；等等。中国的现代化进程还处在社会主义初级阶段，虽然建立了社会主义公有制，但这种公有制的水平不高，且存在着多种经济成分，还存在剥削和分配不公，甚至贫富分化的状况；虽然分工已获得很大发展，但旧的分工体系仍然存在，高度的专业化分工依然束缚人的发展；社会产品按劳分配而不是按需分配，劳动还是谋生的手段而不是生命的需要；在劳动能力和劳动成果方面仍存在事实上的不平等。同时，即使今后实现了现代化，民主和法制高度发展，人的自由程度大大提高，人们在事实上的不平等仍然存在。因此，我们现在所提出的人的全面发展既是人的发展目标，即与社会主义、共产主义乃至人类社会追求的“每个人的自由发展是一切人自由发展的条件”相一致，也是人在现阶段的发展要求，即与资本主义社会人的异化和我国社会一些人的片面发展相区别。因此，人的全面发展在现阶段就是人的现代化。实现人的现代化的过程，实质上就是实现人的全面发展的过程，这一过程是与我国社会主义现代化建设过程相一致的，也是社会主义现代化的重要组成部分。相对而言，人的全面发展是一个更长远的历史过程，是一个更远大的目标，人的现代化则是人的全面发展过程中的一个必经阶段。人的现代化过程必须与人的全面发展过程相一致，人的现代化结果必定最终走向人的全面发展。因此，人的现代化的概念和人的全面发展的概念在现阶段是可以通用的。

（三）人的现代性

现代性概念是一个运用广泛的概念，在对现代性进行界定和研究的过程中，也同样存在形形色色、各不相同的观点。有的学者把现代性理解为一个特定的历史时期，如凯尔纳和贝斯特认为："现代性一词指涉各种经济的、政治的、社会的以及文化的转型。"[①] 有的学者把现代性界定为一种独特的社会生活和制度模式，如吉登斯提出："现代性是现代社会或工业文明的缩略语。"[②] 也有的学者把现代性看作一种特殊的叙事方式，如利奥塔在1984年写给塞缪尔·卡辛的信中说："在《后现代状况》中我关心的'元叙事'（meta-narratives）是现代性的标志。"[③] 还有的学者把现代性概括为一个自启蒙运动以来不断实现的方略，如哈贝斯提出："由18世纪启蒙哲学家所开创的现代性事业，就在于根据各自的内在逻辑来努力发展客观科学、普遍道德与法律以及自主艺术。"[④] 这些界定，有的侧重于过程，有的侧重于模式，有的侧重于方式和方案，虽然有其合理性，但也存在明显的片面性。

现代性应当是现代社会和现代人所包含和表现的一种不同于传统社会和传统人的特性。这种特性主要体现的是独立自主、民主平等、开放宽容、科学真理、全面发展、高度社会化等进步的主导性价值观。而与现代性相对应的，则是家族至上、等级依附、封闭保守、狭隘经验、片面分散等落后的主导性价值。现代主导性价值观生成、积淀体现在人身上，就是人的现代性。而人的现代化，就是指人的现代特性发生、发展的现实活动，包括人的价值观念、思想道德、知识结构、工作和生活方式由传统性向现代性的转变，由传统人向现代人的转变。因此，人的现代性主要指涉的是人的特性、状态；而人的现代化既涵盖人的现代特性，又包括人的现代特性的生成、发展过程。

（四）人的革命

所谓革命，是指事物从旧质向新质的转变、飞跃，是在变革中的进步。人的革命就是人在变革原有状态过程中发展、提高，就是改变、革除传统的、落后的思想观念、知识结构、工作方式、生活方式等不适应社会发展的

---

① ［美］凯尔纳、［美］贝斯特：《后现代理论》，张志斌译，中央编译出版社2001年版，第2页。

② ［英］吉登斯、［英］皮尔森：《现代性：吉登斯访谈录》，尹宏毅译，新华出版社2001年版，第69页。

③ 包亚明：《后现代性与公正游戏》，上海人民出版社1997年版，第167页。

④ ［美］凯尔纳、［美］贝斯特：《后现代理论》，张志斌译，中央编译出版社2001年版，第301页。

因素，确立现代的、先进的思想观念、知识结构、工作方式与生活方式。因此，在人由传统人向现代人的转变过程中，人的革命的概念与人的现代化所包容的内涵是相近的，是同等性质的概念。所以，日本学者池田大作使用了人的革命概念，他在《二十一世纪的警钟》一书中写道："近世以后人类的历史，总的可以这么说，认为自然界和社会制度这种外在世界的变革是左右人类幸福的根本关键，而且仅把目光注视在这一点上。因而不考虑自己作为一个人的生活态度，轻视或者忘记了努力去严格要求自己内在的各种心灵活动。……在现代，显得特别重要的是努力变革和提高人的生命和精神世界。我们把这称为'人的革命'。"显然，池田大作所讲的"人的革命"就是人的现代化、人的发展，只不过人的革命的概念比人的现代化的概念被运用的时段更长而已。

人的现代化研究的学科维度*

关于现代化的研究可以被粗略分为两类：一类侧重于制度层面的研究，关注“组织与行为”（organizing and doing），偏重于经济和政治因素；另一类侧重于个人层面的研究，关注“思想与行为”（thinking and feeling），偏重于文化和心理因素。现代化学者维纳在其《现代化：增长的动力学》一书中指出，虽然社会科学家们对价值与态度如何变化的问题看法不同，但我们可以肯定有一派思想认为，价值与态度的变化乃是创造一个现代化社会、经济与政治体系的先决条件。相比较而言，虽然以往对现代化问题的制度层面的研究多于个人层面的研究，但如今后者也逐渐多了起来，且这些研究主要体现在学科研究的维度上。

一、教育学科对人的现代化研究

教育活动是一种面向人、培育人的自觉活动，是促进人社会化的活动。在实现社会现代化的过程中，教育理所当然地担当着人的现代化任务。正如英克尔斯等人在实证调查研究基础上所认定的：“在决定一个人现代性之中，教育本身是一个非常强有力的直接的独立的因素。”① 为什么教育能促进人的现代化？在学校中，靠什么机制培养人的现代的态度和价值，使学生形成现代心理倾向及行为？对此，英格尔斯等人也进行了概括：“我们相信对这一问题的答案主要在于学校作为一种社会组织的特有性质，这种社会组织同课程没有多少联系。在我们看来，学校不仅是一个教学之所在，而且，不可避免地，学校是比较普遍的儿童社会化的一个场所。学校乃是通过学习课程的正式教育以外的很多活动过程（奖励与处罚、教师的榜样影响、学校组织的示范作用和概括化）使人现代化的。”教育学科对人的现代化的研究与推进，也经历了一个由自发到自觉的演变过程。

---

* 原载于《人的现代化理论与实践》，人民出版社 2006 年版，作者郑永廷等，收录时有修改。

① ［美］英格尔斯、［美］史密斯：《从传统人到现代人：六个发展中国家中的个人变化》，顾昕译，中国人民大学出版社 1992 年版，第 201 页。

20世纪六七十年代，关于教育实现人的现代化方面的研究开始起步。德国教育家克拉夫基于1936年出版了专著《教育理论与教学论研究》，他根据社会发展进程，把教养教育理论划分为传统、现实、乌托邦三种类型。他认为现代教育在继承传统教育合理性的基础上，必须从受教育对象的现实情况开始，即把家庭背景、周围环境、工业社会、学生的兴趣等因素综合起来考虑教育问题，“从日常生活开始，对教育内核进行精神升华”。显然，克拉夫基摒弃了传统教育的保守性，并且看到了教育必须以社会现代化为背景和要求来教育学生。1965年，法国教育家朗格朗在联合国教科文组织召开的第三届促进成人教育国际委员会会议上，作了题为“终身教育”的学术报告。在该报告的基础上，1970年他出版了专著《终身教育引论》，提出了在国际上有广泛影响的终身教育理论。该理论是为面对社会现代化，包括社会的快速变化、大众传媒发展导致的信息化、科学技术的进步、生活模式和人际关系的变化等一系列挑战，打破传统教育的时空界限，寻求人的发展的一种新的教育理论。这一理论提出了培养新人即现代人的目标：适应个人作为一种物质的、理智的、有感情的、有性别的、社会的、精神的、存在的各个方面和各种范围。每个人都能找到自己的发展道路，使人能够适应各种变化，特别是在经济和职业方面的变化，培养具有丰富个性的人，促进人的全面发展，使人能够充实、幸福地生活。朗格朗提出的具有现代性的教育理念、教育目标、教育对策，对促进全社会人的发展无疑具有划时代的意义。

巴西教育家弗莱雷于1970年出版了《被压迫者的教育学》一书，以其激进的教育批判理论和教育改革理论震撼西方社会。他尖锐地批判了社会和教育领域存在的不公平、剥削、压迫和暴力现象，提出了人的主体性是教育的基石，认为教育的目的就是追求“人的解放和自由”，就是使人获得主体意识，在批判和改造世界的斗争中，既解放自己，又解放他人。他还提出了要发展人主体性的教育就必须实现从“银行储存式教育”向“问题提出式教育”转变。可见，弗莱雷提出教育要从人的主体性出发，以增强人主体性为目的，这一教育思想对人的发展具有深刻的意义。在这个阶段，对于教育实现人的现代化方面的研究，比较直接、全面的还是英格尔斯等人。他们在实证调查的基础上，不仅明确提出了人的现代化的概念、指标体系，而且研究了教育在实现人的现代化过程中的地位、作用和方式。

进入20世纪70年代以后，传统的发展观，即“发展=经济+社会变迁”的经济发展观受到挑战，社会在发展战略中心上发生转移，出现了“新发展观”。“新发展观”的首倡者是法国哲学家和经济学家佩鲁，他在20世纪

70 年代出版的《新发展哲学》中，以“新发展观”为题，对“以人为中心”的发展观念作了全面深入的阐述。他指出：新的发展观便是“为一切人的发展”“中心是人的发展……所要遵循的准则必须是人力资源的充分发挥”。为了真正实现社会进步的目标，就“必须牢牢记住，个人的发展、个人的自由，是所有发展形式的主要动力之一”①。1971 年，美国经济学家和教育学家舒尔茨呼应佩鲁的新发展观，出版了专著《论人力资本投资》，从推动经济发展的视角，论证了人力资本的作用，认为人力资本的显著标志是它表现在人身上属于人的一部分，同时它又是资本，是未来社会满足和个人收入的源泉。教育不仅具有文化上的作用，而且具有经济上的作用；教育是人力资本增长的主要途径，是经济增长的主要根源。如果绝大多数人没有文化和技能，那么要实现经济增长是完全不可能的。于是，舒尔茨从理论上找到了经济发展与人的发展的内在关系，为新发展观提供了有力佐证。

教育不仅要提出理论，还要实现理论。为了推进教育实现人的发展的步伐，联合国教科文组织组建了以德国前总理和教育部部长富尔为主席的国际教育发展委员会（以下简称“委员会”），从多学科、多方位研究教育发展问题。委员会于 1972 年提交了一份题为《学会生存：教育世界的今天和明天》的研究报告。1977 年，联合国教科文组织又出版了瑞士教科文组织全国委员会秘书长赫梅尔的研究报告《今日的教育为了明日的世界》。两份研究报告都充分肯定了终身教育的理论与实践，前者提出了“学习化社会”的概念，强调“如果我们要学习的东西都必须不断地重新发明和日益更新，那么教学就变成了教育，而且就越来越变成了学习”。后者则把“学会生存”更进一步，强调教育更要注重学生的内在方面，“要唤起学生的兴趣、好奇心和热情，善于引导教育者将其命运掌握在自己手中，要使他们学会工作、研究、发明创造，培养他们进行自我训练和自我教育”②。以上这些教育思想已经逐步成为全社会的指导思想，在促进人的全面发展中发挥作用。

进入 20 世纪 80 年代以后，联合国教科文组织又多次提出并强调了“内源发展战略”，再一次在全球范围内突出和推广了以人为中心的社会发展概念。联合国教科文组织在 1977—1982 年的社会发展计划中，正式提出了“以人为中心的内源发展”方案。内源发展理论将社会发展资源和方式分为两大类：经济物质的发展是外源，人自身的发展和文化、价值观的进步是内

---

① ［法］佩鲁：《新发展观》，张宁、丰子义译，华夏出版社 1987 年版，第 175 页。

② 单中惠、杨汉麟：《西方教育学名著提要》，江西人民出版社 2000 年版，第 704 页。

源，而社会发展必须“致力于使文化和人类价值的多样化”，强调人类才是“发展的促进者和目的”，“内源发展以人为中心，是提高人类和文化价值的事业”①。1985 年，联合国教科文组织专家召开“内源发展的理论和实践”专题讨论会，明确提出“以人为中心的内源发展，就模式来说它必须是基于人民的文化本性从内部形成的；就最终结构来说是它必须以满足居民的实际需要和渴求来为人民服务”。因此，在联合国人权委员会专家的密切配合下，联合国开发计划署的专家们制定了衡量社会发展的新标准——人类发展指数（HDI）。

进入 20 世纪 90 年代以后，世界各国开始探索面向 21 世纪人的发展和教育的发展。1996 年，以雅克·德洛尔为主席的国际 21 世纪教育委员会向联合国教科文组织提交了《教育——财富蕴藏其中》的报告。报告继承了终身教育和“学会生存”的基本思想，认为“教育比任何时候都更处于人和社区发展的关键位置”。教育将面临 21 世纪日益严重的挑战和紧张关系，教育“要毫无例外地使所有人的创造才能或潜力都结出丰硕的果实，使每个人都具有自我负责和实现个人计划的能力”。报告还教给学生“四个学会”，即“学会认识、学会做事、学会共同生活、学会生存”。1997 年，为纪念研究报告《学会生存：教育世界的今天与明天》发表 25 周年，联合国教科文组织国际教育发展委员会专门向全世界发表了一份报告。报告指出，“终身教育这一思想是进入 21 世纪的一把钥匙。它超越了启蒙教育和继续教育的传统区别。它与另一概念——人人学习的社会相联系，在这一社会中，所有一切都为接受教育和开发个人的潜力提供机会”②。

从教育学科研究和推进人的现代化的演进可以看出，教育是在社会发展与人的发展的矛盾中不断确认和实现人的现代性和人的本质的。教育所关注的，更多的是自身的适应和改革的问题，更侧重于以现实社会为背景教学生“学会生存”，这对尚未社会化的青少年来说无疑是有必要的且重要的。但作为已经步入“终身教育”的“学习化社会”，以人的发展来引领社会发展，以人的现代化来推进社会现代化，以人的现代性来克服和防范社会的危机与风险，这既是教育现代化的职责，也是教育在实现人的现代化过程中要面对的问题。

① 联合国教科文组织：《内源发展》，中国对外翻译出版公司 1991 年版，第 43 页。
② 单中惠、杨汉麟：《西方教育学名著提要》，江西人民出版社 2000 年版，第 653 页。

二、管理学科对人的现代化的研究

管理科学是对管理活动的一般规律的概括和总结。由于管理既面临着物与事，又面临着人所组成的系统的运动、发展和变化，因此，管理的实质就是进行有目的、有意识的控制的行为，就是由一个或更多人来协调他人活动，以便收到个人单独活动所不能收到的效果，而管理科学则是对有效管理的探索和研究。事实上，随着现代科学技术的迅猛发展和社会主体、个体的社会化程度的不断提高，现代管理系统已经成为一个纵横交错、纷繁复杂的网络体系，这在客观上提出了管理思想现代化和现代管理促进人的现代化的要求，因而，管理科学必须随着现代管理的发展而不断演进，在促进人的不断发展中提高管理效率。

19 世纪末到 20 世纪初，美国古典管理学家、被誉为“科学管理之父”的弗雷德里克·温斯洛·泰罗进行了大量的管理试验与研究，形成了较为完整的管理思想体系，出版了《科学管理原理》等专著。泰罗在管理上富有创造性地将科学与职工结合起来，并提出职工的培训工作是关系到企业竞争成败的决定性因素，应该成为企业最注重的工作。泰罗说，把工人一个个地交由一位称职的教师，用新的操作方法去培训，直到工人能连续而习惯地按科学规律去操作，就是把科学和科学地选择、培训出来的工人结合在一起，将科学与人工相结合。泰罗强调职工要掌握科学，提出企业应通过培训来掌握科学的管理思想，他看到了人以及人的发展在企业发展中的地位和作用，具有现代性和突破性。但泰罗科学管理的“三部曲”（一是用培训来教给职工完成任务的技能，二是用科学研究来制定标准和规章制度并据此规定下达任务，三是用奖惩等激励机制来保证任务的完成）的核心是工作任务的标准化或者指标化，培训员工掌握科学和提高员工掌握科学的水平的目的，就是要他们服从标准、完成指标，因而人只不过是实现工作标准和完成任务指标的一个手段，人没有自身的目的。所以，泰罗的管理理论在很大程度上是“物本主义”而不是“人本主义”的管理理论。

社会迅速发展的同时，人也随着社会环境的变化而发展。人的觉醒、人的需要层次的提高及人对自身的追求，对传统的“物本主义”管理模式提出挑战，管理面临的人发展的新问题被突出地摆在了管理者面前。20 世纪三四十年代，著名管理学家、被称为“行为科学学派的开山鼻祖”的埃尔顿·梅奥在美国西方电气公司霍桑工厂，针对工人的工作动机做了一个广为人知的“霍桑实验”，并于1933年和1945年分别出版了《工业文化的人类问题》《工业文明的社会问题》。他创立了人际关系理论，提出了“社会人思想”，强调人不但有经济方面和物质方面的需求需要得到满足，更重要的是，人有社会方面和心理方面的需求需要得到满足；在生产效率的决定性因素中，逻辑的、经济的因素远不如情感的、非逻辑的态度和情绪所起的作用大；群体之间的非正式组织是企业不能回避而又可以利用的、潜在而强大的力量。行为科学管理理论即人际关系理论正好与泰罗的“科学管理理论”对人的基本认识相反，它注重研究人际关系、把握人的行为规律，实现了由“物本主义”管理向“人本主义”管理的转变，改变了管理理论的发展进程，既有利于管理者提高对人的行为的预见能力与控制、协调能力，进而提高生产效率，也有利于满足和发展职工多方面的需求，从而为后来的人本管理思想的发展奠定了基础。如果说人际关系管理理论所倡导的人本主义管理思想还只是朴素的、抽象的，那么，由此而带动的工业心理、组织行为、需要层次及动机、激励等与人有关的管理因素，则成了探讨管理的广泛话题，并形成了各种不同的管理思想与流派，使西方国家管理理论呈现丰富多彩的发展态势。这其中，使人本管理思想进一步深化并在推进人的发展上富有成效的，是美国现代企业家、被称为“摩托罗拉之父”的保罗·高尔文。高尔文在管理上有句名言：对每一个人都要保持不变的尊重。这句话深刻体现了人本思想的管理理念，使摩托罗拉公司从创办之初就形成了一整套以尊重人为宗旨的企业制度和工作作风。公司面向全世界确立了人才竞争战略，树立引进人才、依靠人才、利用人才、服务人才的人才观，同时科学制订人力资源计划，充分尊重、发挥职工的特点与特长，有计划地对其开展培训，合理充分地开发人力资源。高尔文认为，企业与企业之间的竞争归根到底是人才的竞争，一个企业要求得生存与发展，就必须始终保持一支雄厚的企业管理和科技开发等方面的专门人才队伍。此外，高尔文还把这种以人为本、把公司发展寄托于人的发展的现代管理思想，落实到公司的各项管理制度和企业行为中，形成了一整套发展人的措施和良好环境，从而使公司的发展与竞争一直具有雄厚的基础和强大的动力。早在20世纪30年代，高尔文就形成了依靠人、培养人、开发人的管理思想，这挑战了资本主义社会的金钱万能、经济至上的传统，体现了进步性与现代性，对不同社会制度条件下的企业管理不无启发与借鉴意义。如果说人本管理理论侧重于个人作用特别是专门人才作用的话，那么，随着企业之间竞争的加剧和企业环境因素的复杂化，企业作为一个整体的活力和竞争力便成为企业生存与发展的关键，于是企业文化管理理论便应运而生。企业文化是企业在自己长期实践发展中，逐步培育形成的、占据主导地位并为全体员工所认同与信守的价值观念和理想信念。概括地讲，“企业文化是以企业整体价值观为核心的行为规范的总和”。企业文化反映一个企业特有的、为社会所公认的品格、素质、精神、作风及公众形象等文化积淀，它实际上是“企业之魂”，或者说是企业职工的“群魂”。企业文化以尊重广大职工的主人翁地位、提高职工思想道德素质和科学文化素质为重点，不断提高企业的整体素质和综合实力，增强企业内部凝聚力及面向市场的竞争力，促进企业持续、快速、健康地发展。可见，企业文化既继承了人本管理理论的尊重人、依靠人、发展人的思想，又在整体和持续发展上超越了人本管理理论。它把企业以人的发展为基础与企业整体促进每个人持续发展辩证结合起来，形成个人发展与群体发展的互动，赋予企业强大的生命动力，因而，企业文化是管理理论的又一次飞跃。从企业文化的本质特征和功能属性可以看出，由企业文化衍生的校园文化、社区文化等，是既依赖于人的现代化，又促进现代人发展的新型文化，是社会现代化与人的现代化的融合形态。

进入 20 世纪 90 年代以后，西方管理学为了适应科技的发展和满足知识经济的需要，在企业文化管理理论的基础上，又发展了许多新的管理理论，其中以美国管理大师彼得·圣吉提出的“建立学习型组织”管理理论最为突出。彼得·圣吉的代表作《第五项修炼——学习型组织的艺术与实务》于 1990 年在美国出版，随后得到广泛传播，影响深远。彼得·圣吉通过考察现代企业的兴衰沉浮，从一些企业内部存在的“学习智障”（即有限思考、专注于个别事件、逃避责任、缺乏整体观念、陷于错误的经验等）和“组织病毒气”（即内部的摩擦、倾轧、争权夺利等内耗现象）导致企业陷于被动甚至破产的事实出发，认为就像缺乏学习能力的儿童不能健康成长一样，不会学习的企业在竞争激烈的环境中将有致命的危险。企业只有提高学习能力，将自己改造为“学习型组织”，才能求得长期的生存与发展，这是现代企业的根本所在。彼得·圣吉提出，学习型组织的核心是“系统思考”。系统思考是要打破传统孤立思考的思维定式，面对信息化、多样化的复杂局面，学会运用系统的、整体的、全面的思考方式，自始至终都坚持从全局的、动态的层面分析问题和解决问题。学习型组织的目的，一是实现“个人愿景”，就是激发人的期望，促使人不断发展实现自我超越，提升人才资本价值，追求个体价值；二是实现“共同愿景”，就是通过群体进行“深度会谈”，消除内部的“结构性冲突”“组织病毒”，形成共同的价值取向和共同的奋斗目标。既有个人的不懈追求，又有企业的共同目标，企业才能持续发展。彼得·圣吉提出的学习型组织的管理理论是立足于消除人的发展障碍，依靠和发展所有人的新的管理理论，它传承了人本管理和企业文化的思想，深化了人本管理和企业文化理论，提出了适应当今社会发展的一系列方法。它与教育学提出的终身教育理论和学习化社会理论不谋而合，都把理论建立在人的发展这一基点上。

三、心理学对人的现代化的研究

心理学之所以成为推进现代化的重要学科并经历了巨大的演进，原因在于心理学在很大程度上是面向微观和个体的。社会的发展、环境的变化都不可避免地要反映到人的主观领域中来，而人的心理状况也必定会影响客观社会的发展。因此，心理学与人的现代化密切相关。关于心理学研究人的现代化问题，在西方国家虽然可以追溯到较早的历史时期，但比较集中和突出表现的还是在20世纪60年代以后，主要表现在两个层面上。第一个层面，直接关注人的现代化的人本主义心理学派的兴起。20世纪60年代，以马斯洛、罗杰斯为代表的人本主义心理学在反对行为主义和精神分析心理学的过程中强大盛行起来，成为心理学界的第三大学派。人本主义心理学既反对行为主义心理学的机械性与反人性，又反对精神分析心理学只注意精神病，倾向把注意力集中于人的弱点，主张把人当作一个有思维、有情感的统一体加以研究，并提出人的需要层次理论和人格自我实现理论。马斯洛认为，人有两种类似本能的需要：一种是基本的或缺乏性的需要，另一种是成长的或超越性的需要。他根据这些需要在个体发展中出现的先后顺序，将需要按从低级到高级的顺序排列成为一个像金字塔一样的阶梯，即生理需要、安全需要、从属和爱的需要、尊重的需要、自我实现的需要。他认为，这些需要由低到高互为基础和条件，当人的低层次的需要得到满足后，就会提出和追求高层次的需要，这是所有人的发展特性。心理学要克服传统心理学只着重对一般人的调查统计和平均数据研究理论，克服传统心理学只关注非健康人的研究，而应着重对健康人进行发展性研究。同时，马斯洛特别强调，人的自我实现的需要，是实现自己潜能、创造力、理想信念的需要，是人的成长性（或发展性）需要，这种需要也是人的一种本性，其表现的是人的高度自觉后的自发性。心理学的研究要满足人的自我实现需要，就要尊重人的尊严，重视人的主观性、意愿、观点和情感，研究人的价值、创造性和自我实现，在一定条件下最大限度地发挥人的潜能。马斯洛还根据他对人的自我实现的理解，描述了自我实现的15个方面的人格特征①，如有效地知觉现实、独处和独立的需要、自主活动、有更强的同别人联系的能力、容忍和接受一切人、创造性等。这些人格特征都是对传统性的摒弃，也是对现代性的追求。人本主义心理学试图建立一种主观心理学，虽然面临着假设性和主观性的局限，但它坚持"科学研究应该回到人本身"的宗旨，摆脱了传统心理学的机械性与狭隘性，以探索人的潜能发挥和人的发展、超越为目的，赋予心理学以现代性，为现代人格研究和推进现代人格的形成提供了必要的理论支持。第二个层面，社会心理学派关于现代人格的研究。20世纪60年代，社会心理学派以促进社会现代化为研究的出发点和最终归属，着手研究社会现代化与人的现代化的关系，通过现代化的研究，积极培养现代性人格，达到推进社会现代化的目的。基于这一信念，英格尔斯等人坚持在现代化过程中以普通个人为主要研究对象，以社会过程中人的心理体验和人格特征为研究内容，展开了长时间的系统研究。在研究方法上，英格尔斯等人注重实证研究，主要运用模型分析、专题考察、抽样调查、"行为测量"等方式。此外，英格尔斯宣称，从研究对象（人的外部行为、思想态度）到研究方法（量化分析、实证研究），他都严守"价值中立"的原则，力图"避免抽象地列出各种价值观念，而提出一份现代品质的清单，这些现代品质满足了管理工厂的要求或需要"②。为了探讨现代人格的特征，英格尔斯等人将"现代化"的内涵由宏观层次引到微观层次上来，对各种不同类型的人进行了大量调查研究，在对现代人格进行现象性考察与描写的基础上，对现代人格形成的原因和条件进行了系统分析，提出了现代人格的指标体系。另外，现代学校的正规教育也是培育现代人的摇篮。应当承认，社会心理学派明确提出并着手研究人的现代化问题，提出现代人格的衡量标准与指标体系，力图在现代社会环境中寻求现代人格形成的条件，对推进现代人的发展有积极贡献和深远影响。但是，英格尔斯等人由于以人的外部行为和中性的思想态度为考察对象，以单一工具理性支持的一套客观标准来界定其现代人格特征，所以"对于解释和预测人的行为来说，作用并不大，因为它无力深入到人格的内在状况中去进行测量和分析"③。

---

① 中国大百科全书出版社编辑部：《中国大百科全书·教育》，中国大百科全书出版社1986年版，第294页。

② ［美］布莱克：《比较现代化》，杨豫译，上海译文出版社1996年版，第471页。

③ ［美］英格尔斯：《人的现代化》，殷陆君译，四川人民出版社1985年版，第93-141页。

四、哲学对人的现代化的研究

西方哲学转向、关注、研究人的现代发展的流派多种多样，且相互矛盾。在人的发展的理论与实践上，似乎看不出一个演进的主体目标，这一方面反映了西方的客观矛盾，另一方面也可能与西方国家在学术研究上的个体性、相对性的传统有关。这种传统往往表现出各执一隅，相互论争，呈现出全面性的偏颇和一定程度的片面性深刻。在关于人的研究上，这一表现似乎尤为突出，为此我们有必要对研究人的发展问题的哲学理论、流派稍作梳理。

西方现代人本主义哲学向人的转向。20 世纪初，西方现代哲学特别是唯意志主义、现象学和存在主义哲学等人本主义哲学流派全面批判西方传统哲学本体论与认识论形成中“人”的缺失，在哲学的主题、思考方式、理论观点、价值倾向上发生了深刻的转变。对于这个转变，我国许多学者进行了概括：从追问原初的、先天的、绝对的本体，试图从那里找出人们的生存本性、行为根据、存在价值、生活意识乃至前途命运，转向研究人的现实生活和现实活动及其设定的现实世界，力图从这里了解人的根据、价值和意义；从注目遥远的、身外的、非人的存在，试图从那里寻找一种可以依靠的权威力量，转向关注人的自身存在和同人直接关联的存在，注重发挥人的自我创造作用；从追求永恒的终极真理的理性认知哲学，转向突出价值功能的真、善、美的一体化的哲学；从主要以自然科学为基础、注重贯彻以因果必然性联系为核心的科学思维逻辑，转向以整个文化为基础、注重贯注以理解为标志的人文精神；从追求绝对一元化的整体统一性，转向注重以个体为单位的多极化、多样化特征；等等。这些转变尽管去掉了许多本应该保留的、有价值的东西，在一些方面具有更加极端的片面性，但从总体上说，这些转变反映的是人从自身的影子中间接把握人的传统观念，向人从自身的存在和活动中直接把握人的现代观念的转变。在理论上论述、推进这一转变的突出代表是现象学、存在主义、解释学等诸现代哲学流派的开创者之一——海德格尔。海德格尔改变了传统哲学和自然科学把世界看作离开人而独立存在的物质世界的看法，实现了从以客体为坐标向以主体为坐标的转换。他认为世界不是传统哲学所主张的关于自在的世界，而是关于意义的世界，是人生存的现实的世界；人的本质不是传统哲学所认为的那样，是一种固定的和事先规定的东西，而要从动态的可能性中考察，人是不断超越现实筹划自己、设计自己的，因而人的本质是自由的。现代西方人本主义哲学在批判西方传统哲学、挑战西方科学主义哲学中向前发展，在研究和推进人的现代发展上又表现出明显的矛盾性。

其一，现代西方人本主义哲学克服西方传统哲学和科学哲学在“人”的缺失上的弊端，研究人的存在，关注人的命运，推进人的发展，由此推进、深化了人的发展理论研究，并形成相应的分支哲学。自20世纪20年代以来，人的发展理论研究不断得到深化，其中主要的有主体性理论和价值理论。人的主体性经历了人的群体主体性发展。人的主体性是人的现代性的主要内容。随着科学技术的迅速发展、市场经济体制的普遍确立和对内对外开放的不断扩大，人们的主体意识空前觉醒，独立性、自主性、创造性不断提高。为了在理论上概括人的主体性发展并进一步增强人的主体性，哲学领域从各个层面开展了关于人的主体性的理论研究，如个体主体性、群体主体性、人类主体性的不同类型的主体研究；人面向自然、社会以及人自身的对象化主体性研究；主体与主体之间相互关系的主体间性研究；人在发展主体的过程中面临的受动性（或客观制约性、合规律性）与能动性（或主体选择性、合目的性）的矛盾，自发性、传统性发展状态与自觉性、现代性发展状态的矛盾，以及人的主体性发展与人的社会化发展的矛盾等。这些研究所形成的理论成果，不仅形成了主体性哲学的理论分支，而且成为教育学、心理学等学科的理论指导与借鉴，被用于推进人的发展。

针对社会单纯追求物质财富、崇尚科学理论而忽视人、丧失人的趋势，一些思想家提出批评，并有针对性地提出了自己的主张。卢梭批评说：我们已经看到了美德随着科学与艺术的光芒在我们的地平线上升起而逝去。卢梭这一思想得到了康德的继承，康德针对当时提出的“知识就是力量”的说法，提出了“德性就是力量”的口号，强调了道德价值，论证了道德的“至善”的“决定根据”，提出了主体性理论，认为人是认知的人、道德的人、审美的人，人在道德领域可以摆脱自然规律的支配而完全按照自己的理论为自己订立法则，即按道德而行动，而道德的根据是人本身，因此，“不论是谁在任何时候都不应把自己和他人仅仅当作工具，而应该永远看作自身就是目的”①。康德道德价值概念和主体理论的提出，标志着价值的哲学概念形成。在康德之后，新康德主义者R. H. 洛采和A. 里奇尔把价值概念明确提到了哲学学科领域，并放在中心地位。尼采提出重新评估一切价值的主

① ［德］康德：《道德形而上学原理》，苗力田译，上海人民出版社1986年版，第86页。

张。德国哲学家拉皮埃、法国哲学家 E. 冯·哈特曼分别于 1902 年、1903 年提出价值论。哈特曼还首次把“价值”二字应用到书名中，于 1911 年出版了《价值学纲要》。于是，价值论作为独立的哲学理论正式形成了。

价值理论特别是人文价值的确立和发展，标识着人的“内在固有尺度”和人的主体性的真正确立，体现了人的理想性、发展性、超越性特点，对人的经济化、物化的异化倾向具有抑制作用。马克思指出：“动物只是按照它所属的那个物种的尺度和需要来进行塑造，而人则懂得按照任何事物的尺度来进行生产，并且随时随地都能用内在固有的尺度来衡量对象；所以，人也按照美的规律来塑造。”① 人按照“任何物种的尺度”进行生产，就是按照世界上各种存在物的“客观规律”进行生产；人按照自己“内在固有的尺度”进行生产，就是按照“人”的“需要”“目的”即价值进行生产，把人的生命活动变成实现自身发展的“生活活动”。人类的“生活活动”是人的全面发展的人类性根源。因而，哲学价值理论或价值哲学“对人的本质的真正占有”，对人的全面发展，即“占有自己全面的本质”，具有直接的理论指导意义。

其二，西方人本主义哲学同时使人的发展陷于困境。西方人本主义思潮不断使人的主体性获得展现和不断强化的现代性，使自然界从被人崇拜的对象转变为被征服的对象。“自然界的一切力量，都成了这样的抽象力量的单纯的、没有差别的存在。”② 但是，自然界并不是那么容易被征服的，人并不是如同人自身所虚构的“上帝”那样的超自然的存在物，人作为一个生物物种本来就是自然界的一部分。人对自然界的过度征服与掠夺，其一是必然遭致自然界的报复与惩罚，愈益严重的环境污染、生态破坏及由此而导致的许多社会问题反过来又成为人发展的风险与阻碍。其二是现代人本主义哲学必然使主体性深深陷入人类中心主义及自我中心主义的困境。与主体性膨胀相关的则是人们精神生活的匮乏感的增强。由于解除了生存的绝对贫乏状态，独立的、闲暇意义上的精神生活成为可能，人们也不再满足于对世俗生活的完全超验式的解释，而是追求一种精神生活的自主的、经验意义上的理解与满足。但是，对于这种追求是否能够给人们带来精神生活的自足，却值得怀疑。当代人类的精神生活状况表明，丰裕的物质生活并没有带来健康充

① ［德］马克思：《1844 年经济学-哲学手稿》，刘丕坤译，人民出版社 1979 年版，第 50 页。

② ［德］霍克海默尔、［德］阿多尔诺：《启蒙的辩证法》，洪佩郁、蔺月峰译，重庆出版社 1992 年版，第 82 页。

实的精神生活，反而常常使人的精神深陷于物欲的泥沼中而不能自拔，人们的精神生活也缺乏不断超越的向度且不再具有批判本性，逐渐同化于商业化时代的当下满足与自娱，“单面人”现象加剧，许多精神个体宁愿选择“沉沦”，甘愿做“文化工业时代的舒舒服服的不自由的奴隶”（马尔库塞语录）。所以，在西方国家，“人从来没有像现在这样成为有疑问的：他不再知道他是什么并知道自己不知道。由于不能确定自己的道路，由于自己有疑问，因此，他以无比的忧虑研究他自己的意义和实在，研究自己来自何方、走向何方”[①]。所以，现代人本主义哲学的极端推进，使人陷入了自我封闭的、单一的、同物本主义殊途同归的境地，人本主义对人类主体的极度扩张引发了“自然中心主义”对人主体性否定的强烈回应，人本主义哲学对人的现代性的极度张扬也遭到了后现代主义思潮的猛烈批判。这样，在西方社会，现代性受到挑战，主体性遭到质疑，以人为本蒙受嘲弄，人的发展面临着“四面楚歌”。人究竟该往哪里走，人还要不要发展等问题已日益尖锐地摆在了人们面前。发展过程中的困境与危机，折射了西方社会的深刻矛盾。为此，许多哲学家力图超越西方人本主义与科学主义的长期论争，整合人的发展的各个层面，综合研究人的发展问题，这就是人学产生的重要背景。

马克思曾严肃指出，文明如果是自发地发展，而不是自觉地发展，则留给自己的是荒漠。应当承认，20 世纪人类社会的发展极大地推进了当代文明的进程，但也为当代社会的发展付出了巨大的代价，代价仍然是人的悲惨与失落：一方面，“从某种意义上说，20 世纪曾经历了自己的中世纪——高技术的发展和以用机器取代人为特征的高度工业化时期，极权政治和战争摧残了人和人类文化”[②]；另一方面，社会发展的决策者们往往只是在经济活动的意义上考虑人的因素，而没有从人自身、文化内涵方面考虑人。这种唯经济的发展模式可以说已经走到了尽头。随着人类对当代生存状况的清醒和深入反思，尤其是随着知识经济时代的来临，人们逐渐认识到人的因素在社会发展中的至关重要的地位。罗马俱乐部的见识在越来越多的当代学者中成为共识：“人的要素要比所解决的问题更加核心和更占优势，人的潜力的发展与发挥最终决定着经济和社会的或任何种类的发展的成败。”[③]

① ［德］兰德曼：《哲学人类学》，张乐天译，上海译文出版社 1988 年版，第 47 页。

② ［美］奈斯比特：《大趋势》，孙道章译，新华出版社 1984 年版，第 66 页。

③ ［美］波特金、［摩洛哥］埃尔曼杰拉、［罗马尼亚］马利查：《学习无极限》，华夏出版社 1988 年版，第 119 页。

中国人的现代化演进与发展史*

自20世纪以来，中国人的现代化经历了艰难曲折的演变。这一演变大体有以下几个阶段。

一、辛亥革命时期是中国人的现代化起点

发生在20世纪初的辛亥革命，不仅结束了我国长达几千年的封建专制，是一场伟大的资产阶级民主革命运动，对推进中国的民主化、工业化、城市化起到一定的积极作用，而且是一场伟大的思想启蒙运动，开启了中国人的心智，给在封建长夜中煎熬的中国人带来了新的思想、新的观念、新的行为方式和新的社会秩序，使觉醒的中国人开始摆脱封建制度对人性的压抑，“意味着中国人的现代化发展有了一个合乎理性的新起点”①。

首先，辛亥革命时期移风易俗和等级特权称谓的革故鼎新，如颁布“禁赌”“厉行禁烟（鸦片）”“劝禁缠足”等法令，破除以衣冠“昭名分、辨等威”的旧习，割除了封建恶欲对人身健康的残酷摧残，使中国人面貌为之一变，展现出新的社会形象。其次，辛亥革命时期的政治社会变革，引发了人们对封建迷信、封建文化的批判，激发了人们对民主科学的追求，在思想文化层面上促进了人的觉醒。第三，辛亥革命推翻帝制，建立民主共和国，使少有民主传统的国人萌生出全新的政治、人格平等的观念。南京临时政府遵循“自由、平等、博爱”的原则，准许优倡等类身份“贱民”享有同等的公民权利，禁止使用奴隶、买卖人口，编定禁卖人口暂行条例，各种提倡人权的社会团体与报纸杂志也应运而生。虽然这些举动大都停留在口号宣传阶段，往往流于形式，但强大的舆论风潮确实悄然改变了人们的传统思维。人们开始认识到，长期存在的贵贱尊卑观念是不合理的。传统的臣民意识走向式微，国民意识开始萌生，敢言国是，渴望社会生活的平等，成为人们日益迫切追求的目标。辛亥革命时期开启了人的现代化，一定程度上实现

---

* 原载于《人的现代化理论与实践》，人民出版社2006年版，作者郑永廷等，收录时有修改。

① 徐继畬：《清宋儒李纲从祀庙疏》，载《松龛先生奏疏（上）》。

了中国人传统形象的转变与新的价值观念的内化，促进了适应新要求的社会角色的形成。由此，中国人开始推陈出新，初具现代性。虽然这一进程时有反复，并且在中国人身上体现出来的现代性与传统性长期复杂地交织在一起，但其大势不可逆转——在随之而来的新文化运动浪潮中，在民主与科学的大旗下，中国人朝向人的现代化目标迈进。

二、五四时期人的现代化探索

在五四新文化运动时期，中国人在接受西方先进文明、进行社会主义改革和谋求国家振兴的过程中，特别关注新人格的塑造和价值体系的重建，一些思想家深刻地意识到国民素质低劣乃是当时中国落后的症结，封建专制主义塑造的奴性人格乃封建文化得以长期延续、死而不僵的根由。“五四”先驱们举起个性解放的旗帜，对封建纲常进行了系统批判，在对国民性的重塑问题上提出了不少新的思想。

其一是自我意识与社会意识统一的思想。五四时期文化激进主义者把自我意识与社会意识的统一看成是现代人的首要特征。他们一方面高扬人的主体性，大力提倡主体意识，为社会发展寻求永不衰竭的动力资源；另一方面，他们又力图在更完整的意义上概括人的本质，提升人之为人的价值，使其在社会中合理地确认自我。陈独秀指出，中国封建宗法社会的特征之一是“以家族为本位，而个人无权利”，这造成了损害人格、抑制意志自由等恶果。而要摆脱这恶果所带来的“种种卑劣不法残酷衰微之象”，就必须使泯灭于专制主义文化旋涡中的个性觉醒，除此之外别无他途。“人间百行，皆以自我为中心，此而丧失，他足何言？”① 陈独秀在《敬告青年》一文中，要求“新青年”脱离奴隶之羁绊，以完其自主自由之人格，实现自我解放。他以极富感召力的语言大声疾呼：“我有手足，自谋温饱；我有口舌，自陈好恶；我有心思，自崇所信；绝不认他人之越俎，亦不应主我而奴他人。”② 新文化运动的另一代表人物胡适也极力主张个性解放。他说：“社会国家没有自由独立的人格，如同酒里少了酒曲，面包里少了酵母，人身上少了脑筋，那种社会国家决没有改良进步的希望。”③ 同时，文化激进主义者也积

---

① 陈独秀：《一九一六年》，载《青年杂志》1916 年第 1 卷第 6 号。
② 陈独秀：《敬告青年》，载《青年杂志》1915 年第 1 卷第 1 号。
③ 胡适：《易卜生主义》，载《新青年》1918 年第 4 卷第 6 号。

极提倡社会意识，试图协调个人与社会的合理关系。陈独秀希望社会成员抛弃“只知有己不知有人”的极端利己主义思想，倡导国民在努力营造个人幸福乐园之时，也要通晓“群己相维之理”，发扬“相爱、互助、同情心、利他心、公共心”。胡适也强调个体对群体、“小我”对“大我”的神圣责任，“我这个现代的‘小我’，对于那永远不朽的‘大我’的无穷过去，须负重大的责任，对于那永远不朽的‘大我’的无穷未来，也须负重大的责任”①。

其二，倡导科学民主精神。五四时期的文化激进主义者特别主张以科学民主精神来武装现代人的身心，并把科学抬到了至尊万能的地位。陈独秀指出：“现在世界上有两条道路：一条是向共和的科学的无神的光明道路；一条是向专制的迷信的神权的黑暗道路。”② 为了“弃暗投明”，陈独秀对封建迷信、专制毫不留情地痛斥道：“凡是无用而受人尊重的，都是废物，都算是偶像，都应该破坏。”③ 他提出社会“最大最终之目的”，即“以科学代宗教，开拓吾人真实之信仰”④。胡适更热衷于向国民展示西方现代文明的优越性及科学在现代文明中的巨大威力。他指出：“西洋近代文明的精神方面的第一特色是科学。科学的根本精神在于求真理。”胡适试图向国人证实，西方近代文明正是由于受到科学的恩泽才显得如此“光彩照人”。故此，中国社会也应以宽广的胸襟接纳科学的到来，用科学精神塑造与现代文明相适应的新型人格主体。

其三，培养创新与冒险精神。五四时期的文化激进主义者针对传统中国人受中国数千年的农业社会影响形成的因循守旧、安士乐天和“知足常乐”的国民性格，凡事“不敢为天下先”，消极求稳，自满自足，缺乏开拓进取精神的生活准则，极力呼吁中国人民要培养创新与冒险的奋斗精神，塑造新的现代人格主体。陈独秀坚持进化论观点，认为“创造就是进化，世界上不断的进化只是不断创造”⑤。他还把“奋斗”提升到人性的高度加以阐发，强调“奋斗乃人生之天职”，“生存竞争，势所不免”。只有“一息尚存，而无守退安隐之余地，排万难而前行，乃人生之天职”。胡适也大力提倡积极进取、奋发向上、拼搏冒险的精神。他反对“消极缩头主义”，认为持这种

---

① 胡适：《不朽：我的宗教》，载《新青年》1919 年第 6 卷第 2 号。
② 陈独秀：《克林德碑》，载《新青年》1918 年第 5 卷第 5 号。
③ 陈独秀：《偶像破坏论》，载《新青年》1918 年第 5 卷第 2 号。
④ 陈独秀：《再论孔教问题》，载《新青年》1917 年第 2 卷第 5 号。
⑤ 陈独秀：《新文化运动是什么》，载《新青年》1920 年第 7 卷第 5 号。

人生态度的人“没有生活的担子，不敢冒险，只求平安，所以变成一班退缩的懦夫”[①]。他鼓励人们在逆境中要发扬百折不挠的精神，他说：“我们需要认定这个世界是有很多危险的，定不太平的，是需要冒险的；世界的缺点很多，是要我们来补救的；世界的痛苦很多，是要我们来冒险进取的。”[②]五四时期的文化激进主义者在批判封建文化的基础上，试图以欧风美雨来荡涤中国人的精神世界，用自我意识、科学精神、创造精神等来塑造现代人格主体，这不仅在当时起到了解放思想的积极作用，而且对我们今天探讨人的现代化问题仍然有着重要的启发价值。但也应该看到，他们关于改造国民性的主张仍然受中国传统文化的制约，即过多地局限于道德层面而忽视了经济基础的发展和政治制度变革的作用；他们关于人的现代性的探索也缺乏深层的文化建构。在半殖民地半封建社会的中国，若没有政治制度的根本变革、没有先进生产力的发展，只从人的观念、道德层面谋求现代发展，是无法实现的。

三、中国共产党探索人的现代化的历程

辛亥革命结束了中国的封建制度，五四新文化运动推进了思想文化的解放，但在中华民族外侮频频、战乱不息、文化混杂、取向冲突的生存危亡情势下，启动现代化的首要前提是要实现国家独立和主权完整，建立集中统一的国家政权。唯有如此，才能确立中国现代化的发展范式，以国家政权的权威力量自上而下地推动现代化事业。

历史把完成反帝反封建、实现民族独立和国家新生的任务交给了中国共产党。1921年中国共产党成立之时，面对的是传统农业经济和十分薄弱的现代工业经济以及绝大多数刚从封建社会走过来的农民和少量现代工人。但中国共产党从中国经济、政治、文化的实际出发，通过总结中国志士仁人寻求国家独立、富强的经验教训，找到了马克思列宁主义的理论武器，并自觉地意识到马克思主义必须和我国的具体实际相结合并通过一定的民族形式才得以呈现，从而在历史必然性和民族价值目标之间的张力中探寻到通向现代化的道路——新民主主义革命。中国共产党领导革命绝不是如有的人所说的是“没有人”、不“关注人”的革命，而是为了中国人民并完全依靠人民的

① 胡适：《少年中国之精神》，载《少年中国》1919年第1卷第1号。

② 胡适：《写在孔子诞辰纪念之后》，载《独立评论》1934年第117号。

革命。中国共产党第一个依靠和动员的社会对象是工人阶级。党在领导工人运动中努力将阶级的先进意识灌输给工人，不断促进工人阶级由自在走向自为，培养其现代化的品格。经过社会动员，工人阶级增强了政治意识和阶级意识，“形成了对本阶级的认同感和归宿感，从盲目的被动的历史客体转变成有阶级意识的积极的历史主体”①。我国广大工人在中国共产党的领导下，实现了由个体自发向阶级自觉的转变，在实践中不断成长、壮大，是我国工人阶级能够成为领导阶级的根本所在。当时，我国农民占全国人口的绝大多数，革命必须依靠动员、组织、教育农民，因为农民问题乃是国民革命的中心问题。大革命失败后，毛泽东创造性地提出建立农村革命根据地，走农村包围城市，最后夺取全国胜利的革命道路。为了开辟这条道路，毛泽东进行了一系列调查、研究。他深刻认识到，对农民进行社会动员，将他们引上现代化的道路时，必须克服他们的弱点：家庭本位观念、封闭意识、顺从人格和自由散漫的个性。党以毛泽东对中国农民的科学认识为蓝本制定了阶级路线，在军队、农村建立党组织，持久、广泛地向人民灌输先进阶级意识和纪律观念，把大批自发的农民转化为自觉的革命战士，这极大地唤醒了农民求解放的观念，提高了其政治参与意识和革命热情，改变了其传统价值观念、行为模式，逐步形成了现代素质。

新中国成立以后，以毛泽东为核心的中国共产党人选择了以苏联社会主义模式为中国的现代化道路作指导。在当时的历史条件下，实行高度集中的计划经济体制，以工业特别是重工业为现代化重点，是必要的，也是成功的，由此我国经济在旧中国的基础上才得到迅速发展。在政治上，毛泽东在《新民主主义论》中指出：“国体——各革命阶级联合专政，政体——民主集中制，这就是新民主主义的政治。”② 在起草《中华人民共和国宪法》时，毛泽东又指出，“民主原则和社会主义原则”应是宪法的基本原则。既有集中又有民主，既有纪律又有自由，是毛泽东追求的政治目标。针对文化专制，毛泽东指出，应把中国“建设成为一个工业化的具有高度现代文明程度的伟大国家”。他提出“百家争鸣、百花齐放”的方针，体现了民主和科学的精神与要求。在人的发展问题上，毛泽东提出了促进学生德、智、体全面发展的教育方针，继续发扬依靠人民群众、加强思想政治工作的传统。在革命战争时期和社会主义建设的过程中，党最大的优势是联系群众、依靠群

① 张静如：《中国共产党和中国现代化》，湖南人民出版社 1991 年版，第 99 页。

② 《毛泽东选集》第 2 卷，人民出版社 1991 年版，第 677 页。

众，党发挥这一优势所运用的武器是党创造的一整套思想政治工作的理论、原则和方法，它是面向人、唤醒人、动员人、教育人、发展人的科学理论，是具有中国特色的人的现代理论。

改革开放前，党在探索人的现代化、促进人全面发展的问题上也发生过失误，经历过曲折。高度集中的计划经济体制随着现代化的推进暴露出由于抑制人的自主性与创造性所带来的缺陷，封建意识的回潮，特别是受到“文化大革命”极右错误指导思想的严重影响，加之林彪、“四人帮”反党集团的阴谋破坏活动，制造了大量的冤、假、错案，使人的尊严遭到亵渎，人的价值受到蔑视，人的权利惨遭剥夺，民主与法制遭到破坏，使人背离了现代化发展的方向。同时，从中华人民共和国成立以后到实行改革开放之前这段时间，我国曾为实现现代化作了四次重大战略部署：1952 年年底提出了用三个“五年计划”即 15 年的时间实现国家的工业化；1957 年年底提出了“15 年内超英赶美”的口号；1964 年第三届全国人民代表大会第一次会议正式提出了要在 20 世纪末实现“四个现代化”的战略目标和步骤；1977 年 11 月，全国计划会议提出了今后 23 年现代化远景蓝图，这些现代化发展战略都只是物的现代化发展战略，没有人的现代化发展战略。因而在实现社会现代化的过程中，不仅缺乏实现社会现代化的基础与动力，也缺乏人实现自身价值的明确目标。

四、改革开放以来人的现代化理论与实践发展

改革开放从根本上引起了中国人对自身历史命运和现代发展的思考，人的现代化理论与实践迅速发展。20 世纪 70 年代，随着“文化大革命”的结束，首先在文学领域出现了一批描述和诉说“文化大革命”践踏人性和伤害人格的“伤痕文学”作品，呼唤人道主义和人的尊严。邓小平提出反对“两个凡是”并在全国开展真理标准的大讨论，打破了僵化保守的思想禁锢，这极大地推进了人们的思想解放。他在党的第十一届三中全会的主题报告《解放思想，实事求是，团结一致向前看》中发出了“解放人，发展人”的号召。他反复要求全社会尊重知识，尊重人才。他特别强调：“中国的事情能不能办好，社会主义和改革开放能不能坚持，经济能不能快一点发展起来，国家能不能长治久安，在一定意义上说，关键在人。”① 可见，邓小平

① 《邓小平文选》第 3 卷，人民出版社 1993 年版，第 380 页。

在设计中国现代化之路时，把人的现代化放在了突出位置。

20世纪80年代，邓小平提出以物质文明建设推进我国社会现代化。在满足人们日益增长的物质需要的同时，他又提出了以发展人、提高人为目的的精神文明建设，以保证我国人与社会、物质与精神的全面、协调发展。此外，他还要求加快政治体制改革的步伐，加强社会主义民主与法制建设，加强制度建设，保证人的权利与发展。邓小平说："政治上，充分发扬人民民主，保证全体人民真正享有通过各项有效形式管理国家、特别是管理基层地方政权和各项企业事业的权力，享有各项公民权利。"①

在邓小平理论的指导下，我国20世纪80年代形成了研究人、讨论人的现代化热潮。20世纪80年代初期讨论人性问题；20世纪80年代中期，围绕"文化变革与人的现代化"这一主题，从价值观念的变革、商品经济与道德建设、科学技术现代化与人的素质现代化的关系、人的能力的全面发展，以及人的积极性、主动性、创造性和人的思维方式变革等层面，开展了广泛深入的研究，并形成了丰富的理论成果；20世纪80年代末期，开展了对人的主体性和价值理论的讨论，许多学者从历史观进而从本体论再从哲学体系的角度，研究人及其主体性问题，从而使对人的现代化和人的发展问题的研究进入到人的问题的实质和核心，为人的现代化实践提供了思想基础和理论指导。

进入20世纪90年代以后，以江泽民为代表的第三代中国共产党人根据邓小平理论，卓有成效地建立并完善了社会主义市场经济体制。社会主义市场经济体制不仅有力地促进了我国社会生产力的发展，而且为人的现代化提供了广阔的发展空间。市场经济体制呼唤人的现代化，也造就了人的现代化。它培养人们的创新意识和创造才能，激发个人开拓、竞争、进取的精神，拓展人们的视野，造就了普遍性和全面性的现代化新人。

1992年6月联合国环境和发展大会召开之后，我国政府即着手制定了《中国21世纪议程》，并于1994年10月召开了全国社会发展工作会议，确立了"以人为中心"的社会发展主题。党的十五大报告又强调："我国现代化建设的进程，在很大程度上取决于国民素质的提高和人才资源的开发。"江泽民在纪念中国共产党成立80周年的讲话中，强调党要始终代表"中国先进生产力的发展要求、中国先进文化的前进方向、中国最广大人民的根本利益"，并把"三个代表"重要思想与党的建设和人的现代化的价值目标连

① 《邓小平文选》第2卷，人民出版社1994年版，第322页。

在一起，提出了人的思想和精神生活全面发展，人与社会、自然协调发展的要求，把人的全面发展与人的根本利益联系起来，从而更深刻、更全面地记述了现代人发展的价值性与目的性。党的十六大根据“三个代表”重要思想的本质要求，结合全面建设小康社会的人的全面发展要求，明确把“全民族的思想道德素质、科学文化素质和健康素质的明显提高”“形成全民学习、终身学习的学习型社会，促进人的全面发展”作为全面建设小康社会的战略目标，表明我国在人的现代化问题上已经走上了高度自觉的轨道。

人的现代化的逻辑生成*

人的现代化是全方位、多层次的，涉及人与自然、人与社会以及人自身发展的一切方面。研究人的现代化维度，首先要明确人的现代化的逻辑起点和人的现代化向度与尺度。

一、人的现代化的逻辑起点

人的现代化的逻辑起点是现实的人。所谓现实的人，就是生活在现阶段的人，而不是过去的人或未来的人；就是在特定国度、特定社会制度和受特定民族传统文化影响的人，而不是超越国度、社会制度和文化的抽象的人；就是生活在一种开放、变更环境和从事实际活动的人，而不是一种处于封闭、静态环境与模式化中的人。人的现代化问题研究是现实的、具体的、历史的，正如马克思所说的："我们不是从人们所说的、所想象的、所设想的东西出发，也不是从只存在于口头上所说的、思考出来的、想象出来的、设想出来的人出发，去理解真正的人，我们的出发点是从事实际活动的人。"①只有从现实的人出发，才能找到研究的客观依据，才能在"其现实性上"，在人的"一切社会关系的总和"中把握人的现代化本质。

我们研究的现实的人，是生活在中国、处于社会主义初级阶段并受中国民族文化影响的人。各国的历史条件和具体国情不同，现代化进程有先有后，人的现代化程度有高有低，向人的现代化方向发展速度也有快有慢。无论是社会现代化，还是人的现代化，只要是某个国家现代化，无不被打上现代化主体——人的印记，因而具有十分鲜明的民族性特征，其中包含民族的精神内涵和文化内涵。任何国家和民族的人的现代化首先表现为该国的现代化主体——人的民族精神，离不开该国的国情、民族发展的历史和现状，有着该国的社会与时代发展的激发动因。中华民族所具有的优秀传统和文化底蕴，是其他民族尤其是西方民族所不能替代的，因而中国人的现代化必将具

---

* 原载于《人的现代化理论与实践》，人民出版社 2006 年版，作者郑永廷等，收录时有修改。

① 《马克思恩格斯选集》第 1 卷，人民出版社 1995 年版，第 73 页。

有鲜明的民族性特征。

二、人的现代化的发展向度

现实人的发展，既是马克思主义理论研究的逻辑起点，也是马克思主义理论所表达的终极关怀。马克思和恩格斯的大量著作，是在对资本主义制度、分工、人的异化进行深刻批判的基础上，预示了人的解放、人的全面发展的历史向度。他们认为，人类发展的目标是“通过人并且为了人而对人的本质的真正占有”，“人以一种全面的方式，也就是说，作为一个完整的人，占有自己的全面的本质”①。人类的未来社会是一种“以每个人的全面而自由的发展为基本原则的社会形式”②。“在那里，每个人的自由发展是一切人的自由发展的条件。”③ 生产劳动给每一个人提供全面发展和表现自己全部（即体力和脑力）的能力和机会，而最后，“人们第一次成为自然界的自觉的和真正的主人，因为他们已经成为自身的社会结合的主人了”④。马克思、恩格斯把人的本质的全面发展作为人类的发展目标，把人的全面自由发展作为未来社会的目标，从而为人的现代化提供了明确向度。人的现代化是人类发展的一个阶段，是人的全面自由发展的一种特殊形态，只有以人的全面自由发展为目标，人的现代化才能坚持正确取向；只有现实地把握人的现代化进程，才能切实有效地推进人的全面自由发展。离开人的全面自由发展取向，人的现代化就会发生偏向；忽视人的现代化进程的实际推进，人的全面自由发展则会陷于空谈。

三、人的现代化的维度与尺度

人的现代化维度，是人自身协调发展的内在维度和人与自然、社会协调发展的外在维度的统一。

第一，人自身全面协调发展。人的自身发展的内在维度，实际上是人的本质的展现与发展。人的本质是人的自然性、实践性、精神性的统一。人的现代化就是人的自然性、实践性、精神性三个维度素质的现代化。马克思在

① 《马克思恩格斯全集》第 42 卷，人民出版社 1979 年版，第 120 页、第 123 页。
② 《马克思恩格斯全集》第 23 卷，人民出版社 1972 年版，第 649 页。
③ 《马克思恩格斯选集》第 1 卷，人民出版社 1995 年版，第 294 页。
④ 《马克思恩格斯选集》第 3 卷，人民出版社 1995 年版，第 634 页。

《德意志意识形态》一文中指出，有生命的个人，人的肉体组织是人类历史的第一个前提，人具有自然性本质。人的自然素质现代化，主要是人的身体机能素质的提高和现代物质生活条件的满足。人的身体机能素质的提高需要适应现代社会的良好生活习惯、科学营养方式、健康生理调节、合理医疗卫生等生活方式的现代化。身体机能素质的提高主要靠社会生产的发展和提供充足的物质生活资料，也就是要靠人的物质生活的现代化，包括人的衣、食、住、行条件和工作条件的现代化。只有提高人的身体素质，才能提高其他方面的素质。而提高人的身体素质恰恰又是社会经济活动的重要目的。它作为人素质的体现，是经济和社会活动的重要方面。所以，社会主义社会应当重视提高人的身体素质和物质生活条件现代化，并以此作为人的现代化的重要尺度。忽视人身体素质的提高和物质生活条件的现代化，社会经济、科技现代化既缺乏目的，也缺乏动力，不可能有快速发展。为此，党的十六大在确立全面建设小康社会奋斗目标时，既强调经济、政治、文化建设的改革与发展，也强调人的全面发展，并第一次把“形成比较完善的全面健康和医疗卫生体系”作为奋斗目标在党的报告中提出。马克思和恩格斯认为，人的实践性是实现自然性和社会性统一的基础，提出一切人类生存的第一个前提就是：“人们为了能够‘创造历史’，必须能够生活。但是为了生活，首先就需要吃喝住穿以及其他一些东西。因此第一个历史活动就是生产满足这些需要的资料，即生产物质生活本身。”① 这就是说，人的实践本质要以人的自然属性和物质条件的满足为基础，人的实践本质的发展是生产实践发展的基础，是现实生产力发展的结果。传统社会人的生产实践活动在经济的助力下，主要通过人运用工具凭借自身体力进行。而现代社会人的生产实践活动则大大扩充了生产实践活动的内涵与外延。除物质生产活动外，现代社会还把管理活动、文化产业、教育产业、信息产业等许多既有物质性，又有文化性的实践活动都纳入生产实践活动之中。现代社会生产实践活动，主要通过人运用现代化手段，凭借科学技术和智能进行。因此，人的科技素质是人的现代化的重要尺度。

人的科技素质主要包括：其一，科学知识素质。学习掌握现代科学（包括自然科学、社会科学、人文科学）专业知识，熟悉与专业相关的学科知识，并能伴随现代科学技术的发展不断进行专业知识的更新与扩展。其二，能力素质。能力素质包括：一是基础能力。基础能力包括知识、信息的

---

① 《马克思恩格斯选集》第1卷，人民出版社1995年版，第79页。

学习能力与选择能力；价值判断和是非分辨的思考能力；与他人交流与合作的沟通能力与协作能力；应对复杂社会局面和竞争态势的适应能力与驾驭能力。二是专业能力。专业能力包括分析和解决专业问题的能力，运用现代科技手段的能力，以及处理专业疑难问题的能力等。三是创新能力。创新能力包括预测预见学科、专业及工作发展趋向的能力；预防发展风险的能力；创造性运用知识、理论解决实际问题的能力；知识、理论、方法的创造能力；等等。现阶段，中国人的科学知识素质和能力素质与发达国家的人相比有相当明显的差距。从受教育程度、文盲人口、科学研究的从业者的质量与数量，以及各行各业从业者的技能和城乡人口比例等各方面，都可以看出这种差距。在某一段时期内，中国在生产力和科学技术方面的落后，实质上是中国人在科学知识和技能方面的落后。因此，中国人的科学知识和能力素质的提高，是人的现代化的艰巨任务。

人的自然性、实践性本质的发展，是人精神性本质发展的基础，同时又需要将人的精神性发展作为指导与支撑，这是人的能动性的表现。人的精神本质的发展，在人的现代化过程中就是人的思想观念冲破传统思想和传统习惯的束缚，不断解放和更新，实现思想观念现代化。思想观念现代化包括：其一，适应和促进社会主义市场经济体制发展的自主观念、竞争观念、时间观念与效益观念；其二，适应和促进经济全球化和扩大开放的开放观念、全球视野、民族观念；其三，适应和促进现代科学技术发展的科学观念、创新观念、价值观念、道德观念；其四，适应和促进我国社会主义民主与法制建设的民主观念、法制观念、参与意识；其五，适应和促进全民学习、终身学习和学习型社会需要的超前观念、发展观念；其六，适应现代社会复杂性、风险性需要的心理素质；等等。

人的自然性、实践性、精神性本质在当代社会的发展，即人的身体素质、科学文化素质、思想道德素质的提高，是人的现代化不可分割的三个尺度。其中，身体素质的提高是基础，科学文化素质的提高是关键，思想道德素质的提高是核心。这些尺度体现在人身上就是生理与心理、物质与精神、德与智、科学与人文的全面协调发展。江泽民同志把现代人的这种内在全面与协调发展概括为人的思想和精神生活的全面发展。我国社会由于传统文化的积淀深厚，且走上现代化的道路时间不长，加上受西方社会的影响，因而要实现人自身全面、协调发展的任务十分艰巨。

第二，人与社会的协调发展。人与社会的协调发展，实质上是人的社会关系的丰富与发展，也是人的本质发展。马克思在《费尔巴哈的提纲》中明确指出：人的本质并不是单个人所固有的抽象物。在其现实性上，它是一切社会关系的总和。所谓“一切社会关系”，首先是指人们在生活中的一定的生产关系，其次包括在生产关系基础上发生的各种各样的、多层次的复杂关系，诸如业务关系、政治关系、道德关系、信息关系等。社会关系是个人活动交互作用的产物。一方面，人的社会关系的发展是个人活动发展和创造的结果；另一方面，人又必须受到一定社会关系的制约而不能任意选择社会关系，只能在一定的社会关系中发展个体活动。个人在社会活动中既是主体，又是客体。在现代社会条件下，个人如何发展自己的活动、丰富社会关系呢？其一，在开放的社会环境中，站在面向世界和现代化的高度，发展交流关系，以便学习、借鉴各种知识、理论和技能，不断提高自身素质；其二，在激烈的竞争条件下，发展合作关系，以适应和促进科学技术综合化和高度社会化，与其形成职能互补；其三，在现代大众传媒背景下，发展信息关系，以获取选择、优化信息资源进行科学决策；其四，在市场经济体制下，发展交换关系，以广泛交换劳动产物和研究成果实现自身价值；其五，在政治文明建设中，发展民主法制关系，以充分行使民主权利、参与民主管理与社会生活，充分调动积极性与主动性；其六，在发展先进生产力和先进文化的过程中，发展道德（尤其是公民道德、职业道德、竞争道德、网络道德等）关系，以引导各种关系合理发展。

总之，人与社会协调发展，首先表现为人对现代社会的适应性，而不是对立性或冲突性，这是人的现代化的前提；其次表现为人对现实社会的能动性，即人的现代化对社会现代化的推动与促进，而不是对现代社会的依赖性。

第三，人与自然的协调发展。马克思和恩格斯在《德意志意识形态》一文中系统论述了人与自然、人类史与自然史的关系。他们指出：人类历史的第一个前提无疑是有生命的个人存在。因此，第一个需要确定的具体事实就是这些个人的肉体组织，以及受肉体组织制约的他们与自然界的关系。人不是超自然的存在物，而是自然界发展的产物。人的历史是“自然界生成人的”历史的一个现实部分，是“人通过人的劳动的诞生”的历史。

人合理和正确认识、改造和利用自然界的过程，是人的自然化和自然的人工化相统一的过程。在这一过程中，人的能力得到发展和提高，自然界也得到改变和优化，人与自然在协调互动中发展和进化。人的自然状态正是人所创造的历史，历史本身就是自然界的一个现实部分，人认识、改造和利用自然，成为自然的主人，是人的本质体现，也是自然界进化的表现。人对自然认识、改造和利用不够、不及或过头、过限，都是“违反自然的”，都是与自然的不协调。“不够”“不及”指人对自然规律认识不够，创造性不强，人成为消极被动而不是积极能动的存在，甚至成为自然界的奴隶，这不是人的应有状态。所以，马克思曾指出，人对自然认识、改造和利用“不及”，就是“向贫穷的、没有需求的人……的非自然的单纯倒退”，就是返回到“不发达的简单状态去的贫困”或“人所创造的对象世界的即人的采取对象形式的本质力量的消逝、抽象和丧失”①，就是返回到古代的“清心寡欲”中去。相反，人对自然认识、改造和利用“过头”“过限”，如污染自然环境、破坏自然生态、掠夺自然资源等，也是人对自然规律的违背和与自然整体性的冲突，这必然使人类遭受自然带来的惩罚。正如恩格斯所指出的：人在自然界的惩罚面前，其生存与发展都会受到阻抗和威胁。

在进行现代化建设的过程中，中国人与自然的关系既存在“不及”的矛盾，就是认识、利用和改造自然不充分，即对现代科学技术的利用和创造不够，需要大力提高科学技术水平；也存在“过头”的矛盾，就是污染环境、破坏生态、掠夺资源现象严重，已经造成了许多严重后果，危及人的生存与发展。为此，中国的社会现代化和人的现代化不能再走发达国家的老路，只能坚持在人与自然协调发展的道路。人与自然协调发展的尺度主要表现在以下几个方面：其一，确立人与社会、自然协调统一发展与可持续发展观念；其二，提高科学认识、利用和改造自然的能力；其三，增强合理认识、利用和改造自然的价值认同；其四，讲究环境伦理、生态伦理。

① 《马克思恩格斯全集》第42卷，人民出版社1979年版，第118页、第175页。

我国人的现代化矛盾的特殊性*

人的现代化，既有着复杂的关系，又是一个复杂的过程。选取与人相关的任何一种关系，或探索人的现代化过程中的某一环节，都是对人的现代化的研究。所以，各个学科在各个不同时期都对人的现代化进行了不同视角、不同层面、不同阶段的研究，形成了人的现代化的各种理论、原则、尺度与指标。在现代社会条件下，随着社会的进步、自然的演化和人的发展，社会的、自然的和人的各种关系不断向人聚焦，各个学科不断向人开发，各种难题不断向人提出，各种矛盾不断向人集中。于是，出现了这些现象：现代人某一方面的进化却伴随着另一方面的退化；某一方面的发展却导致了另一方面的倒退；某一方面的开发却引起了另一方面的失衡。总之，人的现代化并不能像某些学科、某些人从某一向度所设定的目标迸发，人的现代化处于众多矛盾的张力之中，我们需要系统地、辩证地看待人的现代化。

一、人的发展是人与社会相互关系的矛盾运动

如前所述，我们研究人的现代化的基本矛盾，必须系统把握人与社会、自然以及人自身的各种关系，特别是要把握人与社会的基本关系，因为当今人类生存和发展所面临的主要矛盾已经不是传统的人与自然的矛盾，而是转化为人同自己所创造出来的世界的矛盾，即人同自己的活动及其产物的矛盾。这个世界对自然来说已是人化世界，对人来说又是物化世界。当代人的发展特点正是通过这种既有创造性又有依赖性的矛盾关系表现出来的。

同时，人与社会的关系是内与外的关系，人的本质力量的对象化形成社会的结构和各个社会活动领域，而社会通过人的社会化而实现的内化又丰富了人性的内涵，人性的结构化形成人的内在世界。人通过语言、文字等符号描述和表达人对自然界、社会和发展中的人自身的认识、理解，便是人的意识的外在表现形式，包括感性的社会心理，达成一定共识状态的社会舆论和社会思潮，系统化的社会意识形式。这些是人内在精神世界外化的认识形

---

* 原载于《人的现代化理论与实践》，人民出版社 2006 年版，作者郑永廷等，收录时有修改。

式。同时，人的内在精神世界还表现出更高的实践形式。实践是实践观念与实际行动的统一，是内在主观世界与外在客观世界的中介。人的主观目的、精神动力、情感意志等内在要素始终贯穿于与客观外界的物质交换和改造对象世界的具体活动之中。也就是说，不管是人的内在主观世界的外化认识形式，还是外化的实践形式，都必须以外在的客观世界为认识、交换、改造的对象，人的内在主观世界与人的外在客观世界总是不可分割地联系在一起的。所以，人的现代化，既表现为人的内在主观世界的知识、德性、素质的丰富与提高，又表现为适应、认识、改造外在客观世界能力的发展与增强。因此，人的现代化是人的主观与客观，即人与社会相互关系的基本矛盾运动。

二、人的现代化与社会现代化的基本矛盾关系

人与社会的基本矛盾，在实现现代化的过程中，就是人的现代化与社会现代化的矛盾。近十多年来，研究现代化的学者们都比较关注这一关系，并进行了比较深入的探讨。有学者认为，人的现代化与社会现代化是同一发展过程的两个侧面，两者是一个解不开的连环套，人的现代化与社会现代化是一个双向建构的过程。也有学者指出，人的现代化与社会现代化具有相互制约性和同一性，社会绝大多数成员现代化是社会现代化的先决条件和根本保证，也是社会现代化的客观标志。还有学者强调，人的现代化是一种整体上的进化，同社会现代化是同水平、相一致的。李秀林等人则对人的现代化与社会现代化的关系作了辩证的阐述：人是实现现代化的主体，人创造着现代化的社会；同时，人又是社会锻造和塑造的客体，人的现代化有赖于社会现代化，现代化的社会创造着现代化的人。在人与社会的这种关系中，人是唯一能动的因素。社会创造现代化的人是通过人创造现代化的社会而实现的，正是人在实现社会现代化的实践中锻造了自己的现代化素质。人塑造着现代化的社会，也塑造着现代化的自我，所以，社会创造现代化的人，归根到底是人对自我现代化的能动创造，是自我创造自身的现代化。

这些研究的结论都是对人与社会这一基本关系的概括，表明人的现代化与社会现代化的关系贯穿现代人和现代社会发展始终，并制约和影响人与社会各个方面、各个环节、各个阶段的发展。

三、我国人的现代化与社会现代化矛盾的特殊性

人的现代化与社会现代化虽然从总体上看具有发展的同步性与相互制约性，但是，从个体、局部、某一时段来看，人的现代化与社会现代化则广泛存在非同步性与矛盾性。这种非同步性与矛盾性在我国表现得比较特殊。

第一，从国际范围来看，我国同“原发型”现代化国家相比，是“后发型”现代化国家。原发型现代化国家不仅以社会现代化推进和带动人的现代化，而且已经进入到现代化社会，这是我国人的现代化的外部社会条件。也就是说，我们可以学习、借鉴社会现代化的许多条件，如先进的科学技术、管理体制、思想文化等。从世界范围看，我国人的现代化与社会（世界）现代化有着明显差距，即人的现代化滞后于社会（世界）现代化。作为后发型现代化国家，我国不能消极照搬原发型现代化国家的人的现代化模式，而必须以原发型国家的社会现代化为条件，加快我国国民的现代化步伐，促进和推进我国社会现代化。如果我国仍然重复原发型国家社会现代化带动人的现代化的模式，不仅难以使我国社会现代化加快步伐，而且与知识经济时代主要依靠人力资源的发展趋向相悖，不利于发挥我国人口资源、人才资源的优势。因此，在我国，在人的现代化与社会现代化的基本矛盾关系中，人的现代化先于社会现代化的问题。

第二，从我国发展的历史进程来看，我国是一个传统较为厚重的国家。我国古代封建社会历史久远，封建社会的文化体系完备，对近现代影响深远，致使我国近代资产阶级发展迟缓，导致国家衰微与战乱频繁。中华人民共和国成立之后，在照搬苏联模式的过程中，强化了集中统一，与世界范围内的现代化潮流相背离，人的现代化与社会现代化均遭遇严重挫折。我国真正步入现代化轨道，融入世界现代化大潮，是在改革开放之后。在这样短暂的时间里，要对过去遗留下来的传统制度、观念、习惯等进行清整、鉴别、剔除、继承，并结合现代化实践进行转化和创造，需要每个人的现代自觉。社会的传统体制及传统的生产、生活、思维方式既要由人类维系，也要由人来改变，而人的传统观念是传统体制与传统活动方式的深层基础，更要靠人自身突破。因而，我国社会改革开放总是伴随着与一些人的传统价值观念和活动方式的矛盾。这一矛盾实际上是人的现代化与社会现代化的矛盾，反映了我国人的现代化由于滞后而呈现的艰巨性与深沉性。

第三，从我国的现实状况看，我国处在社会主义初级阶段，又处在由传

统向现代的急速转折过程中。这种社会转折的变更性、矛盾性与快速转化既通过人的发展的变更性、矛盾性与快速转化体现出来，也使人的发展呈现“一系列过渡性特征”。黄枬森教授对这种过渡性特征进行了概括：“所谓过渡性，主要是指在人们的社会心态上，需要经历由于社会变革所导致的心理失衡和价值调整，以适应变化和发展的时代生活。这些社会心态主要表现为三点。一是矛盾心态。在社会转型中，一系列既定的旧价值观和生活准则与现实生活发生了冲突，这使得人们对二者表现出来的强烈反差在心理上处于两难选择：是固守原有的信条，还是义无反顾地接受新观念的挑战？是守住平静的生活保持终日，还是重新审视自己寻求人生的超越与突破？二是困惑心态。这是指人们对传统社会模式的弊端虽有所察觉和感悟，但对改革开放的一系列新举措又心存疑虑。虽然对旧体制对人的个性压抑深恶痛绝，但是面对突然而来的竞争机制、个性解放的展开又感到无所适从，因而导致困惑与徘徊。三是观望心态。这种心态是指在社会变革大潮中，不管时代如何发展，一些人总习惯于恪守中国传统文化心理，静观中立、不参与其中，出于自我保存的本能，筑起一道严密的心理屏障，拒绝与时代沟通，停步不前，以至于固守老经验而落后于时代。上述诸种社会心态在中国当代的社会变革中，其表现是相当普遍的，这是社会转型在人们思想中的集中反映。”黄枬森所描述和概括的我国人的这种“过渡性特征”，集中表现为我国现阶段人的发展的矛盾性，这种矛盾性不是单一的，而是多样的；不是简单的，而是复杂的；不是稳定的，而是变更的。

从上面的分析可以看出，我国人的现代化既面临国际社会现代化先于我国人的现代化的矛盾，也面临我国传统文化的深层积淀与人的现代化的矛盾，还面临我国社会体制转轨与社会转型过程中的现代化矛盾。人的发展所面临的这些不可避免的矛盾，有主要的，也有次要的；有表面的，也有深层的；有局部的，也有全局的；有暂时的，也有长远的。我们在促进人的现代化进程中，不可能面面俱到地正视和解决所有矛盾，我们必须抓住众多矛盾中的基本矛盾，通过不断正视和解决基本矛盾，带动和促进其他矛盾的解决。否则，我们就会陷于各种复杂矛盾的纠缠之中，抓不住重点，理不出头绪，把不住方向。

论人的现代化的基本矛盾*

人的现代化的基本矛盾，是人的现代化发展需求和社会现代化发展要求与人的现代化实际水平的矛盾。

一、人的现代化基本矛盾的内涵

（一）人的现代化的主观目的性与人的现代化的客观现实性的矛盾

人的存在是一种具有能动性即目的性的生命活动。人的有目的性活动是人所特有的“把自己的生活活动本身变成自己的意志和意识的对象”的活动，也就是把“目的”变为现实的活动。人的“目的”本身是一个充满矛盾规定性的范畴，它首先是人对自身需要的意识，表现为主观的向往、动机和追求，是人的活动、人的发展的内在动因。同时，目的总是指向一定的现存事物，包含着人与一定现存事物关系的意识，也就是包含着现存事物的客观内容，显示人有效占有现存事物的意图，即追求和实现客体对人的价值。因此，目的是一个以主观性与客观性、超越性与现实性、发展性与实然性为基本矛盾的范畴。人就是在这种变“理想”为“现实”的目的性活动中改造世界和发展自己的。生活在不同时代的人总是以不同时代的特殊要求去寻求人的存在与发展，从而开启了人的发展的无限的历史进程。古代人以自然为主要对象，追寻人与自然的关系，探索自然何以可能和世界何以可能。古代人由于驾驭自然和社会的能力有限，只好创造一种超自然、超社会的力量——宗教来应对自然和社会，表现了人对现存自然和社会的超越与人的发展愿望。近代人由于逐步掌握了科学技术，增强了认识、改造自然和社会的能力，便开始把人创造的神圣“上帝”消解，并不断把“上帝”人化，为人的存在与发展寻求代替“上帝”的根据，发现和提出了许多关于自然、社会和人自身的理论。而现代人则以人自身为认识和开发的主要对象，以人

---

* 原载于《人的现代化理论与实践》，人民出版社 2006 年版，作者郑永廷等，收录时有修改。

力资源为主要资源，以培养、教育、发展人为主要目标，形成了以人为本和各个学科、各个领域、每个人都向人的发展聚集的态势。总之，随着社会的发展和人的发展，不同社会的人都总是不断提出发展自己、超越自己的目标，都总是不懈地为实现发展目标而奋斗，“自我超越、自我扬弃、自我否定、自我创造、自我更新、自我生成……唯有人具有这样的性质”①。这种性质正是人的能动性、创造性使然，是人不断发展的本质所在与不竭动力。但是，人的发展还有另一面，就是要受到现实条件的制约。人不可能提出发展自己的任意目标，而只能提出现实条件允许的目标。人的发展除了要受自然条件、社会生产力水平和生产关系的制约，还要受人所创造的条件的制约。如前所述，人在面对不能征服的强大自然力时，大脑所创造的“神”却反过来形成“上帝崇拜”，“神”成为束缚人、压制人乃至消解人的精神力量。人用双手创造出来的、本来是为人服务的商品，却反过来导致“商品拜物教”，商品成为奴役人、压迫人乃至使人退化的物质力量。人用大脑和双手所创造出来的现代科学技术，却反过来变成了“科技神”，科技成了统治人、占有人乃至使人工具化的“神奇力量”。总之，随着人的发展和社会的发展，人类和每个社会的人都总是要受到人在发展、创造过程中的自身制约，都难以逃离这种制约而限于不同程度的片面性与异化，这正是人的发展的曲折性与反复性使然，是人的发展难以避免的阻抗。所以，人是在主观目的性支配与现实条件性制约的矛盾中发展的。

在现代社会条件下，经济发展靠科技、科技发展靠人才、人才培养靠教育的发展逻辑，使人才竞争成为全世界的焦点。人的现代化已经成为各国特别是发展中国家的战略目标，也成为每个人的热切愿望与强烈追求，人的现代化的主观驱动是强大的。但是，人在实现现代化过程中，受到了比以往时代更多的制约，诸如在多样化、个性化发展中的选择性困扰；在比较性、竞争性发展中的风险性冲击；在转折性、变更性发展中的传统性阻抗；在开放性、社会化发展中的主观性失衡；等等。这些都会始终以各种不同方式、不同程度地影响、制约每个人的发展。因此，解决个人发展目标与个人所面临现实条件、实际水平的矛盾是人的现代化的主要矛盾之一。

（二）个人现代化与社会现代化的矛盾

人的现代化与社会现代化是同向共进的。人是现代化的主体，是社会现

① 高清海：《社会发展哲学》，高等教育出版社 1999 年版，第 372 页。

代化的尺度与目标；社会现代化则是人的现代化的客观基础与现实条件。二者相互依存，互为因果，不可分割。但二者也相互区别，相互矛盾，不能等同。人的现代化与社会现代化的关系，实际上是现代人与现代环境、现代个体与现代整体的关系。社会现代化进程体现了现代环境对现代人的影响与对现代性的塑造，而人的现代化过程对社会现代化的推进体现了人对环境的能动性改造。如同环境与人始终存在相互矛盾、相互生成的关系，人的现代化与社会现代化之间也始终存在相互矛盾、相互生存的关系。这种相互矛盾、相互生存的关系是个体同时也是整体在实现现代化过程中的现实矛盾关系，其具体表现形式主要有三个方面。

其一，社会提出的人的现代化目标与个体现代化的矛盾。作为整体的社会，也就是政党、集体、国家，在提出社会现代化目标的同时，也要提出人的现代化目标，如邓小平提出的培养“有理想、有道德、有文化、有纪律的社会主义新人”的目标，中央在公民道德建设纲要中提出的公民道德要求，江泽民提出的人的思想与精神生活全面发展及人与自然、社会协调发展的目标，党的十六大提出的“全民族的思想道德素质、科学文化素质和健康素质明显提高……形成全民学习、终身学习的学习型社会、促进人的全面发展”的目标，等等。这些目标既体现了人的发展愿望，也是社会现代化提出的客观要求，它标志着人“应然性”的理想存在。而每个人的“现实性”的现有存在同“应然性”的理想存在总是有差距或矛盾的，人的现代化就是不断地向着人的发展目标努力，不断地缩小现实水平与目标要求的差距，解决现实存在与理想存在的矛盾。同时，社会所提出的人的发展目标，其内容和要求都不是固定不变的，而是随着社会的需要和人的发展状况，不断充实新的内容和进行内容结构的调整，不断提出新的标准与要求。也就是说，不管是社会现代化目标还是人的现代化目标，都具有终极性，人的发展只能不断趋近、接近社会所提出的目标，不可能在一切内容、一切要求上都能达到或超越社会所提出的目标。因此，人的现代化的实际水平与社会现代化、人的现代化目标的矛盾，始终是个体同时也是社会整体在不断实现现代化过程中的现实矛盾，正是这种矛盾推动了人的现代化进程。

其二，社会群体现代化与个体现代化的矛盾。社会现代化是由社会群体共同推进的。社会群体在现代化建设中，不仅在经济、政治、文化等各个方面为社会发展创造条件，而且以各种方式、在不同程度上推进各自的现代化。个体现代化与群体现代化相比较，个体不可能在一切内容、一切要求上超越群体的现代化进程，个体总是存在一定局限性、个别性，并且同群体中某些个体相比总是存在差距。同时，个体现代化绝不可能孤立进行，只能以群体为依托和参照，在相互学习、借鉴和促进中实现。因此，个体现代化只有在群体现代化的互动中才能实现，个体只有不断向群体、向他人借鉴实现现代化的经验，只有向实现现代化的先进个体学习，才能在现实生活中正视差距，获得发展的动力。否则，个体或者置身于群体之外，或者超乎群体之上，其现代化过程根本无法实现。

其三，社会现代化与个体现代化的矛盾。社会现代化与个体现代化有双向共进的一面，也有矛盾的一面。社会现代化是社会各个领域包括经济、政治、文化等领域全方位的现代化。这些领域的现代化在不同阶段、不同地区和单位虽然会有侧重和优势，但在我国一般是整体协调向前推进的。也就是说，社会的各个领域、各个地区、各个单位都会源源不断地提供新的物质成果与精神成果，以改变社会环境，推进社会现代化进程。而作为个体，我们绝不可能涉足社会的各个领域，也不可能推进社会各个方面的现代化，只能在社会现代化的某一领域、某一方面有所作为和贡献。这样，作为整体的社会现代化与作为部分的个体现代化之间总是存在差距，社会现代化作为个体的现实环境，既向个体不断提出新的适应性要求，也为个体不断提供发展经济、政治、文化的条件。个体只有不断适应社会现代化发展的新形势，学习、借鉴社会环境中的新经验、新知识，尽可能缩小与社会发展的差距，不断努力实现自我超越，才能在推进社会现代化的进程中有所作为。如果我们把社会现代化范围扩大到国际社会领域，审视发达国家社会现代化程度，特别是经济、科技、教育、国防等方面的现代化水平，就会更加明显地看到我国的现代化与国际社会现代化的矛盾。这一矛盾集中反映了我国现代化与发达国家现代化的差距。我们要承认这一矛盾的存在将是长期的，解决这一矛盾将是艰巨的。解决这一矛盾的根本途径，就是要不断增强促进人的现代化的紧迫感，大力实施人才强国战略，以依靠和开发人才资源的战略方式来缩小我国与发达国家的差距，推进我国现代化进程。

二、人的现代化基本矛盾的现实表现

在现实社会生活中，人的现代化发展需求、社会现代化发展要求与人的现代化实际水平的基本矛盾是通过几个主要相关的矛盾具体展开的，我们只有认识、把握和解决这些具体矛盾，才能认识、把握和解决基本矛盾。

第一，传统性与现代性的矛盾。传统与现代在时间上一般指历史与现实或未来。历史与现实、未来的矛盾，是每一个人在生存与发展过程中自始至终都要面对的矛盾。历史构成人特有的传统性，是人的现实性、现代化的根据，人不可能完全否定、脱离传统；现实是人存在与发展的现代状况，是对人的传统性的扬弃和超越。人在现代社会条件下，总是要适应和接受现代社会的生活条件，不可能完全固守传统。同时，传统与现代往往具有相对性，当下是现代的东西，往后可能成为传统的东西；反之，当下是传统的东西，之前可能是现代的东西。因此，人的现代化过程就是人的传统性与现代性的互动，是人在实现全面发展和认识自身本质过程中必然表现出来的矛盾。我国是一个后发型的现代化国家，现代化起步之所以比较晚，其重要原因就是传统的“惯性”太大。我国古代虽然传统文化传承悠久，内蕴丰厚，给后世留下了宝贵的文化财富和传统美德，但仍以农立国、家国一体，以血缘关系为纽带、以伦理道德为本位。如重家国整体性，轻个体自立性；重人际纲常依附，轻个人自由创造；重敏而好古之风，轻面向未来发展；重以官为本，轻物质、科技追求；重狭隘血缘关系，轻社会开放；等等。这些具有明显封闭、依附、保守等特征的传统文化，在我国漫长的古代社会形成了相当稳固的体系和深厚的积淀，致使我国社会进入近代后仍然长期处于保守落后、盲目摸索的状态，缺乏必要而广泛的思想启蒙及具有现代意识的知识阶层，看不到社会发展的根本出路，社会改良一再被顽固的封建保守传统扼喉而贻误时机，使得我国迟迟不能踏上现代化之路，只能处于落后挨打的境地而遭受西方国家的冲击与入侵。正如马克思、恩格斯所指出的：“稍后，我们看到，中国这个一千多年来一直抗拒任何发展和历史运动的国家中，随着英国人及其机器的出现，一切都变了样，并被卷入文明之中。”① “抗拒任何发展和历史运动”是对中国晚清封闭、保守、落后等特征的集中概括。拒绝发展，拒绝现代化，就难逃落后挨打的厄运，难以抵抗用现代科技武装的坚船利炮的攻击。因此，我们要深刻认识到我国文化封闭保守的一面所造成的历史悲剧。

中国革命在用先进思想武装起来的中国共产党人的发动和领导下，把推翻封建主义作为革命的任务之一，一扫森严的封建等级制度和纲常伦理，实行依靠人民当家作主的政治平等，努力确立广大人民在社会生活中的主体地位；冲破狭隘、封闭的闭关锁国政策与人为禁锢的“藩篱”，借鉴苏俄革命的成功经验，把中国革命纳入追求全世界人类解放的宏大伟业；克服唯书、

---

① 《马克思恩格斯全集》第 42 卷，人民出版社 1979 年版，第 472 页。

好古、保守的封建遗风与教条主义，坚持进行马克思主义理论与中国革命实践相结合的探索，成功创造了中国革命的正确理论。同时，中国共产党人继承了民族文化的爱国、民本思想和德政、德治、德教传统，以拯救国家、仁爱百姓为己任，通过艰苦的思想发动、广泛的思想武装、细致的思想教育，把受深厚封建传统束缚的自发民众转化为自觉的革命者，创造了符合中国文化国情的思想政治工作理论与方法，形成了中国共产党人领导革命和社会主义现代化建设的政治与文化优势。

中国传统文化的消极积淀虽然受到革命的猛烈冲击与涤荡，其阻滞被大大削弱，但它不可能在短时期内彻底消解，潜藏在人们思想深处的传统观念总是会以各种方式顽强表现。中华人民共和国成立后，传统的计划体制使对人的现代化的阻滞更为突出，黄枬森教授把这种阻滞概括为四个方面：一是几十年的计划体制使得我们没能创造出一个适宜人才成长、发挥才能和优秀人才脱颖而出的环境，没有制定出一套让人在平等的条件和基础上相互竞争的机制，没有形成一种尊重知识、尊重人才、尊重和承认个人人格独立的社会风尚与氛围。二是计划体制的要求是整齐划一、步调一致，这样就使个人的心智和态度受到忽略。人们不敢表露自我的真实想法，唯恐因此受到牵连。因此，很多人养成了双重人格，在社会生活中，角色人格盛行，说假话、说大话、说空话，严重地败坏了社会风气，人际关系也处在极不正常的状态。三是在计划体制下，个人的能动性和创造性遭到扼杀，导致人的主人翁地位无法落到实处，人们不能从个人与集体的真实关联中去培育集体的价值，也无法透过集体的价值来体会和印证个人的价值。这样一来，“集体”往往成了少数人为所欲为、滥用职权的场所，这更加重了个人对集体的离心力，个人的主人翁地位也就无从谈起。四是计划体制把人束缚得太严、统得太死，必然导致人们缺乏积极性、主动性和创造性，社会生活的生机与活力也就无从谈起。在这种社会环境下，人们唯恐与众不同，更谈不上标新立异。长此以往，人性中的懒惰因素便潜滋暗长。[①] 由此可见，虽然我国的封建社会结束了，但封建传统还可能在新的历史条件下回潮；虽改变了计划体制，但计划体制的影响还会存在。我国实行改革开放的时间并不长，计划体制向市场体制的转变刚刚完成，封建传统、计划传统所集中体现的人的依附性、封闭性、顺从性虽然有很大的改变，但真正形成现代社会所要求的自主性、开放性、创造性特征还需要进行长期、艰苦的转化。从依附、封闭、顺

① 黄枬森：《人学原理》，广西人民出版社 2000 年版，第 453-454 页。

从向自主、开放、创造的转化就是从传统向现代的转化，人的主体性的发展就是在这种转化的过程中实现的。这种转化不是一次性的，而是阶梯性的、渐进的。每实现一次转化，主体就从依附、封闭和顺从中走出了一步，向独立、开放、创造靠近了一步，前者与后者都是相对的，都有一个程度高低的问题。向现代人的迈进是无止境的，这种转化的实现也是无止境的。而主体性的发展程度也就成了区分传统人与现代人的重要分野。①

第二，片面性与全面性的矛盾。如果说人的现代化的基本矛盾在时间维度上表现为传统性与现代性的矛盾的话，那么人的现代化的基本矛盾在空间维度上则表现为片面性与全面性的矛盾。

人的现代化的全面性，是指人与现代社会的全面协调性，体现现代社会的特征，适应现代社会的要求并能推动现代社会发展。不管是什么社会，尤其是现代社会，都有经济基础与上层建筑两个层面，都包括经济（其中包含科技）、政治、文化（其中包括道德）领域，都交织着物质关系与思想关系。这些层面、领域、关系归根结底是人劳动和活动的表现，或者说是人生存与发展的方式。虽然在这些层面、领域、关系中，人的取向与存在各有侧重，但其绝不可能脱离这些层面、领域与关系。人正是在这些层面、领域和关系中才与社会和他人关联。人如果脱离了这些层面、领域和关系，人就会成为一种纯自然的动物式存在。因此，人必须熟悉社会的各个领域，建立和协调各种关系，才能适应社会发展。此外，人的现代化的全面性还指人自身的全面发展和全面占有自己的本质。人的存在和发展与物是根本不同的——人不仅是自然的物质性存在，更重要的是社会性存在和精神性存在。因此，人不仅需要并追求物质条件，以满足自身生存与物质享受；还需要社会关系，满足交流与发展；更需要思想和知识，以满足精神需要与创造活动。物质的、科技的、政治的、道德的、知识的等各种要素，都是人特别是现代人所必须拥有的，是人的全面发展的要求与标志。若忽视或缺少现代人所必须拥有的要素，人就会陷于片面性或异化状态。然而，历史的人在发展过程中会陷于片面性，同样，现代人在现代化过程中也会陷于片面性。在我国古代，由于社会是伦理主导的社会，道德成为人最具优势的价值追求。国家以德政、德治、德教为先，人以道德教化、修养为主，整个社会和国民围绕伦理、道德这个轴心生存发展，从而形成了中华民族传统文化的特色与优势，铸塑了中华民族的传统美德。然而，社会和国民对伦理和道德的过分偏重，

① 贺善侃：《实践主体论》，学林出版社 2001 年版，第 212 页。

导致了用道德替代经济、科技的偏向。所谓重义轻利、安贫乐道、小富即安、清心寡欲等思想则是用道德制约乃至替代物质生活的写照，这种制约与替代不仅使人向往和追求道德境界与道德人格，成为“道德人”而满足于穷困潦倒，而且使社会因缺乏物质消费的拉动而制约经济发展。所谓重道鄙器、无才是德、修身为本以及“学而优则仕”等价值取向，就是用道德制约乃至替代科学技术价值的写照，这种制约与替代不仅使人疏离对自然的认识与开发而陷于官本位价值取向，而且导致我国社会科技原创性成果不多而大大落后于西方国家。所谓德主刑辅、以德配天、敬德保民、德治教化等主张，则是以用道德制约乃至替代民主法制生活的写照，这种制约与替代不仅使人的民主和法治观念淡漠而习惯于人身依附，而且造成社会长期陷于人治和民主与法制建设基础薄弱的境遇。为此，我们必须正视我国古人和社会在发展取向上的侧重与替代给我国社会现代化与人的现代化带来的利弊得失。

新中国成立之后，我国在较长时间内陷于“以阶级斗争为纲”、以政治运动为中心的局面，持续近十年的“文化大革命”，使政治价值观成为社会的主流价值观，政治成为人生存与发展最具优势的价值追求。当时社会推行政治高于一切、大于一切、冲击一切，导致出现了严重的政治替代道德现象，诸如为了政治斗争的需要和寻求政治出路而不惜编造事实、制造冤假错案；为了争取政治主动与政治强势而大造虚假政治形式和政治声势；为了表现政治坚定与政治忠诚而大话连篇、空喊口号，在这种充斥着“假、大、空”的氛围中，道德成为多余和无用的东西，被许多人抛弃。“文化大革命”期间，社会在政治上的道德失范直接导致社会无序，人与人之间互相防范、争斗，人的存在与发展表现出虚空与无奈。政治作为社会的一种主导性价值观，其前提是要承认经济、科技、文化、道德等价值取向的客观存在与作用，若用政治价值取向代替其他价值取向，不管是社会还是人，都会陷于片面的、畸形的状态。这种状态不仅造成被抑制和被替代的经济、科技、道德缺失而使社会和人的全面发展缺乏乃至丧失目标与条件，而且政治本身也因缺乏和丧失作用的对象与发挥作用的条件而被削弱乃至丧失其应有功能，从而导致政治混乱。

我国自改革开放以来，根据时代主题的变迁和我国处于社会主义初级阶段的具体国情，结束了“以阶级斗争为纲”、以政治运动为中心的局面，确立了以经济建设为中心，坚持四项基本原则，坚持改革开放的基本路线，强调科学技术是第一生产力，制定了科教兴国战略，提出了社会主义物质文明和社会主义精神文明“两手抓，两手都要硬”的方针，确立了社会主义物质文明建设、政治文明建设、精神文明建设协调发展的格局，强调人的思想和精神生活全面发展和人与自然、社会协调发展的目标，等等。所有这些路线、原则、战略、目标，都为我国社会和人的全面、协调发展提供了明确的理论指导，指引了正确的方向，我国社会和人的发展在其主导面上基本上是全面的、协调的。但是，我们应当看到，社会和人的片面发展依然存在，其具体表现主要有，在领导层面上，过于重视经济增长指标和本地区、本单位以及个人的物质利益，忽视精神文明建设和国家的政治大局，存在着物质文明建设“一手硬”和精神文明建设“一手软”的现象。在管理层面上，物本管理倾向以及钱权交易、贪污受贿等以物质、金钱替代政治、道德的现象比较严重，以权谋私的腐败行为其实质是以物质、金钱来交换和替代行政权力。在市场领域中，形式多样的假冒伪劣产品，变化多端的坑蒙拐骗手段，物质丰富而诚信缺失的本质是用物质替代了良心与道德，冲破了社会的公平与法制。在社会生活领域，追逐金钱与享乐，崇尚眼前实惠与功利而导致许多人困惑、迷惘，有些人甚至受精神疾病困扰，其根本原因是过于专注于物质生活和经济价值的追求，忽视精神生活而荒芜了自己的精神家园。在科学教育领域，高雅的学术殿堂也发生了诸如剽窃、抄袭、舞弊、作假等丑恶现象；出现了金钱与文凭、职称、成果、知识等直接兑换的学术腐败；存在着一些人重科学、轻道德，重技术、轻人文的工具化、实用化倾向。以上这些现象，其实质是重经济、科技价值，轻法制、道德价值，并用经济、科技抑制和替代政治和道德。法制与道德价值的缺失使我国社会腐败现象和不正之风蔓延，社会缺乏诚信，道德发生危机，许多人陷于迷惘与功利的困扰，一些人遭受精神疾病与心理障碍的折磨，这些不仅妨碍社会经济、文化的全面协调发展，而且严重阻滞了人的现代化进程。

在我国社会发展过程中，为什么会出现道德、政治抑制和替代经济、科技的价值取向，转化为经济、科技抑制和替代道德、法制的价值取向呢？首先，现实价值取向的抑制与替代，有着深刻的历史原因与文化背景。我国古代存在的道德抑制和替代经济、科技的价值取向和中华人民共和国成立后一度出现的政治抑制和替代经济、科技的价值取向，表明我国社会和人的发展受自然经济的制约与传统文化的影响而呈现的历史局限。用现代视野审视这种局限，根本原因在于人对其自身本质的认识、占有和把握的片面而不全面，矛盾而不协调，肤浅而不成熟，表明人的主体性的欠缺。在我国社会步入现代化轨道，社会主导价值取向发生改变之后，许多人因缺乏对社会发展和自身发展的全面性、自主性判断，产生了类似于过去的价值取向的片面与替代现象。在价值取向的内容上出现了从过去的一极转化为现在的另一极，就像打秋千一样，从一种片面性走向了另一种片面性，因而仍然是现代性缺乏、主体性不强的表现，是历史惯性的阻滞，克服这种历史惯性的阻滞将是一项长期的任务。其次，现实价值取向的抑制与替代也有着广泛的社会原因与国际背景。自我国实行改革开放以来，西方发达国家的强势经济与科技伴随着西方的价值观和文化，对我国的影响日趋直接和广泛，西方发达国家有其先行现代化的优势，我国除借鉴其经验，引进其资本、科技和管理之外，不可避免地会有人自觉或不自觉地走上发达资本主义国家曾经的以单纯追求经济增长来实现现代化的老路，并以刺激物质消费、鼓动物质享受、强化物质欲望作为经济增长的动因，把金钱、物质价值取向作为社会与人发展的唯一决定因素，从而忽视精神、文化的应有作用，这正是发生在资本主义国家的一种金钱、商品拜物教趋势。面对这种趋势，马克思和恩格斯及西方许多有见地的学者都曾深刻分析、批判它对社会生态环境的破坏和对人的异化。如果我国重走西方国家以经济抑制和替代道德、人文的老路，我国社会生态也必定遭受破坏，国民也必定陷于异化。同时，西方发达国家的强势科技与强势经济形成互动，在经济发展日益依赖科技发展的社会条件下，西方社会不断确立和强化科学主义和技术主义思潮。从客观效果上看，它可以激发我国国民发展科技的愿望与热情，使全社会重视科技，但它也会使一些人萌生对科技的盲目崇拜而走向以科技替代人文、道德的极端。最后，现实价值取向的抑制与替代更有现实体制的原因与竞争背景。随着我国市场体制的形成，我国社会的竞争在规范化过程中将不断加剧。竞争使我国社会过去的均衡状态和物质与精神、经济与政治的二分格局发生新的裂变：一方面它赋予社会和个人强大的动力，但另一方面它也在一定程度上消解了人的精神动力。这是因为在竞争中物质的、科技的成果因其有形和能被量化、指标化，并直接与个人利益挂钩，可以被用于直接比较而显示出价值与利益上的差距，因而每个人都可直接感受到它的存在和作用而具有价值优势。而隐藏和渗透在这些物质和科技后面的精神动力、道德品质和政治因素则因其无形而无法被量化、指标化，所以很难显示出差距而被直接感受到它的存在与作用。这就是普遍存在的所谓功利、短视、外在的物质、工具价值取向盛行，而人文、长远、内在精神价值取向淡化的原因。这种物质与精神、科技与道德、经济与政治、短视与长远不平衡的价值取向，不仅引发了诸如腐败、假冒伪劣、封建迷信、唯利是图等各种社会丑恶现象，而且导致了一些人的精神荒芜与精神疾病而影响其生活和生命质量，一些社会主体和个体已经和正在受到忽视、轻视精神和道德的惩罚。值得注意的是，社会丑恶现象的蔓延，因忽视、轻视精神、道德而遭受的惩罚，并没有使所有人觉醒，许多人仍然在自发状态之中困惑并对精神、道德的价值进行排斥。这与革命斗争时期一些人为了眼前利益陷于工联主义而拒绝接受革命理论的情况相类似，只不过它是新的历史条件下的一种新的自发性行为。列宁针对自发工联主义的错误进行批判后阐述了灌输理论，提出了“没有革命理论，就没有革命实践”的著名论断。今天，我们当然可以以列宁的论述教育人们重视精神、道德、理论的价值，克服新的历史条件下的自发倾向。但是，毕竟当代人面临的现实同过去不一样：强烈的利益竞争、巨大的物质诱惑、发达的科学技术，这些不同于过去的客观条件和存在方式需要有不同于过去的主观条件（即精神条件）和作用方式与之相适应，提供经济竞争的精神动力，保证物质利益的合理取向，增强高科技所需要的高情感、高责任感。这正是社会发展与人的发展在更高层次上所要解决的矛盾。我们既不能通过抑制经济、科技发展和获取物质利益来强化精神与道德的作用，也不能以经济、科技替代精神、道德价值，只能在人的发展和社会发展的新的高度寻求经济、科技与精神、道德的协调。

从上面的分析可以看出，在我国不同历史时期，社会和人在发展过程中的价值取向有所侧重是可行的、应当的，它是民族、个人特色化、个性化发展的前提。强调人的全面发展，并不是要求人在经济、科技、政治、道德等价值取向上毫无特色与重点的平均式发展。同时，人作为具有自然、社会、精神实质特性的存在，在其活动与发展过程中，创造了社会生活的各个领域。只有坚持人在发展取向上的全面性，才能真正实现人的本质。用一种发展取向抑制和替代其他发展取向，都会导致人的片面、畸形发展。因此，人的发展的全面性要以人的物质的、社会的、精神的全面、协调发展为基础和目的。

第三，主体性与社会化的矛盾。人的现代化的基本矛盾表现在人与社会关系的层面上，是人的主体性与人的社会化矛盾。在现代化进程中，对这一层面的认识、把握和研究还有待深化。不仅许多人在实现现代化过程中表现出主体性增强与社会化发展之间的矛盾，而且在理论上一些研究者也存在矛盾。有的研究者认为，人的现代化的实质是人的社会化，因为人是通过社会劳动而从动物进化而来的，人的社会化程度越高，离动物界也就越远。人的现代化不仅表现为人随着自身能力的提高而成为自然的主人，还主要表现为人成为自己相互结合的社会关系的主人。因此，不能离开人的社会本性的升华去追求人的现代化。[1] 更多的研究者认为，人的现代化最本质的体现是精神领域的现代化，只有人类意识形态系统实现现代化，才标示着人的现代化开拓了真正深刻的运动，才能深刻把握住现代人发展的本质和趋势。[2] 与这一观点相近的观点认为，人的现代化的实质是人的价值观念、行为方式、生活方式实现由传统人到现代人的转变，现代人与传统人的根本区别在于个人是否具有独立的主体性。有研究者还把传统人与现代人的主体性做了比较，认为传统人向现代人的发展是不断实现由“依附型主体”向“独立型主体”、“封闭型主体”向“开放型主体”、“顺从型主体”向“创造型主体”的转变，主体性的确立程度是区分传统人与现代人的重要分野。[3] 人的主体性与人的社会化是人在现代化过程中既相区别又有联系的两个发展重点。所谓人的主体性，“是人作为活动主体的质的规定性，是在与客体相互作用中得到发展的人的自觉、自主能动和创造的特性”[4]。人的主体性是人的本质的集中体现，是衡量人现代化程度或人的发展程度的标志，也是个体在特定活动领域所显示的自身特性。因此，人的主体性是对人内在发展程度的表达。但是，人的主体性又不是人自身孤立拥有和表现的特性，人只有与一定客体——自然的、社会的及人的特定对象发生作用，才能表现和发展主体性，即人的主体性必须通过面向客体、面向社会，才能表现和发展外在。这样，人的主体性与人的社会化就有着必然的联系。离开人面向客体和社会，即人的社会化，片面、孤立强调和发展所谓主体性，不是人的真正主体性，而是脱离实际的主观性，其极端表现则是个人封闭与个人中心。所谓人的社会化，是指个体通过学习、实践掌握社会生活知识、技能和规范，适应并融入社会环境，在发展自己社会性的同时面向社会发挥作用的过程。人的社会化是相对于人的“自然性”和人与社会的“分离性”而言的，是个人进入、融入社会的必经途径，也是衡量个人适应社会和对社会做出贡献的标志，是人面向社会的外在性表现。人适应并融入社会的程度有赖于人的自觉性、自主性与能动性，也就是有赖于人的主体性。人没有或缺乏主体性则必定与环境同一，在社会中盲目从众、漂泊不定，这种状态不是人的真正社会化，而是人成为环境的附庸，其极端表现是人的本质的消解与丧失。因此，人的主体性与人的社会化既有区别，又有联系。

---

① 赵克荣：《论人的社会化与人的现代化》，载《社会科学研究》2001 年第 1 期。
② 叶南客：《现代化与社会主义新人》，重庆出版社 1991 年版，第 25 页。
③ 贺善侃：《实践主体论》，学林出版社 2001 年版，第 209-212 页。
④ 郭湛：《主体性哲学：人的存在及其意义》，云南人民出版社 2002 年版，第 30 页。

在人的现代化进程中，不是所有人都能准确把握两者关系，在不同时间和不同具体条件下，每个人对两者关系的认识、侧重和把握都会面临程度不同的矛盾。特别是在当今社会条件下，社会发展变化迅速，人对自身发展的要求也很迫切，人不仅要不断学习、提高自我，适应社会发展要求，还要以独立性、自主性和创造性推动自身的学习和工作。我国社会主义市场经济体制的建立和社会主义民主的发展改变了计划经济体制下人的依赖性与模式化，给人们的发展提供了自由、民主的条件，增强了人的主体性与竞争性，这是人的历史性进步。人的主体性发展，实际上是人自身素质的全面提高，是对人内在潜能的充分发掘，它是一切发展的基础与源泉。同时，社会主义市场经济体制的建立和社会主义法制的发展改变了计划经济体制下人的封闭性与分离性，为人们创造了发展的广阔空间与明确规范，提高了人的社会化程度与制度化水平，这也是人的历史性进步。人的社会化发展实际上是人的社会关系的丰富，是人充分发挥作用的途径增多，它是人发展的前提与条件。但是，应当清醒地看到，在新的历史条件下，对于人的主体性与人的社会化发展的辩证关系不是每个人都能自觉认识和把握的。有的人只看到市场经济体制自主性与竞争性的一面，忽视了市场经济体制高度社会化与合作性的一面；只看到社会主义民主自由性的一面，忽视了社会主义法制与民主互为一体的一面，以为自主性、自由性就是个人完全独立、不受任何约束，因而陷于个人本位、个人中心、个人封闭的自发状态。市场经济是商品经济高度发展的结果，是社会化程度很高的一种经济形态，正因为如此，它才能推进生产、资源配置的社会化和经济全球化。同时，我国社会主义市场经济体制不仅反映了社会化要求，而且社会主义、集体主义所强调的整体性、全局性已经包含了社会化的深刻内涵。因此，在社会主义市场经济体制下，人既要发展自主性、独立性、竞争性，又要提高社会化程度，发展合作性、集体性。同时，也有一些人只关注社会环境的变化与他人评价，忽视自身主体性的提升；只看到社会与他人制约的一面，不善于利用自主权、民主权发展自己，以为社会化就是从众性与依附性，从而陷于盲目、自发状态。为此，人的发展往往要面对主体性与社会化两个不可分割的矛盾，一方面要克服个体本位、个人中心、个人封闭的自发状态，进行以社会目的、社会规范为内容的社会化引导，进一步消解自然经济的封闭心理与资本主义个人本位的影响，提高人的社会化程度与制度化水平；另一方面，也要针对从众性与依附性的自发状态，进行以人的全面发展为内容的主体性启发和引导，进一步克服传统文化与计划体制在人格上的依附性遗传，提升人的主体性。研究人的主体性和社会化，发展竞争性和合作性，只有实现人的思想与精神生活全面发展和人与社会、自然协调发展的辩证统一，才能建构人的主体性与社会化相结合的新的发展模式。

论科学技术在人的现代化过程中的角色表达*

科技现代化与人的现代化是不可分割地联系在一起的，其呈现的关系是一种相互依赖与相互促进的正相关关系。这种互动关系在我国为什么存在，现代科技发展与人的发展在有些国家为什么产生矛盾，对此，我们都应当分别进行分析。审视科技现代化与人的现代化关系，必须从理论上研究科技与人的本质关联。

一、科学技术是人的工具，也是人的本质体现

随着现代科技地位的提高和作用的加大，特别是科技因缺乏价值理性的驾驭而表现出来的“双刃剑”效应，西方人文学派把科技看成一种单纯的工具理性，作为人的一种外在性工具而被排除于人的本质之外。后现代学派也以不同的方式反对所有理性，包括科技对社会和人的发展作用的否定。我国古代也有“重道鄙器”、把技术看作雕虫小技的传统。这些学派、思潮及我国的文化传统与当代科技决定一切的科学技术主义形成尖锐矛盾并同时影响我国，为此我们有从理论上审视现代科技的必要。

科技作为人认识世界和改造世界的武器，的确是一种工具和手段，人发现、掌握和运用它是为了满足人生存、发展的需要。同时，人还有与之相应的价值目标，价值目标是人的本质体现。但是，人在发现、掌握、运用科技的过程中，也就是在改造客观世界的过程中，同时改造着自己的主观世界，提高了自己的认识水平与能力。人如果离开了对客观世界的认识与改造，既无目的，也无手段；而认识和改造客观世界就必定要运用技术，哪怕是最原始的技术，不运用技术的认识与改造不是人的活动，而是动物的本能。所以，马克思和恩格斯认为，人的本质特性是人的实践活动，而人的这一特性就来自于认识和改造客观世界的实践活动。恩格斯详细研究了劳动的起源，揭示了劳动在人形成和发展中的决定性作用。人类早期的劳动就是把人和动

---

* 原载于《人的现代化理论与实践》，人民出版社 2006 年版，作者郑永廷等，收录时有修改。

物区别开来的创造、运用最简单工具的技术活动，而人的思维器官的发展和思维活动的产生就是这种技术活动的结果。所以，人的实践活动劳动本身，不管是最原始的、最简单的，还是最现代的、最复杂的，都是一种技术活动，是人的本质体现。人的本质特性还在于人的能动性，即人认识、改造客观世界的目的性，要在人与科学技术的双向适应中实现。人作为社会存在物，总是积极地按人的生存需要和生存方式实现着人的目标。马克思和恩格斯十分重视劳动方式、手段和工具在满足和创造人的生存需要中的作用。在历史事实的分析中，马克思看到人类生存的第一个前提就是生产物质生活本身；其次是已经得到满足的第一个需要本身、满足需要的活动和已经获得的为满足需要而用的工具又引起新的需要。科学技术就是实现人的需要、推动人类进步和社会发展的动力，是人满足生存与发展对物质生活资料无止境追求的需要。随着科学技术的发展，人类活动的起点越来越高，人类现实需求的层次亦随之不断提升，人类理性活动的科学技术含量也日益提高，科学技术的发展就是在这样一个人类不断超越现实、追求和实现理想的过程中实现的。而人类追求新发现，探索新规律，创立新学说，创造新方法，积累新知识，又是科学技术得以发展的不竭的动力。所以，科学技术作为工具与手段的不断发展也是人的需要、人的目的、人的本质体现。正如伯纳德·巴伯对科技与人本质关系所作的揭示：从社会发展的层面看，历史上一定的生产方式，或现代社会一定的工业阶段，始终是与人的共同活动方式相联系的，而一定共同活动方式本身就是社会生产力。社会生产力水平就是人创造、掌握、运用科学技术的水平，是工业化程度的标志。马克思认为，工业就是一定程度上的技术，科技作为一种社会实践活动，首先存在于人的劳动中，进而被蕴含在人的所有现实活动中，成为最能体现人的本质力量的手段。正如马克思所指出的："工业的历史和工业的已经产生的对象性的存在，是本打开了的关于人的本质力量的书。"① 也就是说，工业就是人的本质力量的公开展示。

在实现人的现代化过程中，我们既不能仅仅把科技作为人的工具或手段，而忽视它是人的本质力量的体现，也不能把科技作为人本质的全部，这两种倾向正好是西方人文主义和科技主义所坚持的倾向。如果把科技仅仅作为人的工具和手段，人就会只从实用的角度、外在的层面，以物质为目的来对待科学技术，从而缺乏潜在动力。相反，我们只有把科学技术的创造、掌

① 《马克思恩格斯全集》第42卷，人民出版社1979年版，第127页。

握和运用作为提升人内在科学精神与技能、改变人生存与发展方式及不断超越人本质的方式，才能对科学技术产生内在需求而不断实现人所追求的终极目标。这样一种理念对我国国民尤为必要和重要，因为在我国古代，社会所遵从的伦理价值主导把人的本质主要归结为道，归结为人文，人们把科技特别是技术看作一种与物质一样的身外之物，是与人的发展目标、本质不相干的手段或工具，所以，当时的科技不能改变人的生存与发展方式、提升人内在本质，致使我国贻误了科技革命的时机，导致科学技术落后于西方。中华人民共和国在成立后相当长的一段时间内，以阶级斗争为纲和以政治运动为中心，把社会价值主要导向政治，把人的生存与发展归为政治，对科学、经济的轻视与对"只专不红""自专道路"的批判，更不可能使人们把科技作为自身发展的方式，致使我国本来与发达国家存在的科技与经济差距被进一步拉大。在我国，实现人的现代性，尤其要反省传统文化对人与科技本质关系的漠视这一问题，科学认识科技在实现人的现代化中的作用。如果不从理论上解决这个问题，一些人在激烈的科技竞争中，在强大的物质利益驱动下，在西方科技主义思潮影响下，将从仅把科技作为人的工具或手段的极端，摆向把科技作为人的全部本质的另一极端，使人成为科技的替代品从而丧失人文，成为工具而丧失人的目的。

二、科学技术是人的创造，也是人发展的条件

科技，不管是简单的，还是尖端的，都是人创造的结果，是人实践活动的产物。人是科技创造、发展的主体，是掌握、运用科技的主人。人正是通过创造、运用科技，才认识和掌握了自然规律。正如马克思说的："人们周围的、至今统治人们的生活条件，现在受人们的支配和控制，人们第一次成为自然界的自觉的和真正的主人，因为他们已经成为自身的社会结合的主人了。人们自己的社会行动的规律，这些一直作为异己的、支配着人们的自然规律而与人们相对立的规律，那时就将被人们熟练地运用，因而将听从人们的支配。"[①] 人把自己和动物区别开来，实现与自然界的分化，靠的是人早期的科技创造与技术活动；人逐步适应自然界的变化，靠的是人在生产实践中不断发现技术，改革生产工具，与自然界变化保持协调；人发现、掌握和运用自然界的规律，更是靠人在科学技术上的创造。人创造的科学技术不仅

① 《马克思恩格斯选集》第 3 卷，人民出版社 1995 年版，第 757-758 页。

从自然界获取了满足人需要的物质与能量，还利用自然界的原材料创造了自然界没有的人化自然。因而，科学技术源于人，是人在实践中创造的，科学技术运用于人，是人创造财富的武器。科学发现、技术发明的过程，是人反复认识、改造客观世界的过程，每一次发现和发明不知道经历了多少次曲折与失败，不知道多少人付出了努力与代价。人就是在这样的探索、实践和失败的过程中，不断增长见识、获得知识、提高能力、得到发展，因而科技创造与人的发展是同步的。科技创造既标识着人对客观世界的认识和改造水平的提高，也标识着人自身认识和改造客观世界的能力的增强。科技创造过程是改造客观与改造主观相统一的过程，是提高改造客观世界水平与提高改造主观世界能力相协调的过程。因而，从一定意义上说，科学技术原创性活动是人的一种真正开拓性发展、超越式发展，是最有意义与作用的发展。这种发展体现在进行科学技术创造者的身上，同时创造者的创造精神会激励、带领其他人的发展，创造者的创造成果会促进其他人的发展。所以，“在人的发展中，科学技术是一个起着非常重大作用的因素，特别是在现代人的发展中，现代科学技术更是起着决定性的作用。科学技术是人的对象性活动关系，不仅扩展和深化人与自然界之间的关系，而且扩展和深化人与人之间的社会联系和交往。这样，人的社会的物质生活和精神生活在品位质量上和形式与内容上必然得到提高和丰富。在现代，由于科学技术的日新月异的革命性发展和在人的活动与生活中的越来越普遍的应用，科学技术在人的（物质的和精神的）活动与生活中的含量越来越丰富了，以至现代的人也越来越普遍地成为科学技术化的人。正是这种科学技术化为现代人提供了积极存在的时间和积极发展的空间”①。当代科技革命对人的全面发展的促进是多方面的：一是为人的全面发展奠定了丰厚的物质基础；二是增进人的知识、增强人的技能；三是扩大人的交往，丰富和发展人的社会关系；四是激发人的科学精神、创新精神，促进人的个性发展。此外，科学技术发展还会促进社会民主、法制的发展，推进管理改革与制度创新，改变生产方式与交换关系。而这些发展变化又会间接促进人的全面发展。应当承认，学习、借鉴和应用科技知识，既是社会传承知识的需要，也是社会实践的需要。虽然科学技术作为知识，在传承、运用过程中仍要保持原有水平，但人们在学习、理解、认识时，并不是对原有知识的一味复制，而是必定要在原有知识上进行不同程度的扩展、丰富、深化；人们在实际运用过程中，更不是对原有知识

---

① 夏甄陶：《人是什么》，商务印书馆 2000 年版，第 342-343 页。

创造活动进行再现，而是必定在实践运用中有不同程度的发挥与扩展。人在科技方面的发展不可能事事都是创造，人人都要学习、运用前人创造的科技知识，这既是人提高发展起点、避免发展曲折的需要，也是人创造性发展的基础。在现代社会条件下，没有一定的科学技术知识，要进行科技创造和人的创造性发展是不可能的。但是，人学习、运用科技知识的发展，研究、创造科技的发展，两者的状态和层次是不同的，前者只是人对自身的一种超越式发展，是一种学习提高式发展，而后者是一种对他人的超越式发展，是开拓性发展。还要看到，科技知识和科技成果的引进，既是加快科技现代化的需要，也是培养、提高人的需要。在引进科技知识和科技成果的过程中，既可以照搬和复制，也可以根据本国、本单位的实际需要进行吸引、改进、改造。对个人来讲，学习、掌握引进的科技知识和科技成果，是一种提高和发展，在学习和掌握的基础上进行改进和改造则是一种创造性发展。一个国家或单位在科技上不可能每样都引进，只能引进急需的、关键的、能迅速改变发展状况的科技知识和成果，更重要的还是要依靠自己的创造。因此，引进科技知识与科技成果对我国科技发展和人的发展而言，是一种跟进式发展，而不是对国外的一种超越式发展，这种发展模式可以缩小我国与发达国家的差距，但仅满足于这种发展是无法超越发达国家的发展水平的。可以看出，与科技创造、学习、引进三种发展模式相对应的，是人的创造式发展、提高式发展、跟进式发展的三种状态。科技的三种发展模式是相互渗透与结合的，人的三种发展状态也是相互交替与协调的。我国发展科技需要三种模式，我国人的发展也需要三种状态。但是，三种模式与三种状态的发展在我国社会发展中的地位和产生的作用是不同的，人的创造式发展是主要的，起着主导的作用。这是因为在市场体制条件和国际范围的激烈竞争下，维持现状就意味着落后，我国必须不断创新，而且既要加快实现现代化步伐，缩小同发展国家的差距，也要开拓创新。若仅仅满足于学习、运用已有科技知识，依靠引进科技成果和产品，只能永远跟在别人后面，在科技上和人的能力上不可能有大的发展。在科学技术发展上，大家公认的只有第一，没有第二，谁有新发现和新发明了，谁就实现了开拓性、超越式发展，否则，就只是一种复制与传承。因此，在我国，必须大力倡导、推进创造式发展，包括创造性地进行研究与开发，创造性地学习、运用科技知识，创造性地引进、改进科技成果与产品等。科技创造依赖于人的创新精神与创造能力的发展，两者均植根于科技创造的实践活动，两者的互动在我国国民中还不是很普遍。究其原因，一是我国传统文化重伦理价值、轻科技价值的取向，使文化出现疏离科技知识的倾向，科技创新、发展的文化基础薄弱；传统文化重文本阐释、轻实证研究的惯性，使“四书五经”传承久远而创新受到抑制，科技知识与成果较少；传统文化崇古尊祖、轻发展超越的习俗，使人们受过时观念与方式的约束，在生产和科技研究中的突破不多。传统文化带来的这些影响仍然不同程度地存在，至今不能说已消除殆尽。二是我国以农立国、以血缘关系为纽带的自然经济体系在传统文化维系下十分稳固，自然经济的重复性、简单性既不能提出科技发展的要求，也不能提供人的发展基础。自然经济不仅造成经济基础、科技基础薄弱，而且导致人的文化水平、科技水平不高。在当代社会，文化知识和科技知识缺乏或不成系统的人，要进行科技创造是极其困难的。为此，我国普及科技知识的任务还很繁重。三是我国教育在传统文化背景下所取向的是“官本位”价值与道德价值，科技取向式微；所采取的主要教育方式是死记硬背、经典注释、“科举”应试，而面向自然、注重研究、探索未知则显得有限。这种教育传统虽然现在有很大改变，但由于受升学应试杠杆的指挥，仍然缺乏培养学生创新精神及实际能力的自觉性与能力。因此，科技的创造式发展与人的创造性发展始终是我国现代化进程中的两个相互关联的关键性课题，而人的创造性发展又在其中起着决定性作用。

三、人决定科技的价值性和科技改变人的发展状态

科技既是由人创造的，也能促进人的发展。科技知识、成果被人创造出来之后，它不会自行发挥作用，而是需要人去掌握、运用它，才能在社会生活中发挥作用。科学技术本身没有目的性和价值性，只反映了客观世界存在与发展的真实性与规律性，因而当人把目的性和价值性赋予它的时候，它便发挥了不同的作用，产生了不同的结果，这就是我们常说的“科学技术是把双刃剑”。这里我们所要分析的是，在使用、改变科技作用方式的过程中，人是否也呈现出发展状态，这些状态的具体表现是什么？应当肯定人使用科技和改变科技作用方式的过程，这是实践的过程，是认识和改造客观对象的过程。这种认识和改造客观世界的过程必定伴随人的主观世界的改造或改变，也就是人及其与客观对象的关系都会发生变化，这是可以不证自明的。人在使用科技和改变科技作用方式过程中，绝不是单纯地对科技知识的使用，也不是无目的地对科技成果的推行，它必定渗透着人的目的性、价值性，也就是人有能动性，这是人的本质特征，任何人都不能否认。一些自诩

自己是完全单纯传授、使用、创造科技知识，而不与任何政治、道德发生关系的人不是自欺欺人就是为了掩盖某种目的性与价值性。这就是科学性与价值性、科技与人文永远不可分割的缘由。人通过使用科技与改变科技的作用方式实现科技价值，无非是以下几种情况。

第一，是利用科技推动社会进步、文明发展、伸张正义、维护公平，还是利用科技阻滞社会前进、倒退文明、维护邪恶、践踏公平，受人的不同政治价值取向的支配，会有不同的结果。前者是人顺应历史潮流，利用科技推动社会进步，也带动其他人发展，自身在利用科技推动社会和他人发展过程中，以其自身发展来带动其他人的发展。而后者是人逆历史潮流而动，利用科技阻挡社会进步，威胁、消解其他人的生存与发展条件，导致社会与人的灾难，自身是以其野蛮性倒退来抗拒社会和人的发展的。这样两种利用科技的政治价值取向，在历史上都有许多典型事例，在未来社会中也还会出现。

第二，是利用科技求真求善、创造财富、利己利人，还是利用科技造假作恶、危及社会、损害他人，这是科技受人不同的道德价值取向支配所产生的不同方式与结果。前者是人按合理性目标利用科技建设社会，正向激励、影响他人进步，自身在利用科技过程中，是以其进步道德人格来感召其他人发展的。而后者是违背真实的丑恶取向和利用科技的破坏行径，这是人的道德沦丧，不是向人应有的目标发展，而是向动物的倒退。这样两种利用科技的道德价值取向，在现实生活中更是十分普遍。

第三，是利用科技坚持全面、协调、可持续发展，还是片面、偏执、只顾眼前功利，这是科技受人不同的认识、驾驭能力支配所产生的不同的作用方式与结果。前者是人对科技运用的对象、认识比较周全，对科技运用的利弊及其后果把握比较全面和长远，能在充分发挥科技优势的同时，避免科技带来的负面结果，这种运用科技的方式本身就是人的全面性、发展性的体现。而后者则忽视科技使用的对象与条件，片面甚至偏执地使用科技，或只求眼前功利而忽视长远的不利后果，或只看到局部利益而看不到对全局的损害。显然，这无疑是人在能力上的局限性和价值取向上的片面性所致，也是人的发展程度不足以正确运用和驾驭科技所致。这种不是主要受政治和道德价值观支配，而是受人的能力支配的科技运用所带来的不同方式与结果，在历史上和现实中也为数不少。

从以上的分析我们可以看出，人的发展的层次性、全面性，即人的能力水平和政治、道德等人文素质的水平，决定着其使用科技的方式与结果。运用一定水平的科技，需要人有与之相适应的能力与素质，现代科技则需要人有适应现代社会的科技能力与现代人文素质。否则，现代科技就会在“传统人”或“片面人”手上丧失作用或造成危害。在看到使用科技过程中人的决定作用的同时，也要看到科技对人的改变、改造作用。科技对人的改变和改造是全方位的，包括身体、物质消费方式、活动方式、思维方式等，具体表现我们将在后面分析。这里仅就科技对人的整体发展状态做阐述。在前面我们已做分析，劳动，即人的最初技术活动，使人由纯自然状态转变为社会状态。但人最初的这种社会状态仍然主要受自然制约和控制，正如马克思所说的：“人的依赖关系起初完全是自然发生的，是最初的社会形态，在这种形态下，人的生产能力只是在狭窄的范围内和孤立的地点上发展着。”[①]也就是说，人由于没有掌握足够的科学技术，只能受“异己的”自然规律的支配而无法认识和运用自然规律为人服务，人在这种条件下，面对自然界只能处于自发的、盲目的、被动的、依附的状态，人不能成为自然界的主人，我们把人的这种状态称为自发状态。

随着人创造科学技术的水平不断提高，特别是人类进入近现代社会后，科学技术不仅为人的生存、发展创造了巨大财富，把人们从繁重的体力劳动中解放出来，使人们有了用以发展自身的时间和精力，而且使科学技术成为生产力的决定因素，推动了社会关系的变革，打破了束缚人们发展的政治制度与思想观念。正如马克思说的：“只有在现实的世界中使用现实的手段才能实现真正的解放；没有蒸汽机和珍妮走锭精纺机就不能消灭奴隶制；没有改良的农业就不能消灭农奴制；当人们还不能使自己吃喝住穿在质和量方面得到充分供应的时候，人们就根本不能获得解放。”[②] 这里的“现实的手段”指的就是科学技术。因此，科学技术是使人摆脱被动走向自觉、摆脱依赖走向独立的杠杆，是人获得解放的武器。为此，马克思对近现代科技发展条件下人的发展状态做了概括：“以物的依赖性为基础的人的独立性，是第二大形态，在这种形态下，才形成普遍的社会物质变换，全面的关系，多方面的需求以及全面的能力的体系。”[③] 人由受自然支配转化为受物的支配，即受商品的支配，这是一个进步，是人的需求、活动范围、社会关系、各种能力的发展，是人的独立、觉醒，是人发展的自觉形态。

由于科学技术在近现代只能在各个领域分别突破，不可能在整体上全面

---

① 《马克思恩格斯全集》第46卷（上），人民出版社1979年版，第104页。

② 《马克思恩格斯全集》第42卷，人民出版社1979年版，第368页。

③ 《马克思恩格斯全集》第46卷（上），人民出版社1979年版，第104页。

揭示自然界的内在联系性与规律性，人也只能掌握某一领域或某一方面的规律性，不可能从整体上认识和掌握自然界的规律性，加上人受不同价值观支配并需要维护相应的社会关系与社会制度，于是，人从某一方面获得解放时，在另一方面又受到控制。在资本主义社会条件下，科学技术主要成为牟取经济利益的工具而不是用于实现人的发展，因而科学技术作为工具创造出来的巨大物质财富连同科技本身便成为一些人用以支配人甚至奴役人的力量，人也同商品、机器一样丧失了目的而沦为工具，只不过是一种不同于过去的可以交换、流动的独立性工具。同时，科技在某一方面的突破，只能获取某一方面的物质财富，在别的方面的无知或不顾，必定导致自然资源利用、开发的偏斜和废弃的积聚，使自然界长期形成的整体性、协调性招致破坏，造成生态失衡与环境污染。这种失衡与污染的实质是人顾此失彼，缺乏对自然界整体联系与规律的认识和把握所招致的报复，归根结底还是科技的发展不够，人的发展有限。为此，马克思和恩格斯分析了资本主义基本矛盾，即运用现代科技的社会化大生产同私人占有之间的矛盾、商品发展与人的发展之间的矛盾之后指出，人们即无产阶级必须联合起来革除资本主义的生产关系，使人的发展与现代科技的社会化大生产相适应，必经解除人对物的依赖与人在商品条件下的异化，实现人的发展形态的第三次飞跃——自由全面发展，即“建立在个人全面发展和他们共同的社会生产能力成为他们的社会财富这一基础上的自由个性，是第三个阶段。第二个阶段为第三个阶段创造条件”①。马克思在这里讲的自由全面发展，首先强调的是“每个人的自由而全面的发展”“每个人的自由发展是一切人的自由发展的条件”。也就是说，每个人面对自然界都能认识和掌握其规律性，即掌握科学技术而不处于自发状态，每个人能知晓自然界的整体性联系而不违背所涉相关领域的规律且受必然性支配，这就是说，科学技术要普及化。其次，人的自由，按照恩格斯的观点，就是对必然的认识，人在自然界中的自由就是对自然规律的认识。马克思说：“自由只能是：社会化的人，联合起来的生产者，将合理地调节他们和自然之间的物质交换，把它置于他们的共同控制之下，而不让它作为盲目的力量来统治自己靠消耗最小的力量，在最无愧于和最适合于他们的人类本性的条件下来进行这种物质变换。”② 这里，马克思实际上讲了人要处理好两个关系，认识和掌握两个规律：一是协调好人与人以及人

① 《马克思恩格斯全集》第46卷（上），人民出版社1979年版，第104页。

② 《马克思恩格斯全集》第25卷，人民出版社1974年版，第926页。

与社会的关系，认识和掌握社会发展规律；二是协调好人与自然的关系，认识和掌握自然发展变化的规律。在现代社会条件下，认识和掌握这两个规律都离不开科学技术。根据马克思和恩格斯的论述，人的自由是一种存在境界，是一种发展状态，是人在活动中通过认识和利用必然表现出的一种自为、自主的状态。马克思从技术与工业入手考察人的自由问题，认为自由的本质就存在于人的现实的实践活动之中，自由的获得就存在于人类变革自然、社会与人自身的过程之中，自由的实现就存在于人的彻底解放之中。技术与工业文明是人类得以彻底解放的根本力量，同样也是人类最终获得自由的动力所在。

总之，人的存在与发展由自然状态向自发状态、自觉状态、自由状态的转化与提升，都是在科学技术的推动下实现的。

科学技术现代化与人的现代化互动特点*

人与科学技术的发展互动经历了古代社会、近现代社会和当代社会的发展。古代社会由于科学与技术分离，科学技术不发达，人们主要依靠简单技术与经验从事实践活动，所以人与科技发展互动具有简单性、重复性、狭隘性的特点，人受制于自然比较明显。在当代社会，人与科技都发展得很快，其互动相较古代、近代社会更为复杂、变化更快、范围更广，并呈现多种特色。

一、协调性

人与科学技术的互动，主要表现为人与自然的互动。当受自然支配的时候，人总是企图改变其受支配的地位而征服和支配自然界。人不可能一下子征服和支配自然界的所有领域，只能在各个领域分别突破。人受利益驱动，总是会把发现的科学技术尽量甚至片面地使用，导致了对自然界的过度开发乃至资源掠夺。但其结果是破坏了自然生态，污染了自然环境，造成了人与自然的对立，这是自然界对人过度、片面使用科学技术所做出的惩罚。对这种人与科学技术关系的传统方式或特点，我们可以把它概括为对立性或冲突性。

人遭受了自然界的惩罚后，也通过发展科学技术，认识到自己的幼稚与片面，开始全面反省自己与自然的关系，追寻人从哪里来，要到哪里去，认识了人与自然的不解之缘，提出了人与自然关系的新视野与新见解，即人既要利用、开发自然，又要珍惜、保护自然；人不是自然的掠夺者，而是自然的守护者；人不仅有权通过科学技术得利受益，而且有责任正确控制科学技术发展、应用的方式与方向。因此，国际社会对西方经典现代化理论进行了质疑与批评，提出了“我们只有一个地球”和维护生态平衡、反对污染环境的强烈呼吁，提出了可持续发展战略。我国面对人与自然关系的危机，在提出科教兴国战略的同时，也提出了可持续发展战略，在加快经济发展的同

---

* 原载于《人的现代化理论与实践》，人民出版社 2006 年版，作者郑永廷等，收录时有修改。

时，强调人与自然、社会的协调发展，以保证人与自然关系的长远协调性。

二、系统性

人与科学技术互动的系统性，其表现方式是多层面的。科学技术的发展既要分化与突破，更要综合与渗透，而且综合化趋势是当代的主导性趋势。这一趋势的出现，是人在创造、应用科技的过程中冲破传统科技各个领域相分离的壁垒的体现，避免了传统科技单科独进的片面性，对人提出了知识和能力的综合性要求。这种科技领域自身的系统性其实是各种各样的交叉科学、边缘科学、横断科学、系统科学的创立与应用。人在发展过程中也要学习并形成综合知识结构，以适应科技的综合化趋势。于是，科技发展与人的现代化互动具有综合性。

人与科学技术的互动性也表现在科学技术与社会特别是与人文的互动上。科学技术作为社会大系统中的一个子系统，与社会大系统中其他子系统及与社会大系统本身在相互作用和相互制约的关系中存在和发展。科学技术的发展已经渗透到社会的各个领域、各个环节，出现了科学技术社会化和社会科学技术化的互动发展趋势，科学技术与人的生产、生活、思维方式密切相关。因此，对科学技术的出现与发明已不能单纯地从某一个行业或某一个领域去认识和理解，而要将其放到与人的发展紧密相关的政治、经济、军事、法律、伦理道德等众多社会子系统中去认识和理解，把它与人的需要、人的互动、人的发展统一起来，实现科技与人文的结合及高科技与高人文的平衡。传统科学技术因其从事的人员有限和科技成果在社会生活中的推广应用有限，科技研究和应用作为一种社会分工只能在一小部分人中进行，大部分的人对科学技术研究及其成果的应用感受并不深。这种社会分工往往容易造成相互分离和互不认同，导致科学技术和人文社会科学的偏执与片面发展。西方国家出现的人文主义与科技主义的长期对立，专才教育与通才教育的长期论争，就是缺乏系统性与全面性的典型表现。

三、反射性

所谓反射性，是指人的思维与其生活于其中的客观存在之间的一种双向互动关系。人的思维不仅反映客观存在，包括自然、社会和人，而且改变和创造客观存在。正是因为这种反射性，人们才特别注重科技信息和科技知识、科技成果，并将其不断借鉴、运用到科技活动与社会生活中，从而不断根据新的科技信息与科技知识修正、调整自己的科技活动与生活方式，不断加深对人与自然、人与社会的关系及人自身的认识和把握，这就是信息社会、学习型社会的重要特征。

吉登斯曾把“反射性”解释为：“人们有关社会领域及一个独立存在着的‘给定’世界的意见——他们不断涉足他们所描述的世界，从而改变着这个世界——有时这种改变十分引人瞩目。”① 正是现代社会的这种反射性使科技信息、科技知识越来越多，也越来越有价值；人与科技信息、科技知识、科技成果的互动，也就是人通过对科技信息、科技知识、科技成果的评价、选择、吸收来改变和调节自身的方式越来越普遍，增强了人进行自身修正和不断调节的机制，这也是现代社会科技发展和人的发展很快的原因。这一现代性特征不同于传统科技条件下，社会主要由事先给定的行为方式所构成，人主要受传统习惯制约而发展缓慢。

四、全球性

人与自然在整体关系上的协调，科学技术的综合化发展和科技与人文的渗透，人与科技信息、科技知识的反射互动，必定不断冲破人与科技互动的狭隘领域和时空界限而扩展到全球。国际、地区间及不同学科的专家之间的科技交流、协作、攻关越来越普遍和频繁。科技发展冲破了传统的国界，人的发展也冲破了地域的制约，正是人的发展与科技发展的互动推进了全球化进程。在现代社会条件下，任何国家的任何一项科技发明都会惠及全人类，而任何一个意想不到的科技灾难也会殃及全人类。

全球经济一体化进程的加快，使得科技发展与人的发展的活动更多地带上国际合作的色彩。以人类环境为例，在19世纪，北美、欧洲地区经历了两次工业革命，消耗了大量的能源和原料，造成了严重的污染，使地球环境和生态系统严重失衡，人类从此背上了沉重的“环境债务”，每个人的生存与发展都受到不同程度影响乃至威胁。针对世界环境问题，各国只能联合起来谋求科技对策。于是，各种国际性环保组织应运而生，国际环保会议经常召开。1999年9月，联合国通过的文件《2000年全球环境展望》强调，目

① ［英］吉登斯、［英］皮尔森：《现代性：吉登斯访谈录》，尹宏毅译，新华出版社2001年版，第204页。

前的趋势是不能持久的，推迟采取行动不再是一条可行之路。于是，《蒙特利尔破坏臭氧层物质管制议定书》对科技知识的运用和科技产品的应用进行了调整，并确定了共同治理环境的项目，确立了在半个世纪内基本修复好遭到破坏的臭氧层的目标。

科学技术发展与人的发展关系的争议论*

自 20 世纪 70 年代以来，西方许多科学家、未来学家、社会学家、经济学家及一些研究机构、环保机构，如意大利的罗马俱乐部、法国的巴黎小组、美国和日本的软科学研究机构等，因为对科技发展状况、人的发展前景以及世界的未来走向认识有分歧，产生了激烈争论。概括起来，主要是在科技发展与人的发展关系上悲观与乐观观点的对立。

一、科学技术发展与人的发展悲观论

悲观论者认为，科学技术的创造与运用是一种强大的非人力量，使人异化于自然，因而其与人是对立的。科技越发展，人越异化，科技的发展与人的发展是异动的而不是共进的。持这种悲观论观点的主要是西方的人本主义学派。

存在主义的主要代表、德国哲学家海德格尔前期研究存在问题，在此基础上，后期以对人的生存构成威胁的技术问题为其研究核心，1954 年出版的《技术的问题》是他研究人与技术关系的重要著作。海德格尔认为，把技术仅仅理解为人达到目的的工具没有完全揭示技术的本质，技术是人的一种特殊的"活动范式"，也就是技术这种对象性活动所要求主体具备的一种先在自身准备状态，海德格尔用"展现"与"架座"两个基本概念来描述人与技术的关系，进而揭示技术的本质。按照海德格尔的理解，事物、自然和世界可以由多种不同的方式展现。在不同的历史阶段和不同的民族中，神话、艺术、宗教、科学等都曾经是展现事物的不同方式，技术也是展现事物的一种方式，在现代社会技术特别突出。在不同的展现方式中，事物、自然和世界及它们与人的关系就会是不同的状况。他在《技术的追问》一文中说："技术不仅是手段，技术是一种展现方式。如果我们注意到这一点，那么，技术本质的另一完整的领域就会展现在我们面前。这正是展现真理的领

---

* 原载于《人的现代化理论与实践》，人民出版社 2006 年版，作者郑永廷等，收录时有修改。

域。”[①] 于是，“海德格尔用展现这个概念把单纯工具性的技术解释提高到一个更基本的等级上”[②]，也就是提到了本质的高度。此外，海德格尔认为，现代技术作为一种挑战性的展现，其基础特征是“限定”和“强求”：“限定”是指从某一方面去取用某物，把某物确定在某物上，定位在某物上；“强求”指迫使某种东西进入一定的非自然的形态，使其无所限制地为技术所用。这种“限定”和“强求”必定表现出一种对于人的行动的先在性，即人诚然能够决定应用技术的目的，但并不能支配应用技术的条件与后果。海德格尔把这种具有挑战性的限定与强求称为“座架”，并认为“现代技术之本质居于座架之中”，座架构成了技术的本质。正是现代技术“座架”表现出来的“限定”与“强求”使社会成为“纯技术的世界构造”，以致现代社会没有一个领域不受技术影响，“限定”和“强求”到处存在，以至于成为普遍的、对人与自然的关系加以规定的决定因素。用海德格尔的话说，就是“直到现代，技术的本质才开始展开为个体存在者的命运”。也就是说，不是人控制技术，而是技术支配人，技术使人成为“技术的人”，他们完全投身于技术展现的关系，并具有技术的思维与行动，人被技术功能化、异化了，人最终成为“技术人”。

海德格尔用了他自己所设定的一套概念论述了科技发展与人的异化关系。从现实层面看，他看到了西方发达国家科技强大所形成的“技术统治”对人的支配作用和使人异化的现象，其书中的确描述了某种社会现实，肯定了技术的实质性作用，使人们对现代技术的负面效应的分析切入到更深层面。但从理论层面看，海德格尔赋予技术“强求性”，消解人的能动性，忽视人的创造性，认定技术的“展现性”，否定人的超越性，把人完全看作受制、受控于技术的存在物，也有失偏颇。

存在主义的另一代表人物雅斯·贝尔斯在其后期的研究中也着重探讨了现代科技发展与人的发展关系。他同海德格尔一样，也看到了西方国家强大的现代科技对社会的统治和对人的控制。他认为，现代科学技术使人变成了机器的一个功能，使人像机器零件一样被任意支配，使人丧失了自己。“作为技术统治的牺牲品，它黯然无光或杂色纷呈，人在其中已不再能辨认出自

① Matin Heidegger. *Basic Writing*. New York：Harper & Row，1977，p. 294.

② ［德］绍伊博尔德：《海德格尔分析新时代的科技》，宋祖良译，中国社会科学出版社 1993 年版，第 17 页。

己，他被剥夺了他的做人的个性。”① 他针对现代科技对人支配、使人异化的现象，提出了“新人道主义”主张，提倡发展人的自主性与个性，反对技术时代和官僚国家对人的自由选择和个性发展的压制，实现人的自由交往，建立促进人自由发展的世界秩序。因而，雅斯·贝尔斯在看到技术支配人、使人异化的同时，提出了克服人的异化的出路——发展人文。

持悲观论的另一流派是法兰克福学派，其主要代表人物霍克默尔、马尔库塞、弗罗姆、哈贝马斯等，都对发达工业社会中科学技术发展所带来的社会问题做了考察，探讨了在现代科学技术背景下人的异化、退化问题。他们认为，科学技术的发展一方面增强了人类对自然的统治与支配，但另一方面也造成了人与自然的进一步分离，造成了人类解放的阻滞和人的异化。马尔库塞对当代资本主义社会的种种异化进行了深刻的揭露与抨击。他认为，资本主义社会片面强调和推进科技发展与物质追求，造成了个人与社会的单面发展，把人变成了片面的“单向度的人”，抹杀了人的内心自由与自主性，使人丧失了判断力与批判精神。他反对技术中立性思想，认为现代科学技术具有明确的政治意向性，科学技术是具有欺骗性的“虚假意识”，并且科学技术已具有“统治的功能”，“技术理性这个概念也许本身就是意识形态的。不仅工艺的应用，而且工艺本身就是（对自然和人的）统治”②。在他看来，技术的“逻各斯”变成了继续奴役人的“逻各斯”，科技理性适用于维护社会统治，因为它排斥了个别性、特殊性，要求普遍性、共性，其本质就是统治的合理性。这种“统治功能”正是意识形态的特点，所以科学技术是一种新意识形态。马尔库塞运用这种新意识形态理论分析了资本主义社会，他认为资本主义生产的快速发展阻碍了人们革命意识的发展。这是因为，技术和工艺的进步凸显了人的需要，与此同时，人的需要和满足沦为技术工艺的附属品，即需要和满足本身支持着屈从和统治。马尔库塞进一步分析了现代资本主义社会是一个由技术统治的极权社会，他将资本主义进步的法则概括为这样一个等式：技术进步=社会财富的增长=奴役的扩展，进一步证明了在技术帷幕和民主政治帷幕背后，呈现出这样的事实：全面的奴役和人的尊严的丧失。德国哲学家霍克默尔率先提出了工具理性批判概念，专指对科学技术由解放人的工具转化为奴役和毁灭人性的工具的批判。他根据资本主义社会中出现的情况，认为人有统治自然界的极权主义欲望，把科技理性当作

① ［德］贝尔斯：《时代的精神状况》，王德峰译，上海译文出版社1997年版，第37页。

② Harbert Marcuse. *Negations*. Boston: Lighthouse Press, 1968, p. 223.

控制自然的工具，以技术进步、效率提高作为理性活动的准则，应用理性迫使自然界为人类服务。但随着科学技术对自然的利用越来越有效，双重的社会后果产生了：一方面，机器的进化导致对人的全面奴役，它控制了生产程序、国家机构和个人的劳动时间、闲暇时间，科技和工艺理性成了统治目前社会生活的主要工具；另一方面，生产工具越来越复杂化和精确化，使人愈来愈沦为机器操纵的对象，屈从于各种技术规则，从而使个体的人的主体性出现危机，导致人性丧失和人的毁灭。他的这一思想，后为马尔库塞、弗洛姆、哈贝马斯等人进一步阐发。马尔库塞认为，当代资本主义社会是单面性的社会，为此，他对科学技术的发展持否定态度，特别强调人的主观意识的能动作用，主张重新进行启蒙运动，通过“意识革命”和“本能革命”来解放人的性欲和发展爱的理想社会。这样，马尔库塞不仅倒向了弗洛伊德的精神分析学，而且走向了否定客观规律、否定科学技术的极端。

弗洛姆同马尔库塞一样，也信奉弗洛伊德精神分析学，即强调人的主观能动性、人文精神对人发展的作用，认为马克思的异化理论是对工业社会中科学技术所导致的人的病态心理的深刻剖析。他进而认为人的异化根源在于人的存在所固有的矛盾，是人的肉体对自然界的依赖与精神对自然的超越。他从这一固有矛盾出发，分析了当代西方社会由于物质生产和消费，以及对物质和技术价值的片面强调，人变成了被动的、缺乏活力和情感的人，成为没有思想的“经济工具”，而社会正在变成“一个致力于最大规模的物质生产和消费的、为整个机器的由计算机所控制的完全机械化的新社会”[①]。人类所创造的强大的机器反过来控制人、支配人、压制人，使人类处于自我毁灭的严重危险之中。可见，弗洛姆同马尔库塞一样，批评了当代西方社会只顾科技发展与物质追求所导致的人的异化，强调了人文在人的发展中的作用。

哈贝马斯是后期法兰克福学派的主要代表。他通过对当代资本主义的分析，提出了“科学技术是第一生产力”的观点和“科学技术”即“意识形态”的命题。他认为，随着现代科学技术的发展，一方面，资本家主要靠科学技术获得剩余价值，社会主要靠科学技术获得物质财富，而直接从事劳动的人则日益失去意义，也就是说，人的作用甚至人的存在都可以被科学技术代替；另一方面，科学技术也由统治者用于对国家的管理，把政治问题转

① Erich Fromm. *The Revolution of Hope*: *Toward a Humanized Technology*. New York: Harper & Row, 1968, p. 1.

化为技术问题，即把原来通过交由公众讨论的问题变成由科技组织中的专家使用技术来解决的技术问题，这样，将实际政治问题“非政治化”，科学技术就起到了意识形态的作用，科学技术即意识形态。在哈贝马斯看来，科学技术作为第一生产力，实现了技术对自然的统治，而科学技术作为意识形态则实现了技术对社会和对人的统治。哈贝马斯这些观点，实际上是“科技决定论”“技术统治论”思想，他看到了科学技术的作用和当代西方社会把科学技术作为统治工具控制人、压抑人的状况，从而警示人们要认识西方国家实施政治统治的新动向、新形式，这是有启发作用的。但他过分夸大科学技术在社会生活中的作用，把科学技术同意识形态等同起来，把西方国家的政治统治归结为技术统治，同马尔库塞和弗洛姆一样，认为人在强大科学技术条件下是无能的，从而忽视了人的决定性作用。他把人的发展仅仅通过精神影响和意识改良的道德化方式来实现的主张，虽然对西方社会有现实针对性，但也只是一种无力的呼吁。产生于19世纪末20世纪初的精神分析学派探索了完全不同于科学技术主义学派的关于人与社会的发展理论。精神分析学提出了三个主要理论：一是心理结构理论，把人的心理分为意识、前意识、无意识三个层次，认为无意识为人的精神提供动力，代表着最深层、最原始的本能欲望，具有非理性的巨大能量；二是人格理论，把人的精神世界分为本我、自我、超我三重人格结构，本我相当于无意识，为人格发展提供原动力，自我作为理性控制本我活动，超我表现为道德进行自我行为约束，三重人格的形成与发展动力是一种被称为“力比多”的性的本能冲动；三是社会理论，是人格理论的进一步泛化，把“力比多”看成人类一切行为和文明创造的源泉。显然，精神分析学把人的发展“动力”“源泉”归结为人的自然本能、欲望的冲动和人文因素，从人的能动性特点看，不无道理。但精神分析学却忽视了人创造和运用科技实践活动对人发展的作用。所以，它一方面可以作为法兰克福学派强调人文发展，反对科技对人异化的理论支持与借鉴；另一方面，它的代表人物也会与法兰克福学派一样，把科技发展看成是对人的异化。精神分析学派的主要代表之一荣格就认为，无论怎样的成就和日益繁荣的图景，人类在现代技术中的境况都是贫困。“技术不能带来任何劳动的解放，相反，会增加单调乏味和工作量。就像机器可以分成诸多部分一样，用机器从事的工作也可以分类。同时，工作已同工人分离，成为独立的东西。就像从技术角度看机器的组成部分可以交换，工人也可以内在交换。由于技术的这一发展，工人就成为剥削的最有成效的对象。人完全被组织和机器包裹。他作为人已消逝，只是作为功能性工作的组成部分。”[①] 在荣格看来，技术使人单调、片面，人在技术控制、“包裹”下异化、消逝，人的自主、自由被科技发展赶出了家园。

西方还有许多人文主义者，如西班牙哲学家约瑟·奥特加·伊加赛特是最先对科学技术进行批判反思的职业哲学家。他在《对技术的深思》一文中，通过对人性与技术不同属性的分析，认为从技术的发现与应用就开始与人的目标分离，技术像纯形式的逻辑那样，成了一个空的形式，抑制了人的思想创造能力，它不能决定生活的内容。技术专家似乎什么都能做，但实际上什么都不能做。人对现代技术的迷恋，使人们丧失了为技术确定合适目标的创造性与自主性。也就是说，科学技术的发展与人的发展不是共进，而是异动。德国人文主义者雅克·埃吕尔是德国著名哲学家，他着重研究了技术发展与人的发展的关系。他认为“技术成为实在，是自足的，有其特定的规律及其自身确定性，是一种具有特殊力量的权威，它按自己特有的感觉来折射人类利用它的意志和人类为它计划的目标，如果技术的目标与人类的目标不确切相合，如果一个人企图让技术去适合自己的目标的话，一般立刻可以看到，修改的只是目标，而不是技术”[②]。在埃吕尔看来，在技术社会中，任何东西都出自技术，因技术而存在。人与人之间的关系纯粹是一种技术关系，技术是一个不受人控制而给人规定目标的生命有机体，它压抑人的自由，使人异化为技术生物和技术事物，把人变成技术的奴隶。因而，科技发展与人的发展是相悖相离的。

二、科技发展对人的现代化发展的乐观论

乐观论者针对科技发展与人的发展关系认为，科技发展为人提供了巨大的物质财富和良好的生活条件，既不断满足了人的物质需要，又不断为满足人的精神需要创造了条件。人类正是通过科学技术的创造和应用，一方面认识、改造、控制自然，另一方面不断提高自身知识水平和能力，为获得自由和解放而不断发展。持这种观点的乐观论者一般是科学主义者。

科学主义在西方始于古希腊的理智主义，其形成典型的形态则是伴随近

---

① ［荷兰］舒尔曼：《科技文明与人类未来》，李小兵、谢京生、张锋等译，东方出版社1995年版，第70页。

② ［法］埃吕尔：《技术的社会》，载《科学与哲学》1983年第1期。

代自然科学特别是经典物理学的产生而出现的机械论世界观。机械论哲学的主要代表、英国哲学家弗兰西斯·培根敢于向神学挑战，为科学正名。他揭露了僧侣和神学家的无知和愚昧，分析了人在宗教神学统治下存在着四种发展障碍：一是屈从权威，二是受习惯束缚，三是陷于流行的偏见，四是骄妄虚夸下隐藏的无知。他认为，人要发展必须反对盲从神学权威，反对抽象的宗教信念，要以具体事物为对象，通过科学的实验，获得“从感官知识到理性”的提高。他强调，科学的、真正的、合法的目标就在于把新的发现和新的力量惠赠给人类生活。在此意义上，他提出了影响广泛而深远的“知识就是力量”的口号。他说：人的知识和力量合而为一；达到人的力量的道路和达到人的知识的道路是紧挨着的，而且几乎是一样的。这样，培根就把科学技术的发展看成人类理性能力提高的表现，并进而认为科学技术在改造自然和变革社会方面有巨大的潜力。机械论哲学的其他代表霍布斯·笛卡儿、洛克等也都是反对宗教神学、崇尚科学技术的科学主义者，都主张以科学的方式来解放人、发展人。

法国唯物主义哲学家爱尔维修、拉美特利、狄德罗等人，都以科学技术为武器，深刻揭露和批判了宗教对人生存与发展的束缚与迫害。他们认为，宗教是“神圣的毒药”“神圣的瘟疫”，是社会一切罪恶的根源和蒙蔽真理的迷雾与怪形，是愚弄压迫人民的枷锁和剥夺残害人的工具。宗教是科学的敌人。只有科学，才能打破宗教的禁锢，实现人的解放；只有科学，才能克服人的无知，获得经验与真理；只有科学，才能冲破人的禁欲，赋予求知求富的动力。科学技术越发达，物质财富越丰富，就越能使个人得到幸福，越能使个人利益和社会利益达到和谐，其结果当然导致人们道德、水平的提高。因而，科学技术是人发展的武器、动因和根据。

西方近代的启蒙学者、机械唯物论者反对神本、主张人本，反对迷信、提倡科学，把人从宗教神学的奴役下解放出来，寻求用科学技术来发展社会和人，这是一个科学伴随人文发展的历史性进步。随着科学技术的发展，特别是经典物理学的成熟和数学领域许多难题的解决，科学技术不仅推动了物质生产迅速发展，而且形成了具有严密逻辑的知识体系，对社会发展和人的发展产生了广泛而深刻的影响。在这样的背景下，科学主义进一步发展，形成了实证主义、逻辑实证主义等流派，把科学技术对人和社会发展的作用推向了极端，成为唯科学主义派别。唯科学主义者把科技作用泛化、绝对化、神圣化，认为科技是人和社会发展的唯一决定因素，是使人解放的神灵。他们对科技充满信心，并且热情地膜拜、信仰与推崇科技，其带来的不是人发展的乐观前景，而恰好是人本主义者的悲观。科技发展对人的发展何以从乐观转化到悲观，我们将在后面论述。矫正了唯科学主义对科技发展作用过分夸大的偏执，克服了人本主义者对科技发展负面作用的过分估计的忧虑，一些未来学家从科技与人文结合的新视野，探索了科技发展对人发展的积极作用。美国未来学家约翰·奈斯比特撰写的《大趋势：改变我们生活的十个新方向》一书风靡一时，他在书中着重描述了在现代科学技术的推动下，社会由工业社会向信息社会的转变，以及人和社会在十个方面的新发展。他充分肯定了技术知识、信息技术是"新的财富"，是人和社会发展"最重要的资源"；他认为"电脑是解放者"，"在电脑时代，我们所处理的是与电子有关的概念空间，而不是与汽车有关的物质空间"。他不同意一些人本主义者关于科技越发展、人的精神越失落和人越异化的悲观论调，而是认为"高技术就会产生高情感"，也就是"每当一种新技术被引进社会，人类必然会产生一种要加以平衡的反应，也就是说产生一种高情感，否则新技术就会遭到排斥。技术越高级，情感反应也就越强烈"。他也不赞成科学主义者的技术决定论，即认为技术决定论是危险的，"是致命的错误"。"如果我们热衷于相信，或更准确地说，希望技术能够解决我们所有的问题，那么我们实际上是放弃了高情感的个人责任。"于是，他提出在信息社会条件下人的发展原则："高技术与高情感相平衡，这是象征我们需要平衡物质与精神现实的原则。"① 尽管奈斯比特对高情感的内涵未做阐述与展开，但我们可以看出，他以科技与人文互动共进的乐观态度展示了人未来发展的乐观前景。另一位未来学者、美国蒙特克莱州立大学教授迈克尔·G. 泽伊，写了一本很有影响力的书《擒获未来》，他以十分肯定而乐观的态度论述了科技发展给人带来的高度进步。泽伊把未来社会称作"大工业时代"，认为"大工业时代的发展包括技术的发展和人的发展两个领域，人的发展是人类不断扩展对自身和控制能力的进化过程中的一个自然阶段"②。尽管当下科技发展造成了环境污染、人的异化等许多社会问题，但若继续往前发展，人类的心智和创造力都将得到空前的发展和成就，而污染、人口迁徙与人口爆炸等伴随发展而来的问题都会被妥善地解决。"我们恰恰生活在人类历史上的一个决定性时刻——大工业时代之始。这一振奋人心的社会发展新阶段将赋予我们

① ［美］奈斯比特：《大趋势：改变我们生活的十个新方向》，孙道章译，中国社会科学出版社1984年版，第14页、第42页、第53页。

② ［美］泽伊：《擒获未来》，王剑南、邵宇宾译，生活·读书·新知三联书店1997年版，第25页。

更大的能力，使我们支配我们的命运、我们的环境，甚至我们自身的进化。”① 人类完全可以通过发展科技来扩大人的时空优势，使其引导自然与自身能力的提高，最终战胜在人类生活史上对其进行无情冲击的强制力量。“技术解放人类”，技术上的进步将增强我们获取所需资源的能力，也将提高每个人知识积累的能力。人们将从信息的消费者转变为知识和智慧的创造者。学习、掌握科技以增强改造自然的能力和提高自身能力是大工业时代的主要特征，积极思考、自信乐观、对未来充满希望是大工业社会获得成功的一个因素。在泽伊看来，人的创造能力、洞察世界和控制世界的能力都是可以培养的。科技的发展将人类潜能推向一个全新的境界。泽伊与奈斯比特一样，预示了未来科技发展与人的发展的互动共进，也明确表达了在人的发展过程中科技与人文的统一。还有的学者以现代文化为背景或中介，研究了科技发展与人的发展的互动共进关系。1997 年，法国哲学家和科学家让·拉特利尔应联合国教科文组织之约，在巴黎召开的“科学伦理学美学”专题研讨会上做了一个题为《科学和技术对文化的挑战》的报告。他认为，近现代科技发展推进了工业化进程，而工业化冲击、消解了传统文化，形成了现代文化。在现代文化背景下，科学对人的表达系统有直接影响，技术造就的人为环境对人有间接影响，对未来科学技术的规划或设计的日益接受和同时建立的相应世俗形式对人有广泛影响。随着科学技术的普及，科学技术在社会中越来越重要，科学知识体系、科学方法、科学精神、科学世界观越来越多地渗透到人类的文化系统中。现代科技是在一种深深浸染了理性观念的文化环境中诞生和成长的，科技给现代社会和人带来的最深远的影响并不是来自科技所提供的关于实在的描述，而是它以大量设备和实践形成了外部的环境，每个人必定陷于其中。无论我们愿意与否，它直接决定了我们存在与发展的方式。拉特利尔还认为，由于人对科技的不断创造和广泛应用，科技具有不断进化的特征，它的发展一方面必然冲击各种传统的价值观和传统文化，表现出批判本质；另一方面，它也一定会推动人类物质文明进步，不断提出新的问题和新的价值观念，具有建设性功能。因而，他十分明确而乐观地肯定，科学技术是人类走向伟大理性主义潮流最真实、最完美的表征存在，随着科技的发展，人一定会形成新的价值观和伦理观。

---

① ［美］泽伊：《擒获未来》，王剑南、邵宇宾译，生活·读书·新知三联书店 1997 年版，第 5 页。

三、科技发展与人的发展不同观点的实质

我们前面列举了在科技发展与人的发展关系上的悲观论与乐观论两种完全不同的观点，并大致引述了他们对自己观点的阐发。从发展的线索看，大致呈现两条主线，即人文主义与科学主义。

科学主义（scientism）就其含义来说，一般包含以下内容：一是认为自然科学知识是最精确、最可靠的知识，是其他科学的典范。如英国学者汤姆·索雷尔在《科学主义》一书中所指出的："科学主义就是这样的信念：科学特别是自然科学，是人类知识中最有价值的部分——因为它最有权威、最严肃和最有益。"① 二是认为自然科学的方法是人类认识世界唯一正确和有效的方法，是一切认识方法的楷模，应该应用到人文科学、社会科学的一切研究领域。《牛津英语辞典》解释科学主义是："指科学知识与技术万能的观念。认为物理科学那种研究方法可以代替哲学，特别是代替人的行为科学和社会科学等其他领域研究方法的那种观点。"② 三是认为自然科学知识可以推广至解决人类的一切问题，包括人生问题。美国学者 A. 赫布斯在《社会问题与科学主义》一书中说，科学主义"相信科学能回答所有的人类问题，它使科学成为哲学、宗教、习惯方式和道德的替代物"③。科学主义是在冲破宗教神学禁锢和近代科学技术兴盛发展的基础上形成的，早期的科学主义崇尚科学，反对迷信；注重人本，反对神本，为人的发展开辟了道路。自 19 世纪末 20 世纪初开始，科学主义进入以实证主义、逻辑实证主义发展的新阶段，一些学者走向了唯科学主义。实证主义创始人孔德认为科学对人和社会发展是最有意义的，评判意义的标准是"经验证实原则"，即科学知识只能由经验证实。他说："从培根以来一切优秀的思想家都一再地指出，除了以观察到的事实为依据的知识以外，没有任何真实的知识。"④ 一种知识，如果不是来自经验或者说如果与经验不相符合，那么它必然不是真

---

① Tom Sorell. *Scientism: Philosophy and the Infatuation with Science*. London & New York: Routldge, 1991, p. 1.

② John Andrew Simpson, Edmund Weiner. *The Oxford English Dictionary* Ⅲ, Vol. 17. New York: Oxford University press, 1989.

③ Albert Hoyt Hobbs. *Social Problems and Scientism*, Harrisburg, PA: Stackpole Press, 1955, p. 17.

④ ［法］孔德：《实证哲学教程》，商务印书馆 1964 年版，第 27 页。

实的知识。进而实证主义者认为，真正的科学知识只有一种，那就是自然科学，除此之外并不存在其他种类的科学。“科学之为自然理论的体系，之为实际真理的系统，在原则上仅有一种，就是自然科学。”① 人文科学则不属于真正意义上的科学，而是“玄而又玄”的、“虚假”的、由一串词连在一起构成的“伪陈述句”，要把它从科学知识的“大厦”中清除出去；科学是指导一切的思想，是人和社会发展的决定性因素。唯科学主义者还认为，科学方法是无限正确的，科学是无所不能的，用科学方法得出的科学知识及事物先天正确，是一切知识的典范。事物无特殊规律，特定的科学方法、科学结论可以无限外推，可以直接被运用于一切文化领域和社会领域，是人和社会发展的根本基础。唯科学主义者把揭示自然界规律的知识、方法引入人的社会生活领域、精神生活领域，如把达尔文的生物进化理论机械地搬到人类社会，推行社会达尔文主义，把机器原理用于人，认为人也是机器，以动物的弱肉强食现象为种族主义、殖民主义作辩护，等等。这样，唯科学主义把科学视为无所不能、无所不在的“科学神”，科学成了一种新的宗教或类宗教。对人而言，科学不是作为人的创造物出现，而是作为一种异化力量而存在，它高于人，并且统治着人，人只是一种抽象的概念，人的主体和宏观上的复杂性都在科学所揭示的规律中被化解掉了。这样，唯科学主义违反了科学原则，走上了与科学主义相反的另一个极端，走上了反科学的歧途，对人与社会的发展造成了极大的危害。两次世界大战对人类的大屠杀，对社会的巨大破坏，以及人在机器生产中的异化，与唯科学主义思潮不无关系。

科学本来为人的发展开辟了广阔的道路，使人的发展呈现乐观前景，然而，唯科学主义把人的本质归结为自然科学所揭示的规律，把人的活动方式归结为自然科学的方法，这是一种典型的科技决定论或科技至上主义。它以科技替代人文，以工具理性替代价值理性，以物质替代精神，以自然替代社会，以客观替代主观。这种科技沙文主义，一方面把人创造和应用科技的活动推向极端，不顾自然承受而必定走向人类中心主义；另一方面，在实践上使人成为科技的奴隶而与科技异动，在理论上否定人的全面本质而陷于倒退。所以，它在理论和实践上都会出现悖论，都为人文主义留下了把柄和发展空间，也从一个极端激发和催化了人文主义思潮的发展。

按照英国《简明不列颠百科全书》的解释，人文主义是指一种思想态度，它认为人和人的价值具有重要意义。……凡重视人与上帝的关系、人的

---

① 洪谦：《维也纳学派哲学》，商务印书馆 1989 年版，第 131 页。

自由意志和人对自然界的优越性的态度，都是人文主义。[①] 德国大百科全书《拉鲁斯辞典》认为："把人和同人有关的事物看作核心、尺度和最高目的的人生哲学，都是真正的人文主义。"[②] 说法虽然不尽相同，但基本意思均指以人为万物的尺度，强调人的价值、尊严和自由，"是一种以人为中心和准则的哲学"。

人文主义也经历了一个历史演变的过程。文艺复兴时期的人文主义反对以神为中心，倡导以人为中心，反对神学价值，强调人的尊严，从而拥有了与科学主义一样具有历史性突破的近代意义。17 世纪、18 世纪启蒙时期的思想家以人的"自然权利"即"天赋人权"论证人具有自由、平等、博爱的人性，把人文主义上升到人道主义的理性高度。第一次和第二次世界大战之后，许多人文主义者看到战争对人类所造成的巨大损害，看到现代科技在战争中的破坏作用，走上了反对科学主义的唯人文主义道路。这实际上是走上了无视自然的人类中心主义道路，如唯意志主义、存在主义、非理性主义等，把人的本质归结为人的意志、权力、绝对自由、情感等主观因素，认为科学技术的发展并没有推进社会的进步和人的发展，而是破坏了自然与社会，造成了人的异化。

精神分析学派瑞士心理学家荣格把现代技术的特征归结为"进行掠夺性开始的妖术"，是一种危及人的毁灭性发展。他认为技术最终导致人不自由，导致"非存在，通过技术，死亡渗入生命"。美国哲学家弗耶阿本德把科学主义称为"科学沙文主义"，还有的学者主张否定、放弃一切科学技术而回到原始状态去。有些人本主义者面对强大的科学技术及其迅猛发展的势头，在分析、批判科学技术造成社会和人的发展不良后果的同时，认为人文主义已无能为力，科学技术决定论已无法改变，科学技术在现代社会已经和正在替代社会意识形态、人文发挥作用，从而从另一个极端肯定了科学技术的决定作用，走向了唯科学主义。极端人文主义者对科学技术的排斥与否定，是在确认抽象人性、人道的概念、论述的同时进行的，他们往往把人的尊严、自由、情感、意志等人的主观诉求作为人本质的全部而与自然相对立，而把来自对自然进行规律性描述与揭示的科学技术仅仅作为人的外在手

① 美国不列颠百科全书公司、中国大百科全书出版社《简明不列颠百科全书》编辑部编译：《简明不列颠百科全书》第 6 卷，中国大百科全书出版社 1989 年版，第 761 页。

② 沈恒炎等：《国外学者论人和人道主义》第 1 辑，社会科学文献出版社 1991 年版，第 758 页、第 785 页。

段，把人创造和应用科技看作人的工具化而非人的本质的展现，把科技产生的负面结果看作对人的生存异化与否定而忽视科技给人带来的正面效应，因而走上了唯人文主义的偏执道路。从上面的分析可以看出，唯科学主义与唯人文主义都会从不同的极端走向人类中心主义。唯人文主义会从不同的极端走向唯科学技术决定论，也就是唯科学主义。这是唯科学主义和唯人文主义走向悖论的必然结果，是一种两极相通的关系，其发生偏执或错误的表现形式虽完全不同，但其结果与实质是一致的。

科学主义与人文主义的相互排斥导致了人和社会的片面发展甚至畸形发展，是人和社会在发展进程中尚不全面、不成熟的表现。由于现代科学直接以生产力的形态进入社会实践而推动经济建设和满足人们的利益需求而迅速发展，而处于上层建筑的人文往往滞后而难以与科技协调并对其进行合理性驾驭，因此，我们可以看到社会和人发展的两个趋向：一方面是科技、经济快速发展，另一方面是对科技发展的人文忧思、人文呼吁、人文关怀思潮的不断涌起和渐趋强烈。这在一定程度上表明，在当代社会仍然不同程度地存在科学主义和人文主义的不同侧重和取向。

科学主义与人文主义的相互结合，是人和社会全面发展的追求，是人与社会走向成熟的标志。在科学主义与人文主义流派中，并不是所有的科学主义者和人文主义者都走上了唯科学主义、唯人文主义道路，许多科学主义者在侧重科技的同时关注人文，人文主义者在侧重人文的同时重视科技。例如，洛克在强调实证科学价值的同时，也注重人的理解、人的主观的作用。实证主义和逻辑实证主义者虽然过分强调科技的作用，但他们对科学概念和科学理论的分析和建构的严密性不仅推动了科技发展，而且有利于人性而不是神性的人文科学发展。波普的批判理性主义和库恩的科学哲学历史主义学派则从科学主义内部注入了人文主义思想，软化了科技与人文、事实与价值的区别，堵住了唯科学主义的歧途。人文主义者也不断从自然科学借鉴知识与方法，科学哲学的发展，各种软科学如决策学、预测学、创造学、未来学等学科的形成与发展，既以自然科学的知识和方法为基础，又以促进科学技术发展的人文需要为目的。所以，西方社会并不是只有科学主义与人文主义的决然对立，也有二者的相互渗透。特别是 20 世纪 70 年代以来，这种相互接近、相互结合、相互补充的态势越来越明显。这一态势表明，人们经过偏执的痛苦和片面的折腾之后，伴随着科学技术的发展和人文素质的提高都逐步地全面和成熟起来。

科学主义和人文主义对我国一直都有影响。五四运动前后中国的新文化运动提倡科学和民主，欢迎“德先生”和“赛先生”，这实际上是在西方科学主义和人本主义影响下，引进重视科学的思想和更新人文观念的运动。随后在中国思想界展开了一场“科学与人生观”的论战，实际上是围绕科学与人文的关系所展开的论争。玄学派批评“科学万能论”，对科技采取排斥态度；科学派认为科学方法可以用于人文研究，主张建立科学人文观。在争取国家独立、抵抗外强侵略的斗争中，有主张科技、实业救国的，也有主张搬用西方民主、人权等人文主张救国的。中华人民共和国成立之后，西方发达国家对我国的封锁，使西方两大思潮对我国的影响相对较小。随着我国开放范围的扩大和改革的深化，西方两大思潮同时涌入我国，以科学主义为特征的逻辑实证主义、批判理性主义、科学哲学的历史主义学派及未来学派，对我国哲学特别是科学哲学及广大的青年学生的影响是广泛的，以人本主义为特征的唯意志主义、存在主义、精神分析学派及法兰克福学派、后现代主义等思潮更是影响广泛和深刻。由于我国缺乏西方科学主义与人本主义流派长期论争的传统，所以，这些影响在我国改革开放进程中相继相对集中地产生一定思潮之后便趋于平缓，在我国主流意识形态的主导下，呈现多样化选择与取舍。

从总体上看，我国科学主义与人文主义相互结合与渗透的问题并没有得到解决，两者分离仍比较普遍和明显。在我国，两者的分离主要不表现在理论形态上，而是表现在实际活动中，即实际的科技工作者日益紧密地与经济工作者的结合，他们大多对社会问题、人文问题不太关心，少数还存在轻视的倾向。而社会科学和人文科学工作者由于对科技缺乏了解或缺乏科技知识，一是难以根据科技的新发展而及时发展人文科学，二是难以向现代科技借鉴现代化方式以使人文向科技领域渗透。这样便形成了经济、科技的物质文明建设“一手硬”，人文、社科的精神文明建设“一手软”的现象。这种现象的实质就是科技与人文的分离，体现了人在发展取向上的片面性。它已经造成了诸如学术领域的短视、功利化倾向以及各种形式的学术腐败，也造成了人文在一定程度上的空泛与乏力。如果任其发展，两者都会在社会发展和人的发展上相互形成异动阻抗，而不是互动共进。根据我国的实际情况，解决科技与人文分离的问题既不能采取过去对发展科技进行压制的方式，也不能按西方后现代主义和唯人文主义者对现代科技进行排斥、否定的主张，只能在强化科技发展的同时，加强人文发展。因为我国科技还比较落后，人们的科技水平并不高，特别是科学精神比较缺乏，科技创新能力更有待提高，所以，人文要为科技提供强有力的价值导向和精神动力。人文只有与现代科技发展相结合并相协调，才能在现实社会中发挥应有的作用。如果采取西方科学主义与人文主义对立的方式，不顾我国国情，按照后现代主义的观点，对科技采取悲观、倒退、消极的态度，就只会导致社会发展缓慢和人的异化。

科学技术的发展与人的发展异动的理论前提*

科技是把双刃剑，既有积极作用，也有消极影响，对人的发展既有促进，也有异化，这已经成为绝大多数人的共识。国内外已经很多关于科技发展导致人异化的研究成果，但有些研究成果忽视了科技发展过程中人发展的辩证法，如在进化中必有退化，在主要发展中必有次要发展，在获得中必有所失等，把人的某些退化、所失都归为科技发展，这有失偏颇。同时，科技发展引起人的异化都是有条件的，不看具体条件而把人发展所出现的问题统统归为科技发展所导致的异化，实际上是唯科学主义倾向。另外，人在现代科技背景下，异动出现了许多新形式，呈现了许多新特点，研究这些新形式、新特点及其产生的原因，对人的发展是十分必要的。科技发展与人的发展关系并不是一种单一的对应关系，而是在社会的多种因素影响和作用下发生的。科技发展与人的异动往往与各种社会因素相关，马克思和恩格斯对这种复杂关系做了系统理论分析。

一、科学技术的发展与人的发展异动的理论基础

第一，马克思对科技发展形成社会分工导致人异化的分析。马克思认为，科学技术的发展必然导致社会分工，而社会分工一方面必定使个体的社会劳动固定化，另一方面必定带来各分工领域之间的矛盾及物质活动与精神活动的分离。“现代社会内部分工的特点，在于它产生了特长和专业，同时也产生了职业的痴呆。”① 传统的社会分工把人围于固定的岗位和制度安排之中，表明人不可能全面、系统地认识和把握自然，而只能从自然的某个领域、某个具体对象进行研究突破，对某个具体的科技成果进行应用。对于这种突破和应用在全局和日后会导致什么后果，当事人往往是难以预料的。这样，人分工的片面性就会使人陷于片面化的生存与发展境况。随着科技既高

* 原载于《人的现代化理论与实践》，人民出版社 2006 年版，作者郑永廷等，收录时有修改。

① 《马克思恩格斯选集》第 1 卷，人民出版社 1995 年版，第 169 页。

度分化又高度综合的发展，一方面使分工越来越细，另一方面也向人提出了熟悉和通晓相关领域和工作岗位知识与技术的要求。随着科技的发展，产业的更新换代加快，人员流动加速，这对人的片面发展和固定化发展会有一定的抑制。但是，学科与专业的界限不可能被完全打破，分工也不可能被取消，作为个体的人也不可能通晓所有领域的知识与技能。因此，在现代社会分工条件下，人的片面发展或人的异化还将存在。

第二，马克思对科技发展形成私有制和资本主义制度导致人异化的分析。按照马克思的看法，分工和私有制是紧密相连的，分工必定导致一部分人占有另一部分人的劳动成果和一部分人统治另一部分人的现象。私有制的存在和一个阶级对另外一个阶级的统治，标志着私人利益与公共利益之间的分割，意味着人要受阶级统治的工具——国家这种异己力量的支配，阶级统治下的活动对他/她来说不是完全出于自愿，而是一种异己的、与他/她对立的力量。这是因为“私有财产不过是下述情况的感情表现：人变成了对自己说来是对象性的，同时变成了异己的和非人的对象；他的生命表现就是他的生命的外化，他的现实化就是他失去现实性，就是异己的现实”①。由于私有制的存在，劳动成了人的发展和异化的对立统一体，从而给人的全面发展带来难以消除的障碍。根据资本主义扩张、增殖必定谋求科技和生产力的发展的要求，马克思详细分析了人在资本主义制度下被异化的状况。他指出：“在现代制度下，如果弯腰驼背，四肢畸形，某些肌肉的片面发展和加强等，使你更有生产能力（更有劳动能力），那么你的弯腰驼背，你的四肢畸形，你的片面的肌肉运动，就是一种生产力。如果你的精神空虚比你充沛的精神活动更富有生产能力，那么你的精神空虚就是一种生产力。”② 也就是说，在资本主义社会，私有者所注重的是经济利益，而不是人的发展，人不管处于什么状态，只要能利用手段谋取利益就行。在当代社会条件下，资本主义国家的现代科学已经普遍成为国家管理的方式，按照法兰克福学者的观点就是资本主义的“政治统治”已经转化为“技术统治”，科学技术等同于意识形态。管理者可以按照技术方式生产舆论、炒作热点来向社会强加意志，谋取难以为人觉察的利益。尽管现代人增强了主体性，但现代科技所武装的国家机器使人们更加受不明真相的、强大的力量所左右和支配。因此，在私有制和现代国家面前，人的异化仍不可避免。

① 《马克思恩格斯全集》第 42 卷，人民出版社 1979 年版，第 123 页。
② 《马克思恩格斯全集》第 42 卷，人民出版社 1979 年版，第 261 页。

第三，马克思对科技发展形成的机器劳动导致人异化的分析。技术作为一种实践的活动，首先存在于劳动中。劳动本来是人的本质活动，是人的本质力量的对象化。但在资本主义制度下，由于人和机器一样，只是资本拥有者用来谋取利益的工具，而不是满足和发展自身的目的，因而人在劳动中被异化，“劳动对工人来说是外在的东西，也就是说，不属于他的本质的东西；因此，他在自己的劳动中不是肯定自己，而是否定自己……他的劳动不是自愿的劳动，而是被迫的强制劳动。……外在的劳动，人在其中使自己外化的劳动，是一种自我牺牲、自我折磨的劳动”①。在现代的机器劳动中，人只能像机器一样被使用，并且要服从机器的使用规则，与机器相协调地做机械运动。这样，“机器劳动……侵吞身体和精神上的一切自由活动。甚至减轻劳动也成了折磨人的手段，因为机器不是使工人摆脱劳动，而是使工人的劳动毫无内容”②。机器劳动“成了折磨人的手段”，“劳动毫无内容主要是指工人在机器劳动中没有自己的目的，因而也就没有能动性，成为一种外在的、强迫的活动”。

第四，马克思对科技发展所激发的物质欲望导致人异化的分析。科技能创造巨大的物质财富，满足人们的物质需要和追求。这种物质需要和追求在市场竞争条件下，通过直接比较会不断攀升，甚至激起人们的“病态的欲望”，使人们成为欲望的奴隶。在这种情况下，人们将不断强化物质价值取向，忽视、取代精神价值取向。精神的缺失表明人的主体性削弱，意味着人缺乏足够的力量来有效地防范和抵御外在的异己力量对人的宰制和奴役。所以，马克思说，现代社会的一个本质特征是“物的世界的增值同人的世界的贬值成正比”③。同时，人利用科技对物质的片面追求，不仅会消解人的精神本质，还会使其做出唯利是图、损人利己的不道德行为。所以马克思又指出：“技术的胜利，似乎是以道德的败坏为代价换来的。随着人类越控制自然，个人却似乎越成为别人的奴隶或自身的卑劣行为的奴隶。甚至科学的纯洁光辉仿佛也只能在愚昧无知的黑暗背景上闪耀。我们的一切发现和进步，似乎结果是使物质力量具有理智生命，而人的生命则化为愚钝的物质力量。”④ 人的精神退化、道德丧失，也就是人不成其为真正的人，而是把人变成了“物”。只要科技发展在市场体制下进行，如果没有强有力的精神文

① 《马克思恩格斯全集》第42卷，人民出版社1979年版，第94页。
② 《马克思恩格斯全集》第23卷，人民出版社1972年版，第463页。
③ 《马克思恩格斯全集》第42卷，人民出版社1979年版，第90页。
④ 《马克思恩格斯选集》第1卷，人民出版社1995年版，第775页。

明建设和全面的价值取向追求，人的异化是不可避免的。

从马克思对人异化的分析可以看出，马克思是把科学技术的发展作为生产力的决定性因素来看待的，把科学技术发展导致人的异化都放在一定的社会条件下进行分析，如社会分工、私有制、机器劳动、利益竞争等，则说明科学技术发展并不主要直接导致人的异化，而是通过社会变化的间接方式导致人的异化。为此，马克思并没有把人的异化归于科学技术发展的结果，而是得出了只有进行社会革命，推翻资本主义制度，改变私有制，才能真正实现人的自由而全面发展的目的的结论。同时，马克思总是把人的发展、科学发展放在历史过程中加以考察，他把人的片面发展，科技的相继突破和发展看作历史发展并完善自身的一个必要的、不可逾越的环节。所以，马克思承认科技发展、劳动给人带来了异化，但人要克服异化，其根本出路还是要依靠科学技术的发展，依靠在劳动实践中发展自己。“异化借以实现的手段就是实践的。”“自我异化的扬弃同自我异化走的是同一条道路。”① 也就是说，人在发展过程中，其对全面本质的真正占有与实现，就是要通过不断扬弃异化。马克思和几乎所有马克思主义者都坚持这样的基本观点：科学技术终将造成人的自由全面发展所必需的各种物质条件。技术首先提高了物质财富的生产效率，极大地增加了社会和人性发展所必需的物质财富；大大缩短了人的必要劳动时间，为人的全面发展提供了越来越多的空闲时间；将人从繁重的体力劳动和机械性的脑力劳动中解放出来，促使人实现自主，从而能够更好地支配自己的身心。人将在这些基础上挖掘出人性内在的各种潜能，享受人生、享受自然、享受和谐自在的社会关系。如果没有科技进步，甚至连人的异化都不存在，人也就没有扬弃异化的发展需求和发展实践了。所以，我们不能因为人的发展与科技发展存在异动，就简单地对科技发展进行排斥和否定。

二、科学技术发展与人的发展异动的时代性

马克思关于资本主义条件下，科学技术发展对人异化的理论分析，即使在我国社会主义制度下，对当代社会也具有现实意义和指导意义。这是因为在我国，社会分工仍然存在并将长期存在下去，虽然以公有制和按劳分配为主体，但私有制和多种分配方式将长期存在下去，市场经济体制条件下的利

① 马克思：《1844年经济学-哲学手稿》，刘丕坤译，人民出版社1985年版，第56页、第74页。

益竞争广泛存在，机器劳动方式特别是私有制条件下的机器劳动和一些自然经济条件下的手工劳动也存在。尽管我国在政治上一向坚持人人平等，并提出了以人为本的价值取向和人的全面发展目标，但生产力水平包括科学技术水平和经济条件始终是人发展的决定性条件。因此，在我国，既存在科技落后，一些人尚处在对自然界依赖、受自然控制的异化状态，也存在科技发展仍然会通过某些社会因素导致类似马克思所分析的异化现象。随着我国高科技的发展，互联网络的扩展和信息社会的到来，人的异化表现出新的现象。这里重点分析高科技发展和信息社会与网络条件下人的异化现象及原因。

第一，电子技术的发展与人的异动分析。19 世纪末 20 世纪初，一系列新的物理发现引发了物理学及其相关科学的深刻革命，相对论、量子力学、分子生物学、量子化学、现代宇宙学、系统科学等相继建立。科学领域的革命使技术迅猛发展。20 世纪中叶以来，接连出现了电子计算机、微电子、激光光纤等新兴技术及其相应的新兴产业，深刻地改变着人们的生活方式。传真、电视、录像、卫星通信等技术的发展，与电子计算机相结合，形成通信网络，使得社会日益信息化。信息技术已成为社会发展的重要资源，成为人们生存与发展的重要方式。1993 年 9 月 15 日，美国宣布人类已进入“永久改变人的生活、工作和相互沟通方式”的“信息高速公路”革命时代。这场影响人类生产、生活和社会交往方式的革命，源于将各种音频与视频信号转换为数字化信息。信息技术推动了信息社会的出现和加速，它不仅推动了工业社会经济发展由主要依靠稀有资源到信息社会经济发展主要依靠信息、知识的转变，改变了社会存在与发展的形态，而且改变了人们的价值观念，时空观念，交往、工作与活动方式，将社会和人的现代化迅速向前推进，这是电子技术发展与人的现代化互动共进的一面。同时，电子技术的发展与人的发展也会产生异动，这种异动主要表现在以下几个方面。

其一，信息迷恋与信息膜拜。所谓信息迷恋就是痴迷于信息；所谓信息膜拜，就是以信息为本的狂热追求。它与以神为本的宗教狂热追求和以金钱为本的物质狂热追求一样，把信息看作最有价值的追求对象并乐此不疲甚至舍弃其他。这种狂热逐渐蔓延，成为信息社会的一种通病。它导致人们追逐信息的变更与吞吐，而缺乏对信息的评价、选择与合理吸纳；它导致人们过度攫取和占有信息资源，而并没有考虑这些信息是否具有实际价值。也就是说，不少人正逐渐变得非常单纯地和非理性地为了信息而获取信息，而在信息涌流和变更中丧失了自我。追逐信息变更和满足信息吞吐的典型表现是电视迷、网络迷、游戏迷，以新奇、诱惑、竞技信息的捕捉、更替为旨趣，以感官刺激为满足，长此下去，必定陷于一种感性化、快餐式的信息消费。而这种信息消费方式会逐步使人随感性信息而飘荡，以诱惑信息为主导，疏于思考而疏离经典，缺乏理性而陷于肤浅。这就是现实生活中那些对深层理想信念不予重视，对经典名著不感兴趣，对什么事情都浅尝辄止而感到迷惘、困惑的人们。这样的人缺乏对信息变化的自觉驾驭，缺乏对信息的价值评判和合理选择，不是他/她支配、主宰了信息，而是信息制约或支配了他/她。很明显，这是两种迷恋信息、沉溺信息而缺乏乃至丧失主体性的异化现象。这种现象只会使人在信息中随波逐流而不会使人独立自主地发展。

其二，信息狂占与信息压迫。所谓信息狂占，是指以信息竞争为目的的狂热占有；所谓信息压迫，是指在信息竞争中所产生的沉重负担。信息狂占与信息压迫在现实生活中已经出现，无限度地购买信息产品和收集、下载信息而不对信息进行整理、加工和利用；无休止地参加培训、考证而忽视实际工作的价值创造；无目的地重复获取信息的数量而不讲信息的质量；等等。这样的人不是立足于自身获取、选择、应用信息能力的提高，而是强迫自己接受、拥有更多信息，以知识、信息的拥有量作为竞争的资本和尺度，于是在竞争中慢慢专注于信息而忽略了自身。

其三，信息滥造与信息污染。所谓信息滥造，就是不合理、不正确地剪贴、复制、更改信息而导致的信息量的膨胀；所谓信息污染，就是不负责任地扩散虚假、有害的信息所造成的不良后果。信息滥造与信息污染在经济领域、学术领域、网络领域已普遍存在。经济上的虚假信息，学术上的抄袭剽窃，人际中的短信干扰，网络中的有害信息等，都是一些人对信息生产、传播、应用正向发展的背离，不仅他/她本人的存在与发展和信息社会的发展产生异动，即他/她本人在信息上的不良行为，作为对立面阻碍了他/她自身的发展，而且他/她对信息滥造和污染也会增加别人搜寻和认识的难度，甚至成为别人发展的障碍和陷阱。

其四，信息同化与信息抽象化。所谓信息同化，就是人像物一样地被数字化、符号化；所谓信息抽象化，就是人被数字化、符号化的一种形态。随着电子技术的发展，科技手段现代化使现代社会成为一个数字化、符号化的社会，人在交往、管理和网络中也要被压缩，并用数字、符号来表示。“各种精密观测仪器正在使语言本身失去其表现特征，并越来越排他地显现出一系列符号特征，在这样一个时代里，甚至每个个体灵魂的无限意义和价值观念也已经变得陈腐过时。”[①] 也就是说，人被数字化、符号化，人只是像物一样的一种存在表达，而没有人的意义表达，人的灵魂与观念是难以用数字和符号来表达的。数字化、符号化的人，是只有外在存在方式区别的人，是看不出个性的人。霍克海默根据这一前提论定，人的数字化、符号化必定导致“个别主体之独特性的文化时代已经寿终正寝”[②]。人作为整体，被他/她的身份证号码、电话号码、汽车号码、E-mail地址等所替代，也就是被简化为符号的存在，而作为有血有肉、有感情的、活生生的个体及其主体文化特征，在交往、管理、网络中被忽略了！人被抽象为一系列数字、符号，具有“生成性”“发展性”“矛盾性”特点的活生生的人，成为毫无生气和没有价值的数字与符号的替代物。这样，“通过信息工具和现代传媒手段，把人类生活集置入一种平凡无殊的均匀状态之中。于是，一切价值等级体系都难以确立和维持，终极的、绝对的道德和信仰理想势必变成了空中楼阁”[③]。“生命行为的质量已经被数量所取而代之了。人类生活中更多地剩下了数量关系。”[④] 作为人，绝不是一个简单、抽象的数字和符号可以代替的。如果人满足于充当数字、符号的角色，如果在交往、管理、网络中只是把人看作一个数字、符号，便是人在信息社会的典型异化。人是具体的、丰富的、发展的存在，人的丰富性与发展性在于其个性和人格的独特性，在于其人性的纯真和情感的复杂性，在于其道德的高尚和精神的富有性，在于其信仰的坚定和灵魂的安宁，而不仅仅在于其有多少财富、技术和符号。从以上的分析可以看出，电子技术的发展导致了人发生新的异化。这种新的异化的根据是信息经济、知识经济的兴起，使信息作为资源或财富在社会生活中地位突出，使人对信息价值的过分高估，对信息量的过度占有，对信息作用的过度发挥，都会导致人在对信息的顶礼膜拜中发生异化，这与人对商品顶礼膜拜所产生的异化类似。这种异化的实质是人以信息价值替代了人的价值，以简单、抽象的信息、数字、符号替代了人的全面本质。要对这种异化进行抑制和扬弃，就必须正确评价信息价值、合理使用信息、自主选择信息，在信息社会中增强人的主体性；在数字化、符号化交往、管理、网络中增强现代人文性，赋予数字、符号以价值性和情感性，避免人的抽象化、简单化。

第二，人工智能发展与人的异动分析。人工智能是研究电子计算机、人

---

① ［德］霍克海默：《霍克海默集》，渠敬东、曹卫东译，上海远东出版社1997年版，第324页。

② ［德］霍克海默：《霍克海默集》，渠敬东、曹卫东译，上海远东出版社1997年版，第343页。

③ 孙周兴：《我们时代的思想姿态》，东方出版社2001年版，第70页。

④ 孙周兴：《我们时代的思想姿态》，东方出版社2001年版，第69页。

脑和智能之间关系的新型科学技术。人工智能亦称“智能模拟”，它研究电子计算机所能完成的、模拟人的信息处理能力，探索机器人和机器演示的智能等。人工智能的研究和探索促进了智能模拟的发展，使人工智能成为人的智能延伸，大大提高了人的能力，推进了人的现代化。首先，计算机不仅具有人无法比拟的计算速度，而且具有高速寻求优化解的能力。目前，计算机计算速度已达到每秒100亿次，对于许多人工计算无能为力的问题，利用计算机高速计算能力，可以很快找到问题的优化解。其次，智能计算机可以自动积累知识，具有自学习功能，并能学会识别图像，根据执行情况修改计划、接受训练。这种自学习功能不仅能通过分析大量数据发现自然规律，而且可以进行经济预测、市场预测、效益预测。最后，智能计算机具有联想储存功能，它可以进行归纳推理和不精确推理，代替大脑的联想、推理活动。轰动一时的“四色定理”证明，人的演算解决能力可由计算机完成了。随着智能计算机水平的不断提高，功能越来越多，人们用它进行辅助设计、翻译、自动情报检索、绘画、作曲、博弈等活动，其在学习活动、专家系统和军事、经济等领域中的应用也越来越广泛。人工智能大大提高了效益，而且人机互动促进了人能力的发展。然而，电脑会不会取代人脑？人脑会不会从属于电脑？不管是从属还是取代，都意味着人在人工智能面前的异化。首先，过分依赖智能计算机导致人的能力退化。智能计算机在运算、储存、处理信息、自动检索等许多方面都快于、大于、优于人脑，利用智能计算机可以大大提高效率。此外，人应用智能计算机，只要按简单的操作程序，命令机器执行就行了，不需要每个程序都由人操作，每个概念都由人记住，每个信息都由人亲自查找。人从计算机那里获得方便和高效的服务之后，就会想牢固地占有它，绝不会离开它。人最先会把它作为一个使用的工具，进而会对它产生依赖，再进而会由计算机代替人操作某些功能，如计算、记忆、检索、思维、感觉、书写等能力。这样一来，人的某些能力因长期少用或不用而呈现用进废退状况，逐步丧失。人的这些最基本的能力的削弱和丧失，是计算机代替人的结果，是人应用计算机对人的否定。也就是说，计算机一方面帮助人提高了能力和效率，另一方面又使人丧失了某些能力，发生退化。人只有在不断感觉、思维、运用各种能力的实践过程中，才能自己作主、肯定自己、发展自己。正如马克思所说：“人不仅通过思维，而且以全部感觉在对象世界中肯定自己。”[①] 人过分依赖计算机，同过去时代的人依赖机器、

① 《马克思恩格斯全集》第42卷，人民出版社1979年版，第125页。

依赖自然在本质上是一致的，都是人的异化表现。其次，过分依赖智能计算机导致人的创造力减弱。智能计算机所具有的自学功能和联想、推理功能或许可以替代人来担当科学发现和进行各种预测的任务。这样，人们在遇到难以解决的复杂问题时，在对未来领域的不确定难以把握时，往往会舍弃自身能力而求助于计算机，甚至有的人在学习上、生活上遇到需要动脑筋的问题时，也会不断求助于计算机。计算机在一些人那里成了探索、创新、开发者，而人则坐享其成果。本来，实践、创造是人特有的本质，人只有不断地实践、创造才能实现和发展这一本质。如果把解决难题的任务都交给计算机，人缺乏实践、创造的活动，还何以发展自己的创造力呢？同时，人的创造力不仅要以实践活动为基础，还要以人的基础能力诸如学习能力、记忆能力、感觉能力、思维能力为基础，基础能力不强和缺乏的人，是难以形成创造力的。前面所讲的人依赖计算机的能力退化，也会削弱人的创造力。

总之，人工智能发展与人的发展既形成互动，提高了人的能力，也产生异动，使人的某些能力退化。对于人在人工智能中的异化，国外一些专家作了预测，认为“在地球上有生命的物质的历史中，破天荒地我们人是一种能够带来可能取代自己的东西的物种”，“机器可以自成种族，将被接纳为人类社会的成员”。有人甚至认为“机器人”将取代社会人，认为“人将成为计算机思想家的玩物或害虫，成为它们低级发展形式的回忆，保存在将来的动物园里”①。这种观点否认了人脑与电脑的本质区别，无视人的智力的物化与进化高度统一，看到机器人发展取代人、否定人的一面，看不到人的发展和对机器人的控制的一面，是不科学的。但是，人在使用计算机过程中，如何防止对计算机的完全依赖，如何让人不断提高运用、驾驭计算机的能力，如何保持和提高自身的基本能力与创造力，这是人扬弃在人工智能发展中的异化的新课题。

第三，生物技术发展与人的异化分析。随着知识经济的到来，不仅人文社会科学都不约而同向人聚集，旨在研究人、开发人、发展人，而且现代科学技术也有一个显著特点，就是越来越集中于人的研究，越来越涉及人的“内在”，特别是现代生物技术的发展和人类基因组计划的推进，标志着人类历史由认识客体、改造客体的时代转向认识主体、改造主体的新时代。

所谓生物技术，是应用于有生命物质的技术。生物技术经历了由传统生物技术向现代生物技术的发展。现代生物技术，主要是基因工程技术、蛋白

① 金哲：《世界新科学总览》，重庆出版社 1987 年版，第 113 页。

质工程技术，比以往任何技术都更直接、更深刻、更奋力地影响着人类的生存方式与相互关系，人们获得了改变和创造生命的技术与自由，可以利用基因工程和蛋白质工程技术在分子水平上对微生物、植物、动物乃至人的基因进行随意的剪切拼接，而且来源不同的微生物、植物、动物和人之间的基因也可以被任意地重组和传递，甚至还可以按照人的意愿设计合成新的蛋白质和克隆、组装动物乃至人。现代生物技术已经被广泛用于工业、农业、医疗卫生、科学研究等领域：转基因产品不断增多，创造了巨大的经济价值；基因修饰技术使人体结构更合理，能更有效地防治疾病；克隆技术似乎使人类获得了上帝般创造生命的能力。这充分表明，人可以认识、改造自然。这一方面说明了人的能力的空前发展，另一方面也更明显和突出地显示了现代生物技术发展与人的异动。这种异动主要表现在两个方面。

其一，人的客体化与商品化。基因技术用于基因修补，可以防治遗传疾病，弥补人体缺陷，人们可以通过基因修补使自己更健康、更美丽、更聪明，从而提高生命质量。这种基因修补改变了人的自然生存、发展的秩序，使人按照主观愿望进行修补。人修补他人和自身的主观意识，在市场竞争条件下和人追求完美的本性中可能会被不断强化并导致两个结果：一是为了追求完美、长生、健康，就会把人体像机器一样进行拆卸、组装、更换和修补，使人体成为可以任意改变的客体，而人的神圣的生命和人的主观意识在这种改变过程中也要经受冲击和改变，人追求至善至美和修补自身的主体意识越强烈，人客体化的倾向越突出。人陷于客体化并不代表人的生命崇高和价值提升，而是人在基因修补中的异化，人把自己作为征服的对象，在改变自身的过程中藐视灵魂的神圣。二是在市场条件下，基因修补技术在人们的追求中必定商品化，造成对文明的威胁。事实上，在有些国家/地区，现代医疗、生育和基因等新技术已经和正在把神圣的人体推向了唯利是图的商品化市场，从血液、器官和组织、精子、卵子、子宫和婴儿，到细胞、基因和整个肉体都被送上了明码标价的销售柜台，盗窃人体器官、假冒人体器官的行为已频频发生，金钱成为延长生命的方式和提高生命质量的尺度。人体器官的商品化在一定意义上就是人的商品化。在某些国家/地区，人可以用钱买器官来修补自己的身体，人也可以通过卖器官来挣钱，人被当成商品通过金钱进行交易，哪还有什么尊严？如果人类特性只是屈从于技术成为附庸，那么，当生命物化到商品层次，可以按人的意愿用订制的“人造人”替代“自然人”时，人类的生命已无神秘、美好和灿烂可言，人类将丢失人自身的全部意义和内涵。

其二，人的复制与单一化。前面的分析还说明，基因修补技术把人像机器一样进行重组、更换和修饰，乃至面目全非，不仅使人的价值和意义向度被忽视甚至被基因修补所取代，而且，基因技术改造人、制作人与修理机器、制作机器零部件没有太多区别。机器零部件纵然可以多品种、多规格，但它无论如何也无法实现人的独特性。人的独特性或与众不同性是每个人得以存在的根据、理由和意义，是社会生活、精神生活丰富多彩、发展变化的源泉。著名的精神治疗法的代表人物维克多·弗兰克博士在《活出意义来》一书中指出：一个人一旦了解他/她的地位无可替代，自然容易尽最大心力为自己的存在负起最大责任，他/她只要知道自己有责任为某件尚待完成的工作或某个殷切期盼他/她早归的人而善自珍重，便必定无法抛弃生命。基因修补技术的大量应用，存在消解人的独特个性的倾向。正如弗洛姆所说，人制造了像人一样行动的机器，培养像机器一样行动的人——有利于非人化的时代。在这个时代，人被改造成为物，变成生产和消费过程的附属品。同时，基因修补技术还会通过人们追求良好基因和舍弃不良基因的选择，而逐步带来基因趋同，导致人的差异性被不断消除，单一化不断凸显。

伴随基因技术发展兴起的胎儿诊测、胎儿性状改变，虽然可以避免因遗传缺陷而形成的不健全胎儿，有利于优生优育，但胎儿诊测也会受一定社会条件制约和影响，如对胎儿性别进行人为偏向性选择已经造成一些国家与地区的男女比例失调而引发社会问题；胎儿诊测在一些地方已经无异于像鉴别、选择商品一样的行为，使生命的诞生转变为金钱交换活动；等等。这些都会使神圣的生命活动和特定的社会关系变得简单化、技术化。基因技术发展所形成的克隆技术，虽然给社会带来了巨大的经济效益，但克隆技术只靠体细胞无性繁殖，克隆出来的对象只是母体的复制品，其单一性显而易见。如果把克隆技术应用于人类，事实上已经有人要克隆人，那么，克隆人由于没有父母双方遗传基因的结合，仅是母体的复制品，因而质量根本无法超过母体。克隆人一旦进入社会，将成为只具有技术标准而不能准确定位的人，或是没有个性、模式同一的人，这将对现存人类的爱情、伦理、婚姻、家庭观、世界观、人生观、价值观及人类的社会规范、生存法则等产生巨大冲击，人类所创造和形成的丰富多彩的情感与社会生活将会在克隆人那里遭遇什么命运，社会如何继续存在下去？这些都是社会的人必须事先考虑和即将面对的问题。

第四，网络技术的发展与人的异动分析。所谓网络技术是指在物理与逻辑两个层面上相互连接的计算机系统技术。从物理层面上讲，计算机借助信息媒介，在实现连接以后形成网络技术；从逻辑层面上讲，网络技术还是凭借传播协议及丰富的应用软件为用户提供多种服务而形成一个虚拟的应用技术系统。所以网络技术是指以计算机和信息技术为基础，以实现便捷通信和资源共享为目的，发展人的本质的虚拟世界，主要是指互联网。20 世纪 90 年代以来，网络在中国开始以极快的速度得到普及。网络信息传播成为经济全球化最形象的代表，网络信息传播在信息传播史上引起了一次空前的革命。它改变了以往报刊、广播、电视信息单向传播的局限性，第一次把信息传播变成及时互动的交流，为人们的交流开辟了更加广阔的空间。自 1994 年 4 月我国第一次实现与因特网全功能连接之后，网络用户在我国以每年 100%的速度迅速增加。网络技术的发展促进人的发展和社会的发展的作用是十分突出的。网络领域交往的发展，促进人的社会关系的丰富与发展；网络领域信息、知识、理论的不断更新和极度丰富，为人扩大见识、获取知识、提高判断和选择能力提供了资源与平台；网络领域交换、沟通的便捷与及时，为人们学习、工作、研究乃至生活摆脱了时空限制，消除了时空障碍，大大提高了效益并提供了更多发展机遇；网络领域的虚拟空间，为人们的工作、研究提供了理想化模拟和试验的可能，提供了预测目标与预防风险的条件与手段，从而促进了人的决策能力的发展。总之，网络技术促进人的现代化是不容置疑的。在看到网络技术积极一面的同时，我们也要看到它对人消极的一面，即对人的发展不利的一面。概括起来，不利的一面主要表现在以下几个方面。

其一，网络信息的海量性对人产生“信息压迫”与选择困难，阻碍人的发展。网络信息的海量性是指网络领域信息资源的无限丰富性和快速变更性，它突破了传统媒体如书刊、广播、电视等储存、传播信息的局限，实现了信息跨时空的交换与连接。网络信息的海量性不仅表现在信息的容量、信息的种类、信息的来源、信息的方式的多样性，而且表现在信息流变、传递、交换的快速性。正如曼纽尔·卡斯特说的那样：所有种类的信息全都包藏于媒介之中，因为媒介变得十分全面、多样、富于延展性，这在同一个多媒体文本里吸收了所有人类过去、现在和未来的经验。浩如烟海的网络信息，包括各种知识、理论、经验等，一方面为人的发展提供了取之不尽的资源，另一方面给人造成了强大的“信息压力”和“信息选择”的困难。“信息压力”主要是在信息海量和信息变更的条件下形成的。因为信息的量增与变更并不是一种纯信息方式，信息方式的背后是社会经济、政治、文化的发展与变更，是社会各个领域及人们激烈竞争的形式表达。所以，人们面对网络信息的量增和变更，感受到的是相互比较的直接和竞争的强烈，觉得发展太快、信息太多、应对太累、压力太大。反映在心理层面，就是“心躁”，即急躁、浮躁、焦躁、烦躁。许多学者认为，这种“心躁”可能是一个普遍的现代性特征。相对于古代社会几千年的平稳发展和人们所拥有的平和心态，“心躁”是对其复制状态的突破，既意味着一种发展的内在“躁动”，产生推力，也表明人们内心充满的矛盾乃至冲突搅乱人的心境甚至使思维空间变得无序，使人专注眼前变更与功利而陷于困惑。这无疑有碍心智的发展，不利于智力的发展与发挥，也不利于长远目标与深沉信念的形成。同时，在信息质的评价与选择上，由于存在着价值多元、多样和多变的社会背景，评价与选择的主观认定与客观参照借助信息必定互换更替，也就是在网络领域经常涌起的信息新潮、浪潮甚至狂潮，不断地更替评价与选择标准。这一方面有利于期望值的攀升，产生激发作用；另一方面也会使许多人在网络的信息海洋中像一叶漂泊不定的小舟，不知驶向哪里，一切都想选择与一切都无法选择的迷惘也会使人产生心躁，这与信息压力产生的心躁合并。吉登斯针对现代人对价值选择的困惑指出，在现代性发达的当代社会中，个体的价值选择面临很多困难，其中一个重要的困难在于社会的多元特征，特别是现代社会的裂变，“知识和信息爆炸气使得个体在五花八门的知识、信息和行动模式之间无所适从”，“现代性使个体遭遇到种种复杂的选择，并且因为它是无原则的，因此它同时对于如何进行选择无法提供帮助”。[①] 由此得出一个结论：生活在一个高度现代性的世界中，就是生活在一个不断变化的、不确定的、充满很多机遇但同时也面临很多风险的世界中。这就是说，信息的评价与选择对人的发展既可能是正面的，也可能是负面的。

其二，网络领域的诱惑性容易使人成瘾而丧失主体性。诱惑性是网络的一种特性，这种特性主要表现为新颖性、奇异性、成瘾性。新颖性是指它的内容与形式无限多样地不断更新；奇异性是指它的内容与形式奇特怪异；成瘾性是指它的内容与形式具有引诱、迷恋的作用。网络信息的诱惑性既可反映、模拟现实诱惑性，也可运用网络方式制造诱惑性、强化诱惑性。网络信息诱惑性是因人而异的，如有的人追求新颖奇特，有的人迷恋智能竞技，有的人满足于谈情说爱，有的人沉迷于黄色信息的感官刺激；等等。网络上一旦形成一种持久而难以解脱的信息满足方式，就表明人已形成网络信息的内

---

① ［英］吉登斯：《现代性的后果》，田禾译，译林出版社 2000 年版，第 92 页。

在强迫，就意味着成瘾形成。网络成瘾就是人被网络信息左右、控制，身不由己地丧失主体性，甚至成为网络的附庸与奴隶，就像毒品成为吸毒者的需要一样。上网素来是自主、自由的行为，是现代人主体性的高度体现，但主体在网络诱惑中丧失自主、自由，表现出反主体行为，这是网络中的典型异化。吉登斯对现代社会的成瘾性进行过分析，他认为，在现实生活和信息流变中，各种具有极强内在性的“强迫作用”开始侵入个人生活，主要表现在各种成瘾现象的急剧增多；成瘾已不再局限于酗酒和吸毒，而是扩展到了性欲、爱情及各种个人关系等领域中。现代性的成瘾不是集体性的、仪式性的、规范性的，而是个体性的。网络成瘾是典型的个体自行成瘾，具体表现为“网迷”“网虫”。一个人只要被邪瘾所左右，就不再能主宰自己的生命，并成天陷入焦虑和不安之中。针对这种现象，吉登斯告诫人们：“对我们大家来说，今天的问题是建立比较稳定的生活习惯和生活方式，使之免于太深地陷入强迫性之中。”

其三，网络的虚拟性容易导致人的虚假性与反现实性。所谓网络虚拟性，是指有形的事物以及现象在网络中以数字、图像、声音等抽象方式表达的特性。虚拟性自人类产生以来就已经形成，表现为人的想象性、虚构性。古代人的自然神想象以及后来的宗教，还有人的迷信活动，都表现为一种虚拟，这种虚拟也可以用图像、语言表达。虽然其素材来源于现实，但这种虚拟不是现实人和事物的形式转化，而是一种想象的虚构。人类正是因为有这种虚拟、虚构的传统，所以，在不同的历史时期，对虚拟、虚构的内容、方式也不断丰富和发展。网络虚拟与过去虚拟的不同之处是人应用现代科学技术，将人自身的现实活动而不是异己的力量与对象转化到网络的虚拟空间，实现了人把自己虚拟化、神秘化。网络虚拟性是相对于社会现实性而言的，网络中的虚拟人、虚拟环境、虚拟交往也是相对于现实人、现实环境、现实交往而言的。网络虚拟性主要表现为网络环境（或空间）、网络主体、网络交往的虚拟。在网络空间或赛博空间（cyberspace）活动的人和人的活动，如信息浏览、信息传播、相互交流等，都不具有现实物理空间的可感知性、可触摸性和可判别性，而只有抽象化、数字化的形式和功能上的实在性。也就是网络上的人和网络上的交往活动都脱离了现实的物理空间，而被数字化后进入了网络的虚拟空间。网络虚拟性对人的知识、能力、社会关系、个性等各个方面的发展都是大有裨益的，是应当被充分肯定的，对此我们不应当怀疑，在这里也没有必要展开论述。但是，网络的虚拟性与人的发展也容易形成异动而导致人异化，其主要表现在以下两点上。一是网络领域的虚假性容易给人的发展带来风险。在网络领域，在把现实的人、事物、现象进行数字化转化时，人由于受利益、需要、道德的驱使与影响，往往把现实人、事物、现象的客观真实性进行掩盖、割裂，甚至进行虚构，在网络中制造虚假的人和事，发布虚假信息。制造这种虚假的人和事以危及信息的网络安全，其本身就是一种欺骗，这种网络欺骗虽然在技术上要有一定技巧，但在道德上与在现实生活中进行欺骗本质一样，只不过在网上更难鉴别而已。网络技术在发展，而一些人的网络道德却没有发展，甚至把现实生活中的不道德行为通过网络技术加以放大和扩散，这与网络技术的先进性很不协调。显然，这是制造欺骗的网络主体的一种道德退化。同时，虚假的人、事和信息在网上的传播，对其他的网络主体造成欺骗和识别上的困难。如果其他网络主体以这种虚拟的人和事以及信息、知识为真而加以相信、选择和应用，不仅会造成自己在时间、精力、情感等资源投入上的浪费，还会导致现实的不良后果，这就是人在网络中发展所面临的风险。在网络出现之前，人的发展也存在风险，用吉登斯的话说，主要是一种“外部风险”，这种风险是能够进行比较精确的计算的，如自然灾害、疾病、失业等。这种风险对人的发展形成的威胁，可以通过社会福利体制加以应对。吉登斯认为在现代社会，特别是在网络中，最主要的风险不是外部的风险，而是“人造风险”。他写道：“人造风险是由人类的发展，特别是由科学技术的进步所造成的。人造风险所指的是历史没有为我们提供前车之鉴的新的风险环境。我们实际上往往并不知道这些风险是什么，就更不用说从概率的角度来对它们加以精确计算了。”① 更麻烦的是，很多新的风险的特点是，人们就连对它们是否存在、以何种方式存在，都很难判断，也有不同看法。在网络中，人的发展风险与人的发展机遇都是不可分割地联系在一起的，发展的机遇多，发展的风险也会多，正面发展的可能性大，负面发展的危险性也大，这是人在网络发展中的辩证法，绝对不会出现只有机遇而没有风险、只有正面作用而没有负面影响的情况。因此，人在网络中面临发展风险在所难免，我们既不能因为网络中有虚假和风险而抗拒网络，也不能对网络风险掉以轻心。二是网络交往的虚拟性与诱惑性容易导致人的反社会性。网络交往是人的一种新的交往方式，它开辟了人的虚拟交往领域，扩充了人的现实交往空间，展示了人的现代文明进步。网络交往形式分为技术型交往和关系型交往。技术型交往主要

① ［英］吉登斯、［英］皮尔森：《现代性：吉登斯访谈录》，尹宏毅译，新华出版社 2001 年版，第 195 页。

是通过信息技术进行信息传播和交流，如发 E-mail、网络寻呼、网络论坛(BBS）等。关系型交往的主要特点是对象之间的情感交流、信息共享和另类生存等。网络交往是一种信息交往、虚拟交往，其与现实交往相比较，具有更加平等、自主、自由、广泛、多样的特点。它完全建立在交往主体的自觉自愿的基础上，并且在交往过程中，可以不受现实条件和利益关系的制约，把交往变为非功利的信息与情感交流，也就是交往双方或多方可以不受任何约束地进行对话、宣泄、袒露，只要交往双方或多方接受、满意，交往就可以进行下去并不断紧密。这种空前平等、自由、自主性的交往比起古代社会的血缘等级、宗法等级、夫权等级及资本主义社会的金钱等级交往，比起现实生活事实上存在的不平等关系交往，的确是一种进步。所以，吉登斯把现代社会这种抽象性的交往关系称为“纯粹关系”，类似于马克斯·韦伯所说的人际关系的“理想类型”。这种网络交往中的“纯粹关系”指的是一种情境，其中“一种社会关系的达成没有外在的原因，它只是因为个人可以从与另一个人的紧密联系中有所获，这样一种情境只有在关系双方都对关系满意的情况下才能持续下去”[①]。而维持这种纯粹关系的唯一纽带是情感交流，它是“一种基于感情交流的关系，这种交流的结果就是关系赖以继续的基础”[②]。纯粹关系的动力在于人与人之间开放的情感交流和积极的相互信任，它远离等级、威胁和暴力，对话是推动其向前发展的重要机制，因而这种关系具有民主的内涵。网络为网络主体满足情感需要、进行情感交汇和交流、建立情感关系提供了平台，但当这种情感关系添加了恋情、色情、情趣等要素，便会产生诱惑，使之强化便能使人上瘾。这样，网络主体就会由不忍舍弃到割舍不断，再到对交往对方的依恋、依附，实际上就是对虚拟交往的热衷与迷恋。

人毕竟是现实生活中的人，网络中的虚拟交往不可能替代现实交往关系。但当网络主体在现实交往中受挫，感情关系产生冲突而又难以自我平衡和调节时，选择逃避现实、进行虚拟交往往往是迷恋网络交往者的方式，如青少年学生受到家长、老师严格要求和严厉批评后寻求网络慰藉，失恋者感情受挫后追寻网恋，失败和失利者在网上寻找宣泄对象，等等。这一方面为现代人的心理压力提供了宣泄缓解的渠道，但另一方面，当网络交往者逃避现实、沉溺网络之中时，便会逐渐疏远现实关系，甚至疏离亲情、友情、人

---

① ［英］吉登斯：《亲密关系的变革》，陈永国等译，社会科学文献出版社 2001 年版，第 77 页。

② ［英］吉登斯：《失控的世界》，周红云译，江西人民出版社 2001 年版，第 57 页。

情，而亲情、友情、人情的淡薄，这正是人的人文性、社会性缺乏，工具化、数字化突出的集中表现。这样的人发展下去，有可能由逃避现实进而发展到敌视现实、反抗现实，成为与现实社会异动的力量。

人的现代化发展需要具备的五大观念*

人的现代化，即人从传统人转变为现代人，往往不是自发实现的。这种转变要伴随社会现代化过程来实现，其实现方式一般有两种：一种是内在因素，是个体自觉地根据现代社会的发展要求，对传统进行现代改造，即个体自主、能动地取向现代化；另一种是外在因素，如在教育、竞争等条件的启发、影响下，促进其对传统的现代性改造，实现转变。在一个社会内部产生现代因素的环境中，人的现代化一般是前一种方式；而在外部压力和推动下进行现代化转变的过程中，人的现代化一般是后一种方式。不管是哪一种方式，人的现代化是人不断改造、扬弃自身传统性和形成、发展现代性的统一过程。而人的传统性与现代性既体现在人的行为方式和活动方式上，也集中体现在人的思想观念上。

一、人的现代化发展必须具备人本发展观

思想观念是人的灵魂，是人存在和发展的先导。因此，人的现代化，首先是思想观念的现代化。人的现代化与人的观念现代化是在同一过程中实现的。人的现代化以人的观念现代化为前提和标志，人的观念现代化以人的现代化为表现和基础。人的现代化首先是人的观念现代化，人若没有现代观念，而只有现代的物质生活，就不能叫现代人，而只能叫传统人。因为只有人的思想观念才决定人的特性，所以，英国学者英格尔斯指出：如果人们自身还没有从心理、思想、态度和行为方式上都经历现代化的转变，失败和畸形发展的悲剧结局是不可避免的。再完美的现代制度和管理方式，再先进的技术工艺，都会在一群传统人的手中变成一堆废纸。思想观念现代化，也叫现代化观念，是指人们对社会现代化的客观存在的反映而形成的具有时代精神的现代化意识。现代观念是相对于传统观念而言的。现代观念的特征是现代社会特征在观念上的反映，其主要特点是：①科学性，现代观念是建立在现代科学技术研究基础上，以正确理论为指导的，相对于传统观念的经验性

* 原载于《人的现代化理论与实践》，人民出版社 2006 年版，作者郑永廷等，收录时有修改。

来说，它更加深刻地反映了事物发展的规律性；②开放性，现代观念在开放的社会条件下产生，随着现代社会的发展而变化，它比较活跃，能适应复杂的社会状况，具有包容性，比起传统观念的保守、封闭显得更开放；③立体性，现代观念具有多视角和多层次性，它能适应现代社会信息化特点，在思维空间的多维度延伸，具有立体感和层次性，不同于传统思维非此即彼的方式；④系统性；⑤时效性；等等。现代化观念是对传统观念的扬弃和革命，是在传统观念的基础上发展起来的，但又高于传统观念。我国提出的以人为本，全面、协调、可持续的发展观，是现代的科学发展观。这一发展观总结了世界各国现代化的历史经验教训，根据我国改革开放和现代化深入发展的实际，强调以人为本，强调社会的统筹发展和全面进步，强调人与自然的和谐、全面发展，是对建设中国特色社会主义基本理论、基本路线、基本纲领、基本经验的丰富，是对社会主义建设规律、人类社会发展规律的深化，是对经济规律、社会规律和自然规律的尊重，其具有明确的方向性与规律性。在新的发展阶段，这一发展观集中体现了发展是硬道理，是党执政兴国的第一要务的现代追求，并把社会发展和人的发展提到了一个更全面、更协调的高度，使发展的目标更明确，内涵更清晰，发展的理论更丰富，既适应经济全球化和国际激烈竞争的发展趋势，也体现了我国社会发展的特点和广大人民的发展要求，具有鲜明的时代性和发展性。这一发展观既着眼于现实的多项事业发展，又立足于长远的可持续发展；既保证经济的重点发展；又兼顾社会的全面发展；既突出人的全面发展，又强调人与自然的协调发展，发展的眼光更加深远，发展的方式更加多样，发展的要求更加明确，具有明显的长远性和多样性。总之，我国提出的科学发展观既是我国社会现代化的指导理论，也是我国实现人的现代化必须坚持的思想观念。

所谓人本发展观，就是社会的一切发展既依赖于人的发展，又为了人的发展，人既是发展的目的，又是发展的手段。坚持以人为本的发展观，首先，要把人的全面发展作为社会和人的发展的根本目标，把社会的经济、政治、文化发展归因于满足人的发展需要，就是要代表广大人民群众的根本利益，体现一切为了群众和立党为公、执政为民的民本观；其次，要把人的发展作为一切发展的基础，坚持人民群众是社会发展主体和历史发展动力的唯物史观，广泛动员群众，充分发动群众的积极性与首创精神，推进我国社会主义现代化建设，继承和弘扬党的一切依靠群众，从群众中来到群众中去的群众观；最后，要树立人才资源是第一资源的观念，把人才资源作为最重要的战略资源来认识、开发和管理，努力使我国由传统的人口大国转化为人才资源强国，把人口压力转化为人才优势，形成“小康大业，人才为本”的共识。人本发展观是与物本发展观相对立的。所谓物本发展观，是以追求物质利益为根本目的而把人作为物来对待的发展观。物本发展观是资本主义社会的主导发展观。马克思和恩格斯以科学的唯物史观为指导，认为资本主义社会将一切都物化和商品化了：“使人与人之间除了赤裸裸的利害关系，除了冷酷无情的现金交易，就再也没有别的联系了。”[①] 马克思和恩格斯还分析了资本主义社会劳动的本质不是为了满足人的需要，而是追求剩余价值，即对物的追求是根本目的，人只是追求物的手段，是和机器一样可以用货币交换的商品。于是，“货币不仅是致富欲望的一个对象，而且是致富欲望的唯一对象。这种欲望实质上就是万恶的求金欲”[②]。马克思、恩格斯不仅指出了商品拜物教、货币拜物教是资本主义社会物本发展的必然趋势，还分析了在物本发展过程中人的异化及人格的资本化和资本的人格化。同时，物本发展观也是资本主义市场经济的主导取向。在资本主义私有制背景下，“市场”这一概念的核心就是“交换”，市场主要就是交换关系的集结，市场经济就是一种基于自由、自愿的交换而形成的关于资源配置和生产决策的经济制度。在市场经济制度下，“人的社会关系转化为物的社会关系”[③]，对人的依赖转化为对物的依赖。这就意味着在把人从群体本位的人身依赖和等级从属的束缚中解放出来的同时，又把人置于金钱、财富等物的支配下，使人变成了“经济人”甚至物的奴隶。“经济人”把追求经济利益最大化看作经济活动的唯一目的，把物质满足、物质占有作为人生的最大目标。这样，“经济人”在经济活动中的道德观和价值观必定是以自我为中心的个人主义、享乐主义，必定排除了经济生活之外的道德生活与情感生活。为此，马克思不仅阐述了“经济人”的理论缺陷，而且明确提出了在资本主义市场经济条件下“经济人”也是人的异化表现。“经济人”现象不仅造成了资本主义社会的人对自然资源的无限开发和疯狂掠夺，导致环境污染和生态破坏，从而威胁到人的生存与发展，而且造成资本主义社会的道德与精神失落，导致资源争夺和侵略战争，以及频频发生的社会危机与民族冲突。关于资本主义的物本发展对社会和人所造成的危害，不只马克思和恩格斯早就对此进行了分析批判，资本主义社会的有识之士和进步人士也认清了其带来的严重后

① 《马克思恩格斯选集》第1卷，人民出版社1995年版，第275页。
② 《马克思恩格斯全集》第46卷（上），人民出版社1979年版，第171页。
③ 《马克思恩格斯全集》第46卷（上），人民出版社1979年版，第103页。

果，并分别在管理、道德、人文上关注、呼吁以人为本，抑制甚至反对以物为本。应当指出，以人为本最先的确是新兴资产阶级提出的口号，但资产阶级的这一口号是相对于宗教社会的“以神为本”而提出来的。它把人从“神”的奴役中解放出来，使人获得独立与自主，这是人的发展的历史性进步。但是，资本主义社会把人的存在与发展主要作为物的存在与发展，以市场经济规律替代社会和人的发展规律，使人依赖于物，把人置于商品、金钱的支配之下，实际上是以“商品神”“科技神”替代了“上帝神”，同样是对人的全面本质的否定，对人作为主体和目的的否定。而我国提出的人本发展观，是对资本主义社会仅仅把人作为手段的超越，是对“经济人”的扬弃，是指导现代人发展的科学思想。但是，我们也要清醒看到，在社会主义初级阶段，由于私有制的存在与发展，加上市场经济体制的作用，我国也会出现某种程度的物本发展倾向，如只把人作为赚钱的手段而不顾人的安危，只把物作为唯一追求的价值目标而不讲道德，只顾自己的经济利益而不择手段，等等，都是与人本发展观相背离的。因此，坚持人本发展观，要在克服物本发展观的过程中实现。

二、人的现代化发展必须具备自觉发展观

所谓自觉发展观，是指人自我意识发展、自主寻求发展、理性把握发展的观念与状态。与自觉发展相对立的是自发发展。所谓自发发展，概括地说，“是指人在发展中没有对客观事实本质和规律的认识、没有明确的自我意识的一种精神状态和行为状态”[①]。对人的自发性的这一概括性的界定，实际上是以自觉性为尺度所做的对比性说明，也就是指自发是不自觉的意识和状态。自发发展与自觉发展是人发展的两种状态。列宁在研究俄国革命时，从理论上阐述了革命自发性与革命自觉性的关系。列宁肯定了自发性的作用，他指出：“‘自发因素’实质上无非是自觉性的萌芽状态。”[②] 也就是说，自发性是人的主体性的初级状态，是自觉性产生的基层。但是，革命不能仅停留在自发状态，人也不能满足于自发状态，必须实现从自发向自觉的转化，任何崇拜自发性的倾向都是错误的。针对工联主义（又称“工会主义”）盲目崇拜自发革命的错误。列宁指出：“工人阶级单靠自己本身的力

① 宋锦添：《自觉能动性研究》，中国人民大学出版社 1986 年版，第 75 页。
② 《列宁选集》第 1 卷，人民出版社 1995 年版，第 317 页。

量，只能形成工联主义的意识”①，社会主义的意识“只能从外面灌输进去”②。“对工人运动自发性的任何崇拜，对自觉因素的作用即社会民主党的作用的任何轻视，完全不管轻视者自己愿意与否，都是加强资产阶级思想体系对工人的影响。”③ 因为“工人运动的自发的发展，恰恰导致运动受资产阶级思想体系的支配”④。列宁在批判崇拜自发工联主义的基础上，提出了“没有革命的理论就没有革命的运动”的论断，强调工人要学习、掌握马克思列宁主义理论，也就是要从阶级的、革命的全局上认识工人的历史使命和革命的发展规律，实现由自发革命向自觉革命的转变。

黄枬森教授分析了在人类社会发展进程中，人在不同历史时期的发展状态，并提出了人的发展的一个重要规律，即人的实践的自发性递减与自觉性递增的规律。这个规律的主要内容是，人的实践的自觉性萌芽于类人猿，形成于人；人的自觉性随着实践能力的提高和人类社会历史的发展而逐渐提高；人的自发性仍然存在，但随着自觉性的增多而不断减少；人的自发性不会减少为零，人的自觉性也不会增多到无限。⑤

在实现现代化的过程中，人的发展也存在自发性与自觉性两种状态。如果说革命战争时期的自发性，即人们为了谋求生存，主要表现为只顾个人的、眼前的、经济的利益，而忽视或意识不到阶级的、长远的、政治利益倾向的话，那么，在现代化建设进程中，人们为了适应市场竞争和科技发展，其发展的自发性也主要表现为只顾个人的、眼前的、物质和业务的发展，而忽视或意识不到全局的、长远的、精神和道德的功利倾向。这两种自发性虽然发生的时代背景不同，具体内容和表现形式不同，但也有共同之处：两种自发性都表现为人的主体性尚处在初级水平，但都是相应自觉性形成的基础；两种自发性都局限于个体或小团体的具体利益，具体表现为相对封闭与单一，而对全局发展的形势与实质缺乏认识与把握，即缺乏开发性与全面性；两种自发性都满足于眼前功利，表现为小农经济的自足性，而忽视或意识不到长远目标，缺乏持续发展性。因此，列宁提出的克服工联主义自发性，增强工人革命自觉性的理论原则，对我们现在认识和克服人的发展的自

---

① 《列宁选集》第1卷，人民出版社1995年版，第317页。

② 《列宁选集》第1卷，人民出版社1995年版，第325页。

③ 《列宁选集》第1卷，人民出版社1995年版，第326页。

④ 《列宁选集》第1卷，人民出版社1995年版，第327页。

⑤ 黄枬森：《略论人的发展的规律》，载《安徽大学学报（哲学社会科学版）》2002年第4期，第1页。

发性仍然具有指导意义。

坚持自觉发展观，一是对人自身的发展要有自主意识、自觉意识，即能把自身发展与社会发展联系起来，进行独立的价值判断与确认，克服对社会和他人的依赖状态，把自身发展作为自己在当代社会的生存方式；二是要把自身发展置于当代社会的发展之中，认识现代社会发展的本质与趋势，适应并驾驭现代社会的开放性、竞争性、速变性、复杂性与多样性，不断克服不适应社会发展的传统观念与行为方式，不断提高自身现代素质；三是要根据我国社会发展的长远目标与发展要求，确立自身发展的远景目标，并在发展过程中不断扬弃自发发展状态，在超越自身的进程中使发展目标更加具体而丰富，形成自觉的发展习惯。

坚持自觉的发展观与克服自发的发展观是不可分割地联系在一起的。自觉性是人的主体性的高级状态，而自发性则是人的主体性的低级状态。人的真正主体性不是以自发性而是以自觉性为标志的。满足发展的自发性，只会导致放弃自觉性，从而在现代社会条件下陷于停滞甚至倒退。因此，不断实现由自发性向自觉性的转化，才能使人得到真正的发展。要实现这一转化，单靠自身的体验与探索往往是难以完成的，而必须如列宁所说，要“灌输”现代发展理论，即自觉学习、运用揭示我国全面建设小康社会的理论，掌握社会和人的发展规律，才能做到发展自觉。

三、人的现代化发展必须具备全面发展观

所谓人的全面发展观，就是按照人应有的本质，“以一种全面的方式，也就是说，作为一个完整的人，占有自己全面的本质”[①]。物质性、社会性、精神性都是人的本属属性。生活在一定条件下的人拥有生存与发展的物质条件（包括生理、环境等）和丰富的社会关系（包括经济的、政治的、法律的、道德的等思想关系），精神生活充实，在发展取向上既坚持全面，又有所侧重，既发展特色，又互不替代，以物质、社会、精神的全面方式发展自己，才是坚持全面发展观。在不同历史时期，全面发展观的内涵是不同的，全面发展观是相对于片面发展观而言的。在历史发展进程中，由于受生产水平和社会政治制度的制约，人往往呈现片面发展状态，并在不断克服片面发展过程中走向全面发展。

---

① 《马克思恩格斯全集》第42卷，人民出版社1979年版，第123页。

在我国古代，人的发展侧重于道德发展，即所谓“道德人”。之所以如此，是因为在古代，我国是一个以农立国，以血缘关系为纽带，家国一体的自给自足社会。“以农立国”决定了社会的相对稳定；“血缘纽带”编织了富有亲情的长幼有序和以仁爱为主的道德关系；“家国一体”催生了君臣、父子的宗法等级和封建社会的伦理纲常，形成了以道德为主导价值取向的传统文化。这种以道德为主导的价值取向表现在国家、社会的层面就是以德政、德治与德教为主，表现在个体层面则是以修身为本及其对理想道德人格的追求。我国古代社会通过对道德理想和伦理价值的宣扬，实现了对人的内在调控，家国一体与仁爱、亲和的整体价值观加强了人民的凝聚力，同时，天人合一的道德追求有利于自然与人的协调。以伦理为主导价值取向的我国传统文化成为我国民族文化的特色与优势，为我国现代化建设提供了丰厚的文化资源。但是，我们也要看到，人以道德为主的发展取向也形成了对其他发展取向的抑制甚至替代，如我国古代社会倡导清心寡欲、小富即安、知足常乐的义利观，抑制了人对物质的追求，抑制了社会的消费需求和生产动力，阻碍了当时经济的发展；强调重道鄙器、学而优则仕的知识观，导致一些人重道德修炼，轻科技文化，致使当时的人的创造力受阻和社会原创性科技成果不多；德主刑辅、实施人治的政治观导致人的民主与法制意识淡漠。不可否认，这些被抑制甚至被替代的价值取向因为先天不足，已经成为我国人的现代化的艰巨任务沉重的历史包袱。

20 世纪初期，中国共产党和广大劳动者成为我国社会发展的主导，寻求国家独立成为我国社会的主题，赢得战争胜利、夺取政权是新民主主义革命时期的中心任务。中华人民共和国成立以后，新中国不仅面临着国内恢复经济的重大任务，还要应对国际敌对势力的封锁与挑衅，这就必然要求人民必须维护和巩固新生政权。由此，在战争和革命中，人们形成了以夺取政权、巩固政权为主导的政治发展取向。正是这种强有力的政治发展取向把广大人民发动、组织起来，形成了强大的革命力量，取得了革命胜利并巩固了新生政权。但是，我国社会在取得革命胜利以后没有及时把重点转向经济建设，而是继续以革命的政治取向为主导，乃至引发了“文化大革命”中价值取向的严重替代现象：以阶级斗争为纲和以政治运动为中心，造成全社会政治高于一切、大于一切、冲击一切、替代一切的政治狂热状态，人们以政治取代经济和科技发展，成为单一的“政治人”。这种状况不仅使生产停滞，经济到了崩溃边缘，而且使人们物质菲薄，业务荒疏，许多人信仰动摇。这种典型的片面发展取向替代其他发展取向的状况，给社会和人的发展带来的是畸变与破坏。

在西方社会，人的片面发展更为典型。在西方中世纪，神本价值取向是社会的主导价值观，神的意志成为社会和人们衡量一切标准的判断体系和导向。作为神本价值观念的对象化，它集中于人造的上帝，人在向上帝等神灵寻求精神慰藉的同时，也将自身依附于神从而成为神的奴隶。人们在物质上禁欲，禁锢思想，排除科学，僵化保守，成为在神面前的“否定人”。不管人们所信仰的彼岸世界如何美好，但“在任何的宗教中，不论给予神的口头定义是多么高尚，许多信徒，也许是绝大多数信徒显然依旧不是用德性和善的道德，而是用信仰一些神秘而荒谬的意见来追求神的眷顾”[①]。近代启蒙把人从神的奴役中解救出来，以人为本的价值取向为资本主义的发展开辟了道路。然而，资本主义的商品发展和物质进步大大激发了人们对于物质的追求，商品为资本主义社会披上了神秘的外衣，物质和金钱具有无限的魅力，人们拜物，迷信市场。物质替代精神，科技替代道德，造成西方社会对精神贫乏、道德沦丧的无能为力，于是，人的物本价值取向替代其他社会价值取向的现象成为西方社会现代化进程中的现代性困惑，人成为“经济人”。随着现代科技地位的不断提高和作用的不断强化，当代西方国家以科技为本位的价值取向日益彰显，甚至出现了“科技决定一切”“科技改变一切”的唯科技主义发展取向，把科技作为“神”加以顶礼膜拜，而一些人的人文精神失落和道德理想的贫瘠使人陷于工具理性，人成为“工具人”。西方国家单纯追求经济增长和物质享受的传统现代化模式，不仅严重破坏了生态平衡，而且造成了人的“单向度”发展。西方国家以物质价值替代精神价值、以科技价值替代道德价值的现象，已经和正在受到众多思想家、社会学家、哲学家、未来学家等的深刻揭露与批评。

从历史发展的过程来看，人类社会在不同时期、不同社会条件下具有不同的主导价值取向，形成了各自不同的文化特征和有着不同侧重点的人的发展趋势。马克思曾经系统分析了古代人在“人的依赖关系”状况下的片面发展，深刻分析了资本主义社会的人在物的依赖下的片面发展，提出了人的全面而自由的发展是未来社会和人的发展目标。坚持人的全面发展观，就要避免以往社会人片面发展的情况的发生，克服“道德人”“政治人”“经济人”“工具人”的局限，真正按照人的本质属性实现人的物质与精神、科技与人文、政治与道德、生理与心理、知识与能力等方面的全面发展，真正成

① ［英］休谟：《宗教的自然史》，徐晓宏译，上海人民出版社2003年版，第108页。

为“全面人”。坚持人的发展的全面性，归根结底是人的本质要求和体现。按照马克思主义的观点，人的全面发展从根本上讲是人的本质的全面占有，物质性、社会性、精神性都是人的本质特性。过去，我们在人的发展上过分强调社会性，忽视物质性，产生了一大批热衷于政治运动和政治革命的“政治人”，在道德领域极力推崇理想的“道德人”。结果，由于人们追求物质的动力不足，社会生产缺乏动力，不仅使社会的物质生活水平不高，而且缺少接受教育、提高科学技术水平的物质条件。在人们开始追求物质利益后，又有一些人忽视政治与道德而表现为“经济人”“工具人”，引发许多社会丑恶现象。在人的发展中出现的种种片面性，都与人们对于人的本质认识不全面有关系。人的本质的全面性决定了社会生活的丰富性和社会价值取向的全面性、协调性，社会是人创造并为人的生存与发展服务的。社会的经济、政治、文化等领域，还有科技、教育、卫生等众多机构，都是人的多样化本质的社会延伸，也是为了满足人的多样化需求并为人提供全面发展的平台。人的发展的全面性也并不是人的发展取向与各种素质的均衡性，即发展取向的无侧重性。在不同时期和不同条件下，不同的人发展重点是不同的，即人的发展取向有主次之分、强弱之别。坚持发展的全面性，既要反对发展取向的替代性，又要克服发展取向的均衡性。发展取向的均衡性使人的发展缺乏动力与特色，无法重点突破，与发展取向的替代性一样阻碍社会和人的发展。二者是发展取向的两个极端，虽然表现形式不同，但对社会和人的发展造成的后果是一样的。

在我国社会主义初级阶段，社会主义制度为人的全面发展创造了条件。自改革开放以来，我们党根据时代主题的变化和我国社会实际，毅然实现了党的工作重点的转移，确定了以经济建设为中心的指导方针，制定了“一个中心，两个基本点”的基本路线，明确把发展经济、发展生产力、发展科技作为社会主导价值取向，并把社会主义现代化建设作为当时中国的最大政治任务，从而广泛调动了广大人民群众的积极性，推动了经济的快速发展。为了避免历史上社会价值取向的片面性，防止出现社会主导价值取向对其他价值取向的替代，党和政府要求在社会主义现代化建设中处理好各种关系，及时提出了加强社会主义精神文明建设的指导方针，反复强调物质文明建设和精神文明建设要“两手抓，两手都要硬”，要坚持经济与政治的统一，在经济快速、多样发展的过程中一定要“讲政治”；要落实科教兴国战略和可持续发展战略，保证社会健康而长远的发展；要贯彻“三个代表”重要思想，开展物质文明、政治文明、精神文明建设，保证社会全面协调发展；要创造条件，保证人们思想与精神生活全面发展以及人与自然、社会协调发展；要坚持全面、协调、可持续的科学发展观；等等。这些全面性社会价值取向的理论与方针的提出，为促进人的全面发展提供了指南和保证。但是，在我国社会主义初级阶段，由于还存在私有制，存在市场经济体制下的竞争，存在人们对自身本质认识的片面性等，人的片面发展还将长期存在。在市场经济条件下，物质利益的实现是利益主体存在和发展的前提，利益主体在市场竞争中受物质利益驱动，存在不同程度的盲目性与自发性，其价值取向也往往发生偏差，甚至发生价值取向上的抑制或替代。市场是检验不同竞争主体的“试金石”，等价交换的物质原则成为市场活动的游戏规则，这一客观背景所引发的后果之一常常是注重物质、轻视精神的物本价值取向。相对于人本价值取向而言，物本价值取向是以物质作为判断事物是否有价值及价值大小的唯一标准，片面强调物质属性对于人的作用，忽视或否定人文的作用。作为一种价值追求，物本价值取向在市场条件下已经比较明显。从个体层面来看，有些人在生活中仅仅满足于物质的需求，精神追求和理想信念淡漠，工作中过分追求物质利益，忽视人自身的价值和意义，在人际交往中推崇物的有用性原则，抛弃人情观念和精神关怀。从社会层面来看，有些地方在经济发展中偏重物质文明建设，而忽视政治文明与精神文明建设，表现为物质文明建设“一手硬”，而精神文明建设“一手软”。同时，物本价值取向对于其他价值取向的抑制或替代的表现也是多种多样的。从政治上看，有些人或热衷于经济，以“不问政治”为口头禅，轻视政治的作用和价值；或将物质交换原则引入政治活动，为了满足个人私欲玩弄政治权术，以权谋私，大搞钱权交易。在经济领域，一些人遵从享乐主义和利己主义，迷信金钱至上，相信“人不为己，天诛地灭”的自私哲学，商业活动中的假冒伪劣等德行失范现象屡见不鲜。在教育领域，一些人重科技轻品德，为了私利甚至营私舞弊、剽窃他人成果。这些现象都是物本价值取向对社会政治、道德、教育等领域的冲击，也是由经济主导价值观单一化而导致的对其他社会价值观的替代性现象。物本价值取向的实质是以人性之中的动物性或自然性的满足为逻辑支点，将物质的满足作为人的最高目的，把物质价值置于价值体系的最高点，是一种典型的片面认识与片面发展。

随着科学技术的发展及其对当代社会生产和生活的影响不断扩大，以科技为本位的价值取向在一些人中开始流行。现代科技在西方社会被一些人神化，被人们称为“科技神”或“唯科学主义”。正是因为这些人把科技推上神坛，才制造了诸多社会危机与现代性困惑。科技本位价值取向的形成与发展与两个原则有关：一是现代科技的可操作性原则，使科技能迅速付诸实践，由实证转向实用；二是效率原则，即科技可以直接转化为生产力，产生巨大经济效益以满足人们的利益追求。科学技术的工具化倾向一旦张扬、膨胀，功效和功用就占据了科学技术的视野，人的主体地位和人的终极价值被排除在神圣大门之外，在工具理性的凸显中瓦解了道德等人文因素。一旦以科技为本位的价值取向具有替代性的功能，它就会消解人的终极关怀，击溃道德价值。科技本位价值取向在我国当前社会中也有诸多表现。教育活动中重视自然科学，轻视人文科学的倾向突出，而教育家和有识之士提出的科学与人文精神并举的教育理念在教育功利化的现实面前显得苍白无力。即使是在高雅纯正的学术领域，学术腐败和剽窃等失德行为亦不鲜见。由于现代信息技术的飞速发展，信息社会在创造现代奇迹的同时，又面临着网络虚拟空间缺失道德规范等现象的严峻挑战。至于当代中国在政治管理上的技术性控制，在经济生活中的标准化生产，在文化艺术上的商业化、数字化等表明，科技成为至高无上的权威，不仅决定着社会需要的职业、技能和态度，甚至会影响个人的生活风格和心理健康。

当前在我国市场经济和科技发展条件下，物本价值取向与科本价值取向所引发的替代性现象的后果是堪忧的。它势必带来现代社会的畸形发展和人的异化，应该引起我们足够的警惕。无论是物质替代精神，还是科技替代道德，都会引起人们在主观上过分关注身外世界的某一方面，以物质、科技作为衡量价值的准绳，从而忽视自身内在精神世界的耕耘与和谐。一些人思想上存在着迷惘与困惑，不愿意从精神和理论的层面求解；一些人不自觉表现出急躁、浮躁、焦躁、烦躁，不明白“人无远虑，必有近忧”的古训；一些人拥有现代化生活的物质条件，但烦恼不断，缺乏幸福感；一些人在激烈的社会竞争中，稍有不顺就怨天尤人和动力不足；还有一些人缺乏内在精神的支撑，患上各种精神疾病而遭受精神折磨；更有一些人为了追求物质利益和科技成果而不顾廉耻、丧失道德，甚至违法犯罪，制造社会丑闻。所有这些我们可以直观感受到的大量事实，都可以归结为不同程度的“精神缺乏症”和“道德缺乏症”。而这些症状不仅给社会和个人发展增加了阻力，还要社会对其所造成的损失做出补偿。对此，我们只能理解为是社会和一些人忽视和轻视精神与道德生活所招致的应有报复。

在我国社会主义初级阶段，人的发展之所以出现取向上的抑制与替代现象，其原因是多方面的。从历史上看，由于受客观历史条件的限制，我国以往社会价值取向存在片面取向的现象，这种片面性实际上反映的是社会和人的发展的不成熟性，要克服这种片面性或不成熟性要有一个过程。一些人否定了“文化大革命”中用政治替代其他价值的错误之后，转向对政治本身的否定而陷于经济、科技价值，表现出另一种片面性或不成熟性。我们必须从片面性或不成熟性中解脱出来，以免社会价值取向从一个极端摆向另一个极端。从现实来看，科技进步、市场体制所引发的社会竞争力量强大，在竞争中，经济与科技由于直接与人们的物质利益相关，并且可以被物化、量化和指标化以进行比较而显示价值优位，受到重视。而精神、道德往往因其难以被用以直接比较而被忽视，这是造成价值取向抑制与替代的现实原因。从人的认识上看，价值替代现象反映了人对自身物质性、社会性、精神性本质认识与把握的片面性，导致了价值实现过程中物质与精神、科技与道德的分离与对立。在现代社会，每个人都面对一个复杂多变的环境和激烈竞争的社会，人们要取得事业成功、提高生活质量，在享受现代物质文明的同时要有文明的精神生活。否则，人们可能会在经济、社会迅速发展的过程中，精神上不断增加苦闷，甚至迷失于自己的精神家园。因此，在改革和发展的过程中，我国要吸取历史上的经验和教训，确立科学发展观，谋求社会和人的协调、全面发展。

四、人的现代化发展必须具备协调发展观

所谓协调发展观，是指人在发展过程中与所处环境的互动是和谐的，而不是分裂与对抗的。人的全面发展与协调发展是不可分割地联系在一起的，全面发展是协调发展的基础，没有全面发展，就无法进行各方面要素的协调。也就是说，片面发展本身就是一种分裂与对抗。而协调发展则是全面发展的保证，没有协调发展，就无法坚持全面发展，即各方面要素在分裂与对抗中必定走向抑制与替代。因而，人的协调发展也是人应有的科学、合理发展状态，是人应当追求的发展目标。人的协调发展主要包括人与社会、人与自然的协调和人自身长远发展的协调。江泽民在庆祝中国共产党成立 80 周年大会上的讲话中强调：“推进人的全面发展，同推进经济、文化的发展和改善人民物质文化生活，是互为前提和基础的……这两个历史过程应相互结合、相互促进地向前发展。”同时，“要促进人和自然的协调发展与和谐，使人们在优美的生态环境中工作和生活”①。具体应该做到如下几个方面。

---

① 江泽民：《论“三个代表”》，中央文献出版社 2001 年版，第 180 页。

第一，人与社会的协调发展。人与社会的关系和人与自然的关系始终是人类在生存与发展过程中所面临的主要矛盾。在原始社会，人们凭借着血缘关系生活在自然的部落和氏族共同体中，人们以集群主体的形态发挥作用，个人依附于群体而无独立地位。随着社会分工的发展和自给自足经济的形成，人们虽然结束了原始的集群状态，摆脱了对自然共同体的依赖，但又陷于人所建立的依赖关系，走向了对等级共同体的依赖，个人从属于皇权、家族权威或部落权威而无独立地位。马克思把人类社会这种人与社会的关系称为“人的依赖关系”。所谓“人的依赖关系”是指人的生存与发展以人与人之间的等级依附为依托，以血缘、地缘为纽带的关系。这种关系虽然能以道德和神圣的面目加以维系，但它对人进行等级分类，造成人的不平等，本身就潜藏着人与人及人与社会之间的巨大矛盾与冲突，不可能有人与社会的协调发展。

在西方社会推翻封建专制，建立资产阶级民主社会，推翻以神为本，建立以人为本社会之后，充分发展的商品经济和建立在主客二分基础上的文化形态的确使人的发展获得了独立与自由。个人主体摆脱了等级共同体的控制，从群体本位、人的依赖一极走向了资本主义社会的“个人主义”“个人中心”的另一极。“我思故我在”“个人是自由的”“我就是我，我就是我的目的”，人本主义的这些观点使个人主体的重要性达到了高潮，使社会、历史都被忽视，它所造成的社会后果是，“它不仅使每个人忘却了他的祖辈，而且使人看不到他的后代，也使他同他的同代人相疏远离，它使他只能依靠他自己，最后使他完全蛰居于孤寂的自我心灵之中”①。这样，资本主义社会无限膨胀的个人主义，不仅使个人和社会之间由原来潜在的矛盾转化为现实的普遍冲突，加剧了人与社会的不协调性，而且形成了“个人至上”“人类中心”的社会格局而与自然界相对抗。针对西方个人与社会发展上的不协调性，西方现代文化试图恢复、强化社会整体性权威，罗尔斯等人提出的社会正义原则，哈贝马斯创立的社会交往理论，麦金泰尔建构的“后个体主义伦理学”以及意识形态在西方社会的回复等，可以说都是西方学者寻求人的发展与协调的探索。这样，西方社会便既存在加剧个人与社会矛盾和冲突的“个人中心”发展趋势，也存在反思、抑制“个人中心”并寻求个人与社会协调发展的取向。

个人与社会之间由起初的等级依赖，走向资本主义社会的分裂与冲突，

---

① ［法］托克维尔：《论美国的民主》（下），董果良译，商务印书馆 1988 年版，第 627 页。

虽然人有所发展，但严重的社会与自然问题又制约和限制着人的发展。为了解决人与社会、自然的分裂与冲突，西方有些反对现代化的流派主张回归原始的群体本位，重新把个人置于原始的群体的框架之中，这很显然是一种倒退。而后现代主义者则主张彻底消解社会的整体性与统一性，继续强化个体自由性。如后现代主义者利奥塔就说："让我们向统一的整体宣战，让我们持续开发各种歧见差异，让我们为正不同之名而努力。"[①] 显然，反对现代化的复古主义者和后现代主义者都没有真正把握人与社会不可分割的关系，他们所采取的是向人和社会两极强化的方式解决人与社会的关系，他们认为不可能找到人与社会协调、和谐的途径。为了解决资本主义社会人与社会的冲突，马克思和恩格斯提出了"自由人的联合体"思想。在这样一个联合体中，"每个人的自由发展是一切人的自由发展的条件"[②]。这一思想既是对单纯群体本位的扬弃与超越，又是对极端个人本位的扬弃与超越，是对割裂个人与社会关系的否定与克服。它既肯定了个体的自由发展，又把一切自由发展的个体从本质上统一为整体的社会联合体，即人的"类存在"。这样，人不再是"单子式"的相互矛盾的存在，而是"你中有我、我中有你"的"大我"与"小我"，社会与个人、他人与自身之间有着内在统一，形成共同创造社会、有着共同利益的联合体。

马克思和恩格斯提出的"自由人的联合体"思想，是人与社会协调发展的理想目标，人类要生存和发展下去，只能向这一目标努力。在我国社会主义初级阶段，在人与社会协调发展方面还存在诸多矛盾，既存在自然经济条件下的人际依附关系，以及血缘、地缘、业缘裙带关系，也存在市场经济条件下的个人本位、个人中心、个人绝对自由的倾向。前者表现为主体性不强，后者表现为社会化程度不高。因此，增强人的主体性，提高人的社会化水平，是我国当前反映在人与社会协调发展上的一个突出问题。

我国社会主义经济体制的建立和社会主义民主的发展改变了计划经济体制下人的依赖性与模式化，给人的发展提供了自由、民主条件，增强了人的主体性与竞争性，这是人的发展变革与根本性进步。人的主体性发展，实际上是人自身素质的全面提高，是人内在潜能的充分发掘，它是一切发展的基础与源泉。同时，社会主义市场经济体制的建立和社会主义法制的发展改变了计划经济体制下人们的封闭性与分离性，为个人创造了发展的广阔空间与

① 罗青：《什么是后现代主义》，台湾五四书店有限公司 1989 年版，第 30 页。

② 《马克思恩格斯选集》第 1 卷，人民出版社 1995 年版，第 294 页。

明确规范，提高了人的社会化程度与制度化水平，这也是人的发展变革与历史性进步。人的社会化发展实际上是人与社会的协调和人的社会关系的丰富，是人充分发挥作用的根本途径，它是一切发展的前提与条件。人的主体性与人的社会化辩证发展实质上是个体与社会、人的内在与外在、人作为目的与手段的辩证统一。然而，并不是每个人都能自觉认识和把握人与社会协调发展的关系。有的人只看到市场经济体制自主性与竞争性的一面，忽视了市场经济体制高度社会化与合作性的一面；有的人只看到社会主义民主自由性的一面，忽视了社会主义法制与民主互为一体的一面，以为自主性就是个人完全独立，就可以脱离社会的发展，因而陷于个人本位、个人中心、个人封闭的自发状态。市场经济是商品经济高度发展的结果，是社会化程度很高的一种经济形态。正因为如此，它才能推进生产、资源配置的社会化和推进经济全球化。同时，我国社会主义市场经济体制不仅反映社会化要求，而且社会主义、集体主义所强调的整体性、全局性也已经包含着社会化的深刻内涵。因此，在社会主义市场经济体制下，人既要发展自主性、独立性、竞争性，又要发展社会性、合作性、集体性。而人与社会协调发展实际上是人的发展与社会发展的两个不可分割的侧面：一方面，要针对个人本位、个人中心、个人封闭的自发状态，进行以社会目的、社会规范为内容的社会化引导，进一步消解自然经济的封闭心理与资本主义的个人本位的影响，提高人的社会化程度与制度化水平；另一方面，也要针对从众性与依附性的自发状态，进行以人的全面发展为内容的主体性启发，进一步克服传统文化与计划体制在人格上的依附性遗传，提升人的主体性。为此，我们必须以现代人的发展为基础，研究人的主体性和社会化、竞争性和合作性、人的思想与精神生活全面发展和人与社会协调发展的辩证理论，并以这一理论为指导，建构主体性与社会化相结合的人的发展模式。

第二，人与自然的协调发展。前面我们分析了人在发展进程中，经历了人依赖社会的群体本位、人脱离社会的个体本位和人与社会协调发展的几种状况。这几种发展状况和人与自然的关系密切相关。马克思说：“历史可以从两个方面来考察，可以把它分为自然史和人类史。但这两方面是密切相关的；只要有人存在，自然史和人类史就彼此互相制约。”[①] 前面分析的人在最初阶段的“人的依赖关系”表现为人对人的依赖，但实际上其源于人对自然的依赖，因为在最初阶段，科技水平低下，生产工具简单，人在很大程

---

① 《马克思恩格斯全集》第3卷，人民出版社1960年版，第20页。

度上表现为自然性。当人面对还不认识的强大自然力而无法驾驭其并对其进行开发时，人只能敬畏、崇拜自然并将自然神化，只能从属、顺从自然而“听天由命”，表现为对人的消解和人对自然的依赖。因此，人在依赖自然状况下的发展，同人在依赖人的状况下的发展一样，是缺乏主体性的，是主要在外在作用下的一种受动、缓慢的发展。

人的实践、创造特性决定人既是自然的存在，又必定是不断超越自然的存在。随着生产工具的发展，特别是近现代科学技术的运用和工业的兴起，人类征服自然的能力不断增强，人不断强化的主体性，特别是在资本主义制度下形成的“个人中心”“个人自由”“个人享乐至上”的价值观以及“人类中心主义”倾向，使人无限度地和不顾后果地对自然界进行物质索取和开发，人由原来的被动走向了主动，由人对自然的依赖走向了人对自然的任意开发，由人与自然的浑然一体走向了人与自然的对立。这种人与自然关系的变化表明，人在增强主体性以试图超越自然、从依附自然状态下解放出来的同时，盲目按照自己的意志对抗自然，破坏了自然在长期进化过程中所形成的自然生态，违背了自然本性；人在从自然界获得巨大物质利益、尽情享用自然界恩赐的同时，却给自然界留下了深深的伤痕，污染了自然环境；人在展现科技水平，庆幸物质繁荣的同时，遭到了来自自然界的报复和惩罚。面对这种报复和惩罚越来越频繁和严重的局面，西方许多团体和有识之士开始重新审视人与自然的关系，质疑西方社会普遍存在的个人中心主义、享乐主义价值观，反对“人类中心主义”，提出了重建人与自然和谐发展的生态伦理，预示了人与自然融合发展的新阶段的来临，为现代人的生存与发展做了有益探索。

人何以由甘愿屈服自然转向试图统治自然？从社会层面来看，与资本主义社会的私有制和主导的个人主义、享乐主义价值观直接相关；从人的层面来看，这反映人在发展过程中的片面性和不成熟性。为此，马克思主义认为，一方面，人要发展科学技术，发展自己，超越自然，成为自然界的主人；另一方面，人要从私有制和个人本位状态下解放出来，克服孤立个人的片面与狭隘，在实现人与社会全面发展的同时，寻求类主体的人与自然关系的和谐，即“作为完成了的自然主义，等于人道主义，作为完成了的人道主义，等于自然主义，它是人与自然之间……斗争的真正解决”①。

从我国的历史和现实情况来看，由于我国科学技术落后，工业化发展起

① 《马克思恩格斯全集》第42卷，人民出版社1979年版，第120页。

步较晚，人对自然的开发还不充分，尤其是在广大农村，对自然资源的发掘不够，人们靠山吃山的情况依然存在，许多人还处在对自然依赖的状态。因此，提高科学技术水平，增强人的主体性，提高人认识和开发自然的能力，仍然是我们长期而艰巨的任务。这个任务不完成，人与自然的协调性只会停留在很低的层面上。同时，在我国实现现代化的过程中，也出现了人与自然的矛盾与冲突，主要表现为：一是一些人在利用科学技术发展工业时，为了追求自身利益而过分开发稀有资源并造成污染，使环境恶化，危及人的生命安全；二是一些人的物欲膨胀，无节制地享用自然珍稀资源和现代物资，加速物种灭绝和环境污染，破坏生态平衡；三是一些人为了眼前利益，对自然资源，如土地、江湖、森林、湿地等进行盲目甚至掠夺性开发，违背自然规律，已经并还将遭受自然的严厉报复和惩罚；等等。在我国，人与自然的这些矛盾与冲突，同资本主义国家相比，既有共同根源，也有不同特点。其共同根源是私有观念与私有制，是人在市场经济竞争过程中对物质的无限度追求所致。我国在社会主义初级阶段，虽然坚持以公有制和集体主义价值观为主导，但私有制与私有观念的存在及在市场竞争中的激发，也会使一些人在过分追求物质过程中与自然保护发生矛盾和冲突。当然，我国人与自然的矛盾和冲突，与发达资本主义国家相比较，也有不同特点，一是我国的科学技术水平不高，人对自然的认识和把握有限，许多矛盾和冲突是由盲目决策、无力治理导致，即由人的发展不够引起的，这与发达国家能利用高科技进行发展决策、环境监控和治理是有区别的。二是我国的社会制度和集体主义价值观倡导个人与社会的全面发展，强调统筹发展和共同富裕，反对和抑制个人中心主义、享乐主义和小团体主义，因此能从宏观上协调人与自然和人与社会的发展，不断抑制和缓解人与自然的矛盾。而资本主义国家在以私有制为主导的基础上的个人主义价值取向、享乐主义倾向只会激发人们无限度地向自然界进行物质索取，造成严重环境污染与生态破坏，并把这种索取向全球扩张，把污染与破坏向不发达国家扩散，致使人类与自然的矛盾和冲突被不断激化，这是社会主义国家与发达资本主义国家在解决人与自然关系上的区别。

五、人的现代化发展必须具备持续发展观

所谓持续发展观，是指人在实现现代化过程中立足长远发展并坚持对自身不断超越的发展思想。人的发展和社会发展一样，也存在着眼前发展与长

远发展、持续发展与间断发展、缓慢发展与快速发展的状态。市场经济体制下的激烈竞争，现代科学技术发展的日新月异，社会信息传播的千变万化，以及终身教育与学习型社会的形成，既要求每个人坚持持续发展，也为每个人的持续发展创造了条件。同时，在谋求发展的过程中，人们由于受眼前利益、局部利益和个人利益的驱使和限制，往往只重视个人和社会的眼前发展而忽视长远发展，结果导致发展间断和缓慢，甚至发生倒退。为此，我们在社会与自然发展层面提出了可持续发展战略，对人来讲，也必须拥有持续发展的思想。这是因为，现代社会的可持续发展同现代人的发展是不可分割地联系在一起的，这可以从世界环境与发展委员会定于 1987 年对“可持续发展”的概念的界定得以证明——可持续发展是在“既符合现代人的需要又不损害未来几代人的需要”的情况下获得发展。可见，发展是以现代人的需要和未来几代人的需要为出发点的。如果按照这一基本精神来界定它的概念，则“可持续发展”是指环境质量与经济增长和社会发展之间有着一种内在的联系，即各类发展既要满足现代人不断增长的需要，又要不损害未来几代人的需要。虽然经济学家、生态学家、社会学家对可持续发展的认识和理解各有侧重，并形成了不同观点，但他们都认为对社会、经济、生态三个方面必须结合起来考虑，而不能把三者孤立起来甚至对立起来。在可持续发展中，关键因素是人。人既是可持续发展的目的，即可持续发展归根到底是为了现代人和未来人的长远利益；人又是实现可持续发展的决定因素，即经济发展、环境质量、生态平衡归根到底是由人来决定的。所以，可持续发展实际是“以人为中心的发展”。在现代社会条件下，经济、环境、生态方面所出现的严重问题，如片面追求经济发展，导致环境恶化、生态破坏的现象，绝不仅仅是科学技术上的问题，而在很大程度上是人的价值观和道德问题。社会、自然的不平衡、不协调发展，归根到底是人的不全面、不协调发展的反映和表现。正因为如此，环境伦理、科技伦理及信息伦理才尖锐而突出地摆在现代人的面前。现代人如果不从思想上警醒，不从可持续发展上找到自身发展的方位与路径，特别是找到正确的价值观念和伦理支持，就会遇到生存危机。这种危机在很大程度上是由人只顾眼前发展而不顾长远发展，只求片面发展而忽视全面发展的危机所导致的。因此，社会要实施可持续发展战略，人必须实现全面、持续、长远发展。

在“人的依赖关系”处于主导地位的古代社会，人处在等级对立与依附的关系之中，少数统治者压迫、剥削多数被统治者，多数被统治者在生产力低下与物质菲薄的社会条件下，连生存都难以保证，受教育的条件和发展自身的闲暇时间更是被压缩。同时，统治者为了维护统治，往往在政治上对被统治者采取压迫的方式，并限制其自由，在文化上采取愚民政策，压抑其才能的发展。因此，在古代社会，不管是东方还是西方，少数统治者的发展是以牺牲多数人的发展为代价的，即多数人无法持续发展。正如马克思所指出的，在古代社会，“人类的才能的这种发展，虽然在开始时要靠牺牲多数的个人，甚至靠牺牲整个的阶级，但最终会克服这种对抗，而同每个个人的发展相一致”[①]。在人对物的依赖关系处于主导地位的资本主义社会，多数人虽然有了一定的独立性与自由，有了接受教育的条件，相对于古代人，有了持续发展的可能，但由于多数人的发展既是为了物，又要依赖物，物成为人发展的目的与手段。这样，人的发展就要受到物的限制。一方面，物作为人发展的目的，必定使人陷于物，也就是使人被物化。人的物化就是人忽视了人文精神与人文价值，其表现只能是人的功利化、实用化、现实化、眼前化。人的人文精神与人文价值的缺乏不仅使人模糊合理的发展取向，为谋求物质占有而不择手段，强者剥削弱者乃至对其发动战争，抢夺其资源，造成对弱者持续的侵害，而且使人缺乏人文动力，满足物质享乐，发生异化而无法持续发展。另一方面，物作为人发展的手段，也必定导致物质匮乏者难以持续发展，有物者可以谋求发展。而在资本主义社会的激烈竞争中，人的有物与缺物是变动不居的，人的发展也由物的“有”或“缺”所决定。

我国在社会主义初级阶段，在我国的社会经济、政治制度的基础上，提出的人的全面发展目标和可持续发展战略，普通教育的逐步普及和高等教育大众化的迅速发展，为人的持续发展提供了保证和创造了有利条件。但是，不可持续发展的情况和倾向在我国一部分人中还将长期存在，其表现和原因主要在这几个方面：一是用人上的裙带关系制约人的持续发展。用人上的裙带关系主要表现为亲缘、地缘、业缘关系，这种关系主要不是以德才标准用人，而是以熟悉、密切程度用人。人的存在与发展依靠裙带关系的维系与支撑，当裙带关系破裂，或发生矛盾，或裙带关系中的主要角色发生变故，那么，裙带关系中的其他人的发展就会遇到阻滞，甚至丧失已拥有的依赖条件而产生发展危机。这种裙带关系是我国古代的依赖关系的遗留。二是学术上的“近亲繁殖”影响人的持续发展。学术上的“近亲繁殖”主要表现为直接的师承关系，这种关系类似于用人上的裙带关系，也是以业缘上的熟悉和密切程度来取人、用人的。这种关系具有明显的封闭性与狭隘性，它制约人

① 《马克思恩格斯全集》第26卷Ⅱ，人民出版社1972年版，第124页。

在开放、竞争的环境中发展，容易使人固守狭小格局而陷于保守僵化。这种学术上的“近亲繁殖”关系是自然经济条件下手工业行帮、师徒关系的遗传，这种“遗传”在人事身份管理体制下得到认可与巩固，致使许多人囿于狭隘而难以持续发展。三是在市场体制的竞争中，许多人侧重物质价值取向从而注重外在条件发展，忽视精神价值取向而缺乏内在人文精神的提高，致使发展或因动力不足而陷于迟缓，或因取向不当而遭受挫折；不少人专注于现实应用知识的学习和技术的训练，忽视经典名著和系统理论的学习与研究，致使发展陷于眼前而后劲不足。这种只求功利、外在、眼前的发展倾向，是人可持续发展的主要障碍，这种障碍既有市场体制的直接原因，也有西方价值取向的影响。对这一障碍若不予正视和克服，将难以涌现有广阔、深厚发展前景的人才。

人的现代化实现的能力结构*

关于人的现代化，思想观念现代化是前提、先导，能力的充分、自由、全面发展是核心。思想观念现代化是在对现代社会理解和认识基础上的思想升华，是时代精神的体现，它的形成和它的作用都只能以现代社会的实践为基础和对象，即它是抽象于现代社会实践和反作用于现代社会实践的统一。抽象于现代社会实践，是现代人观察、判断、分析、学习、借鉴等一系列能力的体现，反作用于现代社会实践是现代人实践、开发、创造等一系列能力的体现。没有或缺乏这一系列能力，现代思想观念将难以产生，也不可能在指导实践中发挥作用。

一、人的现代化的能力结构

能力的全面发展是人的现代化核心。人的能力的全面发展是人的全面发展的核心内容。马克思把人的全面发展首先界定为“作为人的目的本身的人类能力的发展”，“任何人的职责、使命和任务就是全面发展自己的一切能力”①。恩格斯提出，要使人们成为“才能得到全面发展、能通晓整个生产系统的人”，并预言“根据共产主义原则组织起来的社会，将使自己的成员能够全面发挥他们的得到全面发展的才能”。② 因此，人的能力的全面发展是人的发展概念最基本、最一般的含义。对人的能力发展的全面性，马克思在《政治经济学批判（1857—1858 年草稿）》中指出：“全面发展的个人——他们的社会关系作为他们自己的共同的关系，也是服从于他们自己的共同的控制的——不是自然的产物，而是历史的产物。要使这种个性成为可能，能力的发展就要达到一定的程度和全面性，这正是以建立在交换价值基础上的生产为前提的，这种生产才在产生出个人同自己和同别人的普遍异化的同时，也产生出个人关系和个人能力的普遍性和全面性。”③ 根据马克思

---

* 原载于《人的现代化理论与实践》，人民出版社 2006 年版，作者郑永廷等，收录时有修改。

① 《马克思恩格斯全集》第 2 卷，人民出版社 1974 年版，第 926 页。

② 《马克思恩格斯全集》第 3 卷，人民出版社 1960 年版，第 330 页。

③ 《马克思恩格斯选集》第 1 卷，人民出版社 1995 年版，第 243 页。

的阐述，就个人而言，人的全面发展是指由自然和社会长期发展所赋予每个人的一切潜能的最充分、最自由、最全面的人的能力和才能的全面发展和个性的充分自由发展。能力作为人的本质力量的集中体现，是人从事一切活动的内在根据，是人生存和发展的基础。在现代社会条件下，人只有全面提高自身素质，全面发展各种能力，才能适应复杂多变的社会发展，才能适应市场竞争和符合社会主义的本质要求，才能不断从事富有创造性的活动。为此，2003 年，中共中央、国务院所颁发的《关于进一步加强人才工作的决定》强调："人才资源能力建设是人才培养的核心"，要求"树立大教育、大培训观念，在提高全面思想道德、科学文化素质和健康素质的基础上，重点培养人的学习能力、实践能力，着力提高人的创新能力。围绕创新能力建设，根据各类人才的特点，研究制定人才资源能力建设标准"。

人的能力结构。所谓人的能力结构，就是人的能力的全面性（即各种能力要素）与系统性（即各种能力的组成方式）。研究现代人的能力结构，一是为了从整体上把握人的能力的全面发展，避免人的能力的片面、畸形发展；二是为了从各种能力的相互关联与作用方式上发挥能力的整体效应。研究人的能力结构的学派和理论成果颇多，如教育侧重研究人的学习、理解的能力结构，心理学主要研究人的心理活动能力结构，哲学研究人的认识、实践能力结构等，其中认知学派对人的能力结构的研究比较全面，影响也比较大。认知学派把人的能力分为三个层面，即人的体能、人的技能和人的智能。人的体能是指人在生理和心理上的健全程度，包括自然能力、生理能力，是一种简单能力、初级能力；人的技能是指人的基本技术与掌握生产流程合理规则的熟练程度，包括训练能力、技巧能力、重复能力，是一种中级能力；人的智能是指人在各种领域中创造性开发及其创新性含量的程度，包括学习能力、联想能力、创新能力，是一种高级能力。认知学派经过实验研究证明，在现代社会中，体能、技能、智能三者存在一种关系：社会对人的体能、技能、智能的投入比例为 1∶3∶9，人的体能、技能、智能为社会所创造的财富与价值的比例为 1∶10∶100。也就是说，只具有体能的文盲，所做出的贡献只及一个技术工人的 1/10，只相当于一个科学家所做贡献的 1%。据有关统计，发达国家人力资源能力指数可达 25 至 40，而我国的这一指数目前（编者注：即 2005 年）仅为 7，即使是国内人力资源水平最高的北京、上海，它们在 2001 年的指数也只有 18、17。从认知学派研究的结果可以看出，随着社会的发展和科技的进步，人的体能的投入与所创造的价值都不断减少，而智能的投入与所创造的价值越来越大。也就是说，社会的发展和科技的进步不断改变着人的能力结构，特别是高级的智能结构，必定会不断丰富、发展和改变其能力的作用方式，形成现代人的能力结构。现代人的能力结构是现代人本质力量的集中体现，是人的现代化的主要标志。除体能和技能作为现代人能力结构的基础之外，现代人的能力结构主要是指现代人的智能结构，主要由三个层面构成，即学习能力、实践能力与创新能力。

二、人的现代化实现的学习能力

学习能力是现代人认识和适应自然、社会和自我发展变化的本领，是现代人的基础能力。人的学习能力的基础地位之所以在现代社会条件下突出，其一是因为现代科学技术的迅速发展，把人类认识和改造自然的活动不断向宏观领域、微观领域和交叉领域深层次推进，不断丰富、更新科学技术知识和手段，需要人们不断学习和掌握新知识；其二是因为经济全球化的发展和市场体制的建立广泛而深刻地改变了社会的生产方式、组织结构和社会活动、生活方式，随着社会新情况、新问题不断涌现，人们需要不断学习和适应；其三是随着社会竞争的加剧和人对全面发展的追求，人把自己作为对象的认识、调节和开发活动越来越广泛和深入，人越来越能自觉地自我学习和提高。所以，学习观念成为现代人的突出观念，学习能力成为现代人的基础能力。

(1) 传统学习与现代学习的区别。一是传统学习能力是片面的，现代学习能力是全面的。传统学习在社会生活范围内主要表现为经验学习，在知识、理论、技能方面，主要表现为在学校范围内的书本学习与技能培训。而现代学习，除包含传统学习内容之外，已经打破了学习的狭小范围和冲破了学习的经验层面，把学习扩展到人的全部活动领域，并把学习提高到高度自觉的层面，要求人们适应信息社会的要求，具有信息获取、追踪能力，对不断发展的实践要有敏锐的观察、体察能力，对新的知识与理论要有理解、消化能力，对人类已有的知识和理论要有传承、借鉴能力，在与人交往及学术、生活交流中要有向他人学习的能力。总之，现代人要具备指向理论与实践、过去与未来、社会与个人学习的全面能力。二是传统学习是被动的，现代学习是自主的。传统学习的被动性主要表现为学习活动与学习能力的培养提高是在一种依赖、被动状况下获取的，忽视、压制人的独立意识，漠视、抑制人的独立学习能力的提高，给传统社会带来弊端。这种状况与传统文化的依赖性和计划体制的依赖性有关，即学习在很大程度上是一种外在性的服从，而不是内在性的需要；学习是一种社会需要的安排，而不是自身生存发展的方式，于是，人的依赖性表现为学习的被动性。随着市场体制的建立和社会民主的发展，人的主体性逐步提高，表现在学习上，一是独立学习意识的增强和独立学习能力的提高。独立学习意识与独立学习能力既是现代人主体性增强的重要标志，也是现代人主体性增强的前提。独立学习能力表现为独立自主制订学习计划的能力，独立选择学习内容与方式的能力，独立进行信息、理论、知识、经验判断的能力；等等。二是人的主体性表现在学习上就是学习的主动性与积极性。主动性与积极性既是一种学习态度，也是一种学习能力，这种学习能力表现为一种出于内在需要（或生存发展方式，或兴趣与爱好）的持续力、意志力。学习意志力是保持学习主动性与积极性的基础，没有这种意志力，一时的学习热情和学习的积极性难以持久，人的主体性也难以保持和提高。人的独立学习能力与人的学习意志力是不可分割地联系在一起的，不断提高独立学习能力是增强学习意志力的前提和基础，缺乏学习独立性和独立学习能力的人肯定缺乏学习意志力；而学习意志力的不断增强是提高独立学习能力的保证，缺乏学习意志力的人无法增强学习独立性和提高独立学习能力。三是传统学习是维持性的，现代学习是创新性的。在自然经济和计划经济条件下形成的维持性的学习是传统学习的典型特征，进行这种学习也需要和培养一定的能力，主要包括对已有知识、理论的记忆、理解能力，对已经发生问题的解释能力，对现实社会、环境的适应、自恰能力。这些能力主要是对已有知识、理论的复制、运用，对现实生活、社会条件的维持、适应。在市场经济和信息社会条件下，社会的激烈竞争和信息的迅速更替使维持性的学习已经不能适应社会和人的发展要求，人们在激烈竞争和迅速发展的社会条件下，简单维持就意味着停滞与落后，因此必须改变学习仅仅面向过去和现实的“适应性”传统，使学习面向未来，增强学习的“预期性”。学习的预期性不仅表现为一种敢于探索的学习态度，而且表现为一种独立思考能力，创造性地运用、加工、丰富知识的能力，以及学习的预测能力、模拟能力和转化能力。正如学者金马所说，创新学习是“思维态势适当超前的表现，是积极直面人生、认真识别生存背景可能发生的各种变化的生存方式，是主动地熟谙高速发展规律并进而从某种程度上驾驭或改变生存背景的一种追求，特别是它强调为可能遭遇的消极因素、重大挫折以致命伤害，保持应有的警觉和转危为安的准备”①。因而，我们可以

① 金马：《创新智慧记》，北京师范大学出版社 1993 年版，第 113 页。

说，创新学习能力是一种有利于更好地适应未来社会的需要、创造未来新生活的能力。四是传统学习是阶段性的，现代学习是终身性的。所谓传统学习阶段性，是指在传统社会中，人接受学校教育的时段性。在这个学校教育的时段，只有一部分人而不是所有的人接受教育和进行学习；这个时段的教育和学习，基本上集中在人的青少年阶段，以书本知识为主；这个时段的教育和学习是终身受用的，除此之外，基本上没有继续教育与继续学习。因此，传统学习是一次性的、受动性的、局限性的。在当代社会条件下，科技发展日新月异，知识、信息呈爆炸式增长；经济结构和社会结构不断发生变革；人们的职业和岗位变动频繁。传统学习的阶段性受到现代社会发展的剧烈冲击，成人教育、继续教育、终身教育逐步发展并普及开来。1972 年在联合国教科文组织授权下成立的国际教育发展委员会，对 23 个国家进行考察和对世界形势进行研究后，完成了报告《学会生存：教育世界的今天和明天》，提出了终身教育、终身学习的系统性思想，并确立了它的国际地位。所谓终身学习，“是通过一个不断的支持过程来发挥人类的潜能，它激励并使人们有权利去获得他们的终身所需要的全部知识、价值、技能与理解，并在任何任务、情况和环境中有信心、有创造性和愉快地应用它们”①。终身学习、终身教育概念的提出是教育史上最引人注目的事件，孕育着真正的教育复兴。它意味着人具有把自身作为实践对象进行潜能开发的自觉，标志着人的继续学习能力、生存发展能力的不断提高与升华。

（2）现代人的学习能力结构。从上面的分析，我们可以把现代人学习所需要的各种能力综合起来，形成学习的能力系统。其中，全面学习能力是反映在各种学习内容上的能力，自主学习能力是学习者应有的动力，创新学习能力是实现学习最高目标的能力，终身学习能力是保证学习活动不断丰富、发展的能力。把这些能力综合起来，构成“学习能力结构”。

三、人的现代化实现的实践能力

学习、教育是一种特殊的认识活动，其目的是获取知识、理论、经验和技能。而获取知识、理论、经验和技能的目的是形成实践能力，改造客观对象，获得实际成果。实践能力是人认识和改造自然、社会和人自身的能力，是现代人的核心能力。实践能力之所以是现代人的核心能力，是由实践在社

① 吴咏诗：《终身学习二：教育面向 21 世纪的重大发展》，载《教育研究》1995 年第 12 期。

会和人的发展中的地位决定的。马克思主义认为，“实践高于（理论的）认识，因为它不仅具有普遍性的品格，而且还具有直接现实性的品格”①，“只有人们的社会实践，才是人们对于外界认识的真理性的标准”②。在现代社会条件下，人的实践活动在广度与深度两个方面都比传统实践活动丰富和深刻。因而，在实践能力上也提出了更全面和更高的要求。

所谓实践能力，就是实践主体在实践活动中有目的地改变、改造、改善、改进和调整实践对象及其所处条件下的能力。这一界定有以下几层含义：一是实践主体既有个体，也有群体。个体实践能力是群体实践能力的基础，个体实践能力层次不高，群体不可能形成更高层次的实践能力。但群体实践能力并不是个体实践能力的简单加和，只有多个个体实践能力的相互配合、互补，形成合理的能力结构，才可以在一定层次上产生很强的群体实践能力。否则，个体实践能力有可能在群体中受到抑制、抵消。二是从总体上看，实践能力具有合理目的的指向性与价值性；从长远看，它是一种建设性的而不是破坏性的能力，是能创造财富（包括物质的、精神的）的而不是损坏财富的能力。三是实践能力不同于认识能力的地方，就是它必须能够改变、改造、改善、改进和调整实践对象和实践对象所处条件，能获得变化、发展、丰富、创新的实际结果。由此可以看出，人的实践能力是实践主体与实践对象之间的中介，是实践主体作用于实践对象及其所处条件的方式，离开与之相对应的实践对象及其所处条件，实践能力就无法显示和判断。因此，对人的实践能力的结构和建设只能依据实践对象及其所处条件的性质与状况加以研究和探讨。由于人们的实践对象具体而又多样，我们难以研究对应各个实践对象所需的能力结构，但我们可以将无限多样的具体实践对象划分成各种基本类型，以此来研究一般的实践能力结构。

第一，资源转化与整合能力。任何实践活动都要面对一定的实践对象，运用与实践对象相关的资源。实践对象，不管是自然的、社会的，还是人，在广义上都可以看作资源。在实践过程中，所运用的与实践对象相关的条件，如用于改造、完善实践对象的信息、理论、决策方案等的，是知识资源；用于改造、完善实践对象的实物工具、客观条件等的，是物质资源；用于改造实践对象的过程、范围的则是时空资源。任何实践过程都是这三种资源的相互转化与综合利用。实践的目的，就是通过资源的投入、转化实现资

① 《列宁全集》第55卷，人民出版社1990年版，第183页。

② 《毛泽东选集》第1卷，人民出版社1991年版，第284页。

源数量的增值和质量的提升。传统社会条件下的实践和现代社会条件下的实践是有区别的。其区别主要表现为以下三点：一是传统社会条件下的实践注重客观实践对象，如自然界、社会，强调社会生产和阶级斗争的实践作用，忽视把人作为实践对象的培训、教育、开发活动。在现代社会条件下，特别是在知识经济条件下，旨在塑造人、改造人、提高人、开发人的活动，成为一切活动的基础，由社会的边缘走向了社会的中心。二是传统社会条件下的实践注重实践的物质资源而忽视实践的知识资源，实践活动往往陷于经验性、盲目性，而缺乏科学性和价值性，造成物质资源的损失与浪费。在现代社会条件下，随着实践科学性的不断提高，知识资源越来越重要，发展经济主要依赖于知识，知识的含量成为实践水平的标志。三是传统社会条件下的实践注重实践的结果而忽视实践的过程，也就是不计时间成本，效率难以提高；不讲空间辐射，效果难以扩展。因而，传统社会条件下的实践，往往是一种时空资源的狭隘、重复、低效活动。现代社会条件下的实践活动是在信息流变、市场竞争、科技创新的背景下进行的，要求实践活动挤压时间以推进发展，而不能满足于维持现状，否则就意味着落后；要求实践活动以面向世界和未来的开放态度，广泛利用资源和推广实践成果。从传统社会条件下的实践与现代社会条件下的实践的区别可以看出，现代人的实践能力首先要有资源转化能力。这种资源转化能力基于前面的学习能力，即学习获得的信息资源、知识资源，在实践中的正确运用，并将知识资源转化为物质资源，将原有的知识资源转化为新的知识资源，转化能力强就是实践能力强。同时，要有资源整合能力。实践活动所涉及的几方面资源既是多样的，也是多变的，整合资源就是调整资源的时空结构，挤压时间、有序安排、推进发展就是调控资源的时间结构，广纳知识、合理布局、辐射成果就是调控资源的空间结构。只有把这两种调控有效结合起来，才能在复杂多变的现代社会进行有效的实践活动。否则，要么延误发展、浪费资源，要么顾此失彼、陷于被动。

第二，实际操作能力。实际操作能力也叫实际动手能力，它是实践主体运用一定工具进行有目的地直接改变、改造实践对象的能力。传统社会条件下的实践活动，运用的工具和实践对象所处的客观条件都比较简单，因而，实践主体运用工具和改变、改造实践对象具有经验性、重复性和单调性的特点。而在现代社会条件下，各项实践活动都不同程度地采取了现代科技的机械化、自动化、信息化，实践工具的使用、维修都不能只凭经验，而需要运用科技知识。实践对象所处的自然条件、社会环境同过去相比，都发生了变化。实践主体在改变、改造实践对象的过程中，还要综合把握自然条件、社会环境与实践对象变化的互动关系，以求得有利的实践条件和实践效果。忽视自然条件和社会环境对实践对象的制约与影响，不顾改变和改造实践对象的自然后果和社会效果都是不可取的。因而，现代社会条件下的操作能力是既要有改变、改造实践对象的动手能力，又要有协调实践对象、实践过程、实践结果与自然、社会相互关系的能力，如控制环境污染的能力，合理利用自然、社会资源的能力，有序展开实践活动的能力，等等。相对于传统的操作能力，这样的操作能力具有科学性、创新性和综合性的特点。所以，现代社会条件下的操作能力，不管是工具的运用还是对实践对象的改变、改造，都表现为一种以一定学科为依托的专业化、职业化能力。

第三，解决疑难问题的能力。在传统社会条件下，由于社会的关系相对简单，社会发展缓慢，人们对自然、社会和人的认识、改造的水平有限，因而社会和人发展变化的周期性明显，重复性高，新情况、新问题不多。而在现代社会条件下，社会关系的复杂化，社会发展的多样与快速，以及人们对自然、社会和人的认识、改造全方位的深化，使社会呈现信息流变、新情况与新问题大量涌现、机遇与风险并存的状况，也就是变化、发展越快，问题越多，人的认识与改造活动越深入，难度越大。不断认识新情况，解决新问题，不断把握复杂情况，解决疑难问题，是每个现代人都必须面对的课题。因而，提高驾驭复杂局面、解决疑难问题的能力，是增强专业能力的重点。解决疑难问题的能力，包括发现疑难问题的能力、（与前面学习能力中的观察能力相连接）把握疑难问题本质与要害的能力、突破疑难问题关键的能力。

第四，协调能力。任何实践活动都是一种在一定社会关系中展开的社会活动，都会有人与人之间关系的发生与发展。传统社会条件下的实践活动由于受生产力水平制约，其活动范围十分有限，实践主体之间的相互关系也很简单，人际关系多为以亲缘、地缘、业缘为主要内容的道德关系。这种关系是以相互熟悉、了解、依赖为特征的，在很大程度上已经形成了一种相互协调的惯性。但在现代社会条件下，随着生产力水平的发展和科学技术在社会实践中的广泛运用，人们实践活动的范围被大大扩展，实践主体之间的相互关系十分复杂，其主要表现为：在市场体制竞争条件下，实践主体之间的关系被重重地抹上了利益的色彩，社会所有制和分配方式的多样化，又使实践主体利益多样化、复杂化；产业结构的调整和发展的不平衡性加快了人员的流动、岗位的变更、职业的替换，使实践主体经常面临关系的变动；随着社会生活民主化、法制化水平的提高，实践主体的独立性、自主性增强，使实践主体不仅面临相互交往、配合的新问题，也面临正确处理民主关系与法制关系的新矛盾；随着信息、知识和网络的迅速发展，实践主体需要建立广泛的信息交换关系、网络虚拟关系和知识产权关系；等等。所有这些关系，都会以不同方式、不同程度影响和制约着实践主体的实践活动，实践主体只有正确处理这些关系，才能有效地进行实践活动，否则，实践活动难以顺利进行。

实践主体处理、协调关系的能力，具体表现为：一是交流沟通能力，这是实践主体的主体性增强之后，与别人交往所必须具备的一种能力，是处理和协调关系的前提与基础。只有善于交流、沟通，才能相互了解、理解和认同，否则，就会产生隔阂与矛盾、冲突，发生相互猜疑、阻碍。二是行动应变能力，这是实践主体面临实践活动的复杂性、变化性所必须具备的一种能力。这种能力是实践主体根据客观条件变化，包括实践活动的人员变化、岗位变化、实践范围的变化等，实践主体能及时调整自己的实践内容与方式，主动与他人配合，共同推进实践顺利进行。缺乏行动应变能力，势必在复杂多变的现代社会陷于被动。三是合作共事的能力，这是实践主体在人和社会的社会化水平不断提高的情况下必须具备的一种能力。这种能力是增强团体竞争力的基础，也是延伸、强化个体能力的根本条件。只有合作共事，才能保证每个共事者的能力按照同一目标，遵循力的平行四边形法则形成合力，否则，就会因目标各异而使能力被相互抵消。只有合作共事，才能使共事者各自发挥自身优势，形成能力互补，共同推进实践活动，取得更大的实践成果。否则，个人能力的有限性必然造成实践活动无法深化和正常进行。综合实践能力的各个方面，可以以“实践能力结构”表述如下：实践能力、资源整合能力、实际操作能力、资源转化能力、资源配置能力、时空调控能力、运用科技手段能力、专业化动手能力、解决疑难问题能力、关系协调能力、发现疑难问题能力、突破疑难问题关键的能力、交流沟通能力、行为应变能力、合作共事能力。

四、人的现代化实现的创新能力

“创新”这个概念最先是由美籍奥地利经济学家熊彼特于20世纪初从技术应用的角度提出来的。他认为，“新的或重新组合的或再次发现的知识被引入经济系统的过程”被称为创新。随着社会的发展，“创新”这一词的意义也在不断扩展和深化。创新是在真实而精确地积累前人经验的基础上对未知王国的推进，它既包括事物发展的过程，也包括事物发展的结果，还包括新的发现和发明、新的思想和理念、新的学说与新的技术等一切新事物。创新是人的本质，是人的主体性发展的最高境界。创新能力是人的能力的最高形式。一般认为，创新能力是人们根据一定的目的、任务，对原有的知识经验进行改造和重新组合，创造出某种新颖、独特、有社会或个体价值的物质和精神产品的能力。创新能力不是凭空产生的，它是在学习能力、实践能力基础上形成和发展起来的，没有很强的学习能力与实践能力，创新能力难以形成和提高，而创新能力的不断提高，也会促进和带动学习能力与实践能力的发展。创新能力是由创新思维能力、预测决策能力、排解风险能力、创新表达能力等能力构成的。

第一，创新思维能力。所谓创新性思维，就是突破传统思维习惯与逻辑规则，以新颖思路阐明问题和解决问题的思维过程与方法。培养创造性思维能力首先要以学习能力为基础，学习能力强的人不仅能获得多方面知识，而且能将各种知识组合为合理的结构。人只有形成了合理的知识结构，才能发现问题、提出问题，并根据问题的性质和相关条件，确立分析和解决问题的新颖思路与创新性设想，设计可行性方案，使创新思维活动进入创新实践活动。因而，创新思维能力是以合理知识结构为基础的。此外，创新思维能力要以实践能力为基础。创新思维绝不是单纯的主观思维，而是以实践为基础的思维活动。所谓以实践为基础，一是思维的内容、过程来自于实践，二是思维的成果要付诸实践并经得起实践检验，否则，就不能称之为创新思维，而是胡思乱想。因此，培养创新思维不仅要对所思考问题的实践状况比较熟悉，具备一般实践能力，诸如资源转化与整合能力、实际操作能力、合作共事能力等，还要对所思考问题在实践中的矛盾状况、发展状况有深切关注和把握，具有解决疑难、突破难关、开拓新领域的能力。一个对实践情况不熟悉和缺乏实践能力的人是无法产生创新思维的。创新思维是一种批判性思维和发散性思维。批判性思维就是敢于冲破传统常规思维方式，拒绝思维的盲目性与从众性，保持独特的思维个性，为探索、创新冲破思维束缚，打开新的思路。发散性思维是一种多角度、多层面的思维方式，表现为思维的流畅性、变通性，以整合、灵活的思维特征突破单一、僵化的思维局限，形成与众不同的新见解。

第二，预测决策能力。如果说创新思维能力是在思维上深化对事物本质的认识和发现新的本质关系的话，那么，这种创新思维能力不能只停留在主观层面，还应向行为和实践转化，体现在行为上的创新能力，主要是预测决策能力。所谓预测决策能力是指根据事物的发展历史、现状和客观规律，判断事物的发展趋势，把握时机，规划和利用多种资源实现目标的能力。这是一种重要的行为能力，它体现在对事物发展的预测性，对时机把握的准确性，对资源规律和利用的综合性与合理性。预测既是成功的前提，也是创新的前提，“凡事预则立，不预则废”。凡想要事物有新发展，想开拓发展新领域，取得新经验与新成果，必须根据事物发展的客观规律性，对事物发展的趋向和未来目标作出预见，并按照目标有计划、有步骤地利用多种条件。在现代社会条件下，科学技术和经济的快速发展，开放的不断扩大和改革的不断深化，加上市场条件下竞争的加剧，使社会日益复杂多变，人们迫切要求最大限度地削弱行为的盲目性与经验性，增强行为的自觉性与科学性，以适应和驾驭急剧的变化与激烈的竞争。为此，预测未来的发展前景，筹划未来的发展策略，争取未来发展的主动权，获得未来的发展优势，也就是具备和发展预测能力与决策能力便成为信息时代的现代人必不可少的品质。正如美国未来学家约翰·奈斯比特指出的：“由农业社会向工业社会的转变用了100年，而现在由工业社会向信息社会的结构改革只用了20年，变化的发生是如此之快，使得人们没有时间作出反应，人们不得不转而预计将来发生什么。”预测决策的依据是事物发展的趋势与发展的规律，预测就是审时度势，决策就是科学规划。预测决策绝不是人的凭空想象，绝不可脱离客观事实和事物的历史发展。因此，预测决策能力的形成与发展，必须具备以下条件：一是对事物发展的历史状况有清晰的了解，拥有丰富的历史知识，掌握预测决策的原素材。这是预测决策能力形成和发展的前提与基础，也就是只有鉴过往，才能知未来，对历史的无知，只会导致对现实难识，对未来盲目。二是对事物发展的现实状况有全面而本质的把握，并能将事物与历史发展状况、现实相关因素联系起来，进行现象与本质、历史与现实、数量与质量、结构与功能等方面的辩证分析，追踪事物发展的动态，洞察事物发展的趋势，把握事物发展的方向。缺乏对事物现实状况的全面本质的认识，只会使对事物发展的认识陷入盲目与片面，不可能进行科学预测与决策。三是妥善把握事物发展的机遇。机遇往往在事物发展的特定时空中出现，它不会赤裸裸地持久地呈现在人们的心里，常被一些现象掩盖并具有稍纵即逝的特点，要抓住机遇，首先要深切关注事物发展，因为机遇只垂青“有准备的头脑”的人，热心于事业、用心于事业、专心于事业，是把握事物发现机遇的前提条件。同时，要系统把握事物的发展，即善于辨别事物在发展过程中的多种现象，发现本质，善于审时度势地把握多种力量、因素对比的变化，抓住有利时机实现突破或飞跃。总之，机遇是一种十分有利的环境因素，它可以使个人有限的能力、条件发挥极大的作用。

第三，排除风险能力。创新绝不是一帆风顺的，创新能力的形成与发展也绝不是轻而易举的。由于创新活动是一个对未知领域、未知事物关系的开拓、探索、发现过程，伴随这一过程的是客观条件的千变万化和受主观认识的局限，创新过程不同于重复劳动、模仿活动、简单操作之处在于，创新过程总是充满阻抗、风险以致难以达到预期效果。首先，创新主体的创新能力是在曲折、反复中形成和发展的，这是一种非线性过程，它不仅需要创新主体有解决问题、难题的本领，而且要其具备创新心理特征。面对创新过程中的多种阻抗和困难，创新主体要有创新勇气，要有执着追求，这是开启创新活动的前提。面对创新活动时的畏惧心理，遇到困难时的退缩情绪，都不利于有效地进行创新活动。其次，创新主体在创新过程中，不可避免地会面临诸多不确定因素的困扰，如因缺乏条件而导致的创新过程断裂，以及艰难而无法突破等各种风险，这时，需要创新主体主动预料风险而扬长避短，巧于回避风险而另辟蹊径，学会排解风险而避免损失，善于转化风险而吸取经验……这些都是创新主体必备的心理品质和能力。最后，创新主体在创新过程中，难以达到预期而招致失败的事是经常发生的，这种失败既可能是预测决策的失误所造成的，也可能是无法预料的风险所致，还可能是创新时所必须经历的反复、曲折的过程。不仅如此，创新主体要清醒地面对失败，经得起失败的考验，确立敢于牺牲、奉献的精神，树立成功与失败、有失必有得的辩证思想。

第四，创新表达能力。创新过程和创新成果都具有与以往过程和成果不同的形式和内容，对此新形式和新内容，如何形象、具体地描述和表达出来。因为原有的概念、范畴、方式难以揭示创新过程和创新成果的本质，伴随创新过程的推进和创新成果的形成，创新的表达方式也应同时确立。否则，创新主体也难以认识、表达、推广自己的创新过程与创新成果。

创新过程与创新成果的表达创新，包括两个方面：其一是概念、范畴创新。概念、范畴是通过语言形式的词或词组来表达知识、理论，是反映事物的本质属性的思维形式，科学认识的成果都是通过多种概念范畴加以总结和概括的。概念和范畴都有特定的内涵和外延，即表达事物的特殊本质属性，创新的知识、理论等成果是对事物本质属性的新认识。其二是表达形式与手段创新。创新过程与创新成果因其过程与成果的特殊性，往往需要有与之相适应的显示方式，对隐性或难以感觉到的创新成果常常要用形象的表达方式。例如，卢瑟福的原子模型，其系列创新成果可以用图表来表达；门捷列夫元素周期表，类似创新成果宜于用模型表达方式；描述事物突变的“七种模型”模糊性创新成果，适合用深度表达方式；等等。这些形式、手段的表达是多种多样的，是根据创新成果表达的需要而不断发展的。因而，创新表达能力是形式创新能力，是创新能力的重要组成部分，创新过程和创新成果不可能只有内容、没有形式，否则，创新过程无法被把握，创新成果无法被大众认识和推广。

人的现代化实现的制度前提*

如果说人的观念更新是人的现代化的灵魂，人的能力提高是人的现代化的核心的话，制度创新则是人的现代化的保证。人的观念更新，人的能力提高，只有在现代制度条件下和制度创新过程中真正得以实现。不同制度条件下，人的现代化进程是截然不同的。

一、制度与人的现代化发展

所谓制度，一般有两个层面的意义，微观层面的定义为："成员共同遵守的、按一定的程序办事的规程，如工作制度、学习制度。"宏观层面的定义为："在一定历史条件下形成的政治、经济、文化等各方面的体系，如社会主义制度。"① 不同的学科领域对制度有着不同的界定。政治学认为政治制度是指一个国家各项政治原则与政治规范的总和。早期资产阶级的政治学者，曾以制度研究法主要研究政治制度和政治现象，后因政治学的研究对象侧重点转移到权力和政策方面，政治制度研究法逐步被社会学研究法、行为研究法和决策研究法所替代。在经济学领域，制度研究是逐步受到重视的。19 世纪末 20 世纪初，在美国出现了制度经济学派。该学派的代表人物凡勃伦认为，"制度实质上就是个人或社会对有关的某些关系或某些作用的一般思想习惯、生活方式"②。另一代表人物康芒斯在《制度经济学》一书中，界定制度是"集体行动控制个体行动"③，认为集体通过制度控制个人的行动，协调人们之间的利益冲突，规范人们的行为，使之形成合作的秩序，有利于人的发展和提高工作效率。还有其他代表人物认为制度是"人们之间

---

* 原载于《人的现代化理论与实践》，人民出版社 2006 年版，作者郑永廷等，收录时有修改。

① 夏征农：《辞海》（上），上海辞书出版社 1999 年版，第 523 页。

② ［美］凡勃伦：《有闲阶级论》，蔡受百译，商务印书馆 1964 年版，第 140 页。

③ ［美］康芒斯：《制度经济学》（上），于树生译，商务印书馆 1962 年版，第 87 页。

有秩序的关系集"①，制度是"结构化的安排"②。在制度经济学派基础上形成于20世纪60年代的新制度经济学派则根据现代社会日益复杂和变化迅速的实际，强调国家干预经济，以及调解与仲裁劳资之间矛盾的重要性，认为应重点研究正在演进中的人们关系的制度，并更加注重对制度的功能阐发。新制度经济学认为，所谓制度就是指用来规范人类行为的规则，这些规则涉及人类的社会、政治及经济行为，或者说制度是社会的"游戏规则"，是人们创造的、用以限制人们相互交换行为的框架。③

新制度经济学在论证制度对经济发展起决定作用、是经济发展源泉的同时，还研究了制度的一般功能。首先，制度提供行为与目的的信息。依据制度，人们可以确定自己的行为，可以对未来形成较合理的预期。同时，在制度框架内，人们在考虑自己如何行动和达到预期时，也要获取他人行动的信息。只有了解他人行动，了解他人对自己行动的反映，才能有效协调与他人的关系，实现自己的预期。因此，制度在提供据以决策的信息背后，蕴含着行为的方向与目的，制度的信息功能具有提供目标的作用。其次，制度提供行为规范和保证秩序。生活在社会领域的每个人都有自己的行为动机和利益诉求，都有自身的各种预期，当人们的行为动机、利益追求超出了合理的界限，必定会与他人和社会发生摩擦和冲突。为了减少社会生活中的冲突与摩擦，避免由此带来的发展阻抗，必须制定制度，确定人们的行为界限。行为界限标志着社会共同体认可和遵循的行为规则。在制度界限内活动，会得到社会的接纳、赞许，而突破制度界限的活动，则受到社会的排斥、打击。为此，制度规范是十分必要的，正是这种规范作用，社会的摩擦和冲突才可能被抑制和减少，社会才可能有序和稳定。否则，人们的行为就会以个人的利益与好恶为由，呈现随机、放任状态，使社会陷于混乱和无序。所以，制度学派的布罗姆利说："没有社会秩序，一个社会就不可能运转。制度安排或工作规则形成了社会秩序，并使它运转和生存。"④ 最后，制度具有激励作用。制度规范既对人有限制作用，也对人有激励作用。制度激励通过提倡与反对、鼓励与压抑的信息表达出来，并借助褒奖或惩罚的力量得以监督执

---

① [美] 布罗姆利：《经济利益与经济制度：公共政策的理论基础》，陈郁、郭宇峰、汪春译，上海三联书店1996年版，第55页。

② [美] 白尔曼：《法律与革命》，贺卫方译，中国大百科全书出版社1993年版，第6页。

③ 北京大学中国经济研究中心：《经济学与中国经济改革》，上海人民出版社1995年版。

④ [美] 布罗姆利：《经济利益与经济制度：公共政策的理论基础》，陈郁、郭宇峰、汪春译，上海三联书店1996年版，第55页。

行。因此，制度是在抑制行为偏差、倡导正当行为过程中发挥作用的。这种作用方式就是制度所显示的动力机制。制度的动力机制，就是保持和激发制度范围内的共同成员相互配合协调并发挥积极性、主动性和创造性的保证条件。

从以上对制度的界定和关于制度功能的分析可以看出，一是制度以人为基础。不管是政治、经济、文化制度，还是工作、学习、管理制度，都是为人制定、要人遵循的，即使是直接管物、管事的制度也是如此。因此，制度与人具有必然的关联，我们研究人的现代化，也必定与制度改革与制度创新相关。二是制度规范关系。制度不是对个体的孤立制约，而是对人与他人、群体、社会关系的规范，这种规范的目的是减少摩擦与冲突，形成稳定与有序的社会。这既有利于工作效率的提高，也有利于人的发展。三是制度具有激励与惩戒功能。也就是制度具有激发人合理发展，抑制人不合理行为的作用。所有这些研究的视角、成果为我们从制度层面研究和实现人的现代化提供了知识借鉴。

二、西方关于制度与人的发展研究

制度经济和新制度经济学派研究制度安排、制度创新的直接目的是提高经济效益，促进经济发展，而不是实现人的发展。然而，效益提高和经济发展又是靠人实现的，所以制度又必然是与人相关的制度，是对人发展有影响的制度。在西方发达国家，由于受社会制度的制约和文化传统的影响，许多学派研究制度和人，多以经济为目的，就是在经济或管理制度下研究人，在经济关系中研究人。

（一）行为科学关于制度与人的发展研究

形成于20世纪40年代末至50年代初的行为科学，早期被称为人群关系学，从字面上看，它是研究人的学科。但实际上，它的重点并不是把人作为目的和研究人自身的发展，而是对工人在生产中的行为及这些行为产生的原因进行分析研究，以便调节生产过程中的人际关系，提高生产效率，其目的是增加经济效益。行为科学在实验、研究的基础上，根据人的需要与特点，提出了两个有影响力的理论，并依据这两个理论，为改变和制定管理制度提供了依据。

行为科学所提出的第一个重要理论是激发动机理论，包括人的需要层次理论、X-Y 理论、期望值理论、不成熟—成熟理论等。这些理论从不同视角研究人的动机，通过激发、强化人的动机来发挥人的积极主动性，提高工作效率，推动生产发展。心理学家马斯洛在他的著作《调动人的积极性的理论》中，首先提出了人的需要层次理论。这一理论把人的需要按照发生的先后次序和高低层次，划分为生理需要、安全需要、社交需要、尊重需要和自我实现的需要。马斯洛认为，人的生理、安全方面的低层次需要是有限的，可以使人从外部得到满足，而社交、尊重和自我实现的需要是无限的，只能从内部使人得到满足。人们按照不同层次追求各项需要的满足，由此使人产生了各种动机，不同层次的动机对人的行为与发展产生不同强度的推动力，追求需要的层次越高，动机越强烈，动力越强大。因而，该理论为人的发展提供了不同层次的推动强度。美国管理学家麦格雷戈对人类本性问题进行了研究，于 1957 年首次提出了 X-Y 理论，并在《企业中人的因素》一书中，对该理论进行了阐述：传统管理理论即 X 理论，以对人的管束和强制为主；现代管理理论即 Y 理论，则以诱导的方式鼓励人发挥主动性和积极性。应当排除 X 理论，采用 Y 理论，通过发展和发挥人的内在潜能以提高生产效率。该理论为人的发展提供了内在激发方式。心理学家佛隆于 1964 年在《工作与激励》一书中，第一次提出期望值理论，其也被称为期望概率模式理论，该理论的主要内容是人的激发力量等于目标价值乘以期望概率。目标价值是指达到目标对于满足个人需要的价值，期望概率是指根据经验判断一定行为能够导致某种满足需要的结果概率：激发对象对目标的价值看得越大，估计能实现的概率越高，激发的力量就越大。该理论为人的发展提供了发展的方向性与可能性选择。美国耶鲁大学教授阿吉里斯在其《个性和组织》的著作中，提出了“不成熟—成熟”理论。该理论认为，人的个性发展就像婴儿成长为成人一样，也是一个由不成熟向成熟发展的过程：不成熟的人依赖性强，成熟的人独立性强；不成熟的人责任感弱，成熟的人责任感强；不成熟的人创造性思维弱，成熟的人在工作中富有创见。因而，从不成熟到成熟的过程就是人从被动到主动、从依赖到独立、从自发到自觉的发展过程。行为科学根据这些理论，在管理上制定了团体的激励制度、奖惩制度、安全制度、保障制度、参与制度等。虽然这些制度的目的是提高生产效率，但这些制度从尊重人、激发人、发展人、提高人为切入点，在把人作为经济增长工具的同时，也促进了人的发展，这在管理上是一个进步，为在人的发展、开发也提供了借鉴。

行为科学所提供的第二个重要理论是人际关系理论，该理论重视团体中人际关系对人发展的作用。美国心理学家黎温提出的团体动力学理论主要论述了作为非正式组织的要素、目标、内聚力、规范、结构、领导方式、参与者、对变动的反应等。该理论仿效物理学中的电场、磁场效应，认为团体行为也存在“场”效应，团体行为并不是团体中个体行为的简单加和，而是个体与团体其他人相互作用的结果。团体动力学理论看到了社会关系对人发展的作用。美国心理学家莫雷诺提出的团体成员关系分析，贝尔斯提出的团体成员相互影响分析，威廉姆·休茨提出的基本人际关系倾向分析，都是分析团体人际关系对人行为、发展影响的理论。美国学者布雷德福还提出了敏感性训练理论，认为团体成员在团体学习环境中，可以提高对自己的感情和情绪、角色地位，以及同别人相互比较的敏感性，这种敏感性可以改变个人和团体的行为，促进人的发展和提高学习、工作时效。同时，人际关系理论还着重研究了团体领导者对团体成员的影响，针对领导者的管理方式提出了管理方格理论、有效管理理论、领导方式连续统一体理论等。行为科学家依据这些理论，形成了团体的培训制度、领导与管理制度、用人制度等。虽然这些制度的根本目的并不是促进人的发展，且带有明显的功利性，但这些制度通过协调人际关系，在发挥人的潜能、发展人的智能方面是有着积极作用和借鉴价值的。

（二）组织心理学关于制度与人的发展研究

组织心理学是综合了工业心理学和社会心理学研究成果的一门新兴学科，它从心理学角度研究组织的结构与功能、规范与模式，以及组织中人与人之间、个人与组织之间的契约关系和心理问题。心理学家爱德加·沙因认为，组织“是许多人为了达成某一个共同的明确目标，通过职能的分工以及权利和职责的等级而进行种种活动的协作团体”①。组织心理学是以一定的组织制度为框架来研究人的心理问题的。组织心理学所说的“组织”，实际上就是制度，没有制度无所谓组织，凡组织必定靠制度维系。因此，组织心理学主要研究组织的产生、规范、行为模式以及组织的效用。一个组织的产生包括组织基本目标的确立、组织成员基本责任的确定、维护组织运行的一整套规则的形成和执行角色行为模式的制度化；一个组织的发展依赖于组织的规则和组织内人们相互关系的规范化；对一个组织的效用要从产出的数量与质量、效率高低、成员满意度、对环境的适应性、发展的潜在趋势等方

① 金哲：《世界新学科总览》，重庆出版社 1987 年版，第 656 页。

面进行考虑。可见，组织心理学学派的重点是研究组织制度与人，特别是与人心理发展变化的关系，其目的是要求人与组织的目标、规范、发展保持一致，也就是人的制度化，从而使组织产生更大效用，提高经济效益。为此，组织心理学主要研究了如下理论，并依据这些理论形成了相应的制度。一是组织与人配合的理论。该理论认为，要发挥组织的力量，必须使组织的目标与个人的需要相互一致；要发挥组织中人的作用，必须使人的行为符合组织目标与规范的要求。不管是人员适应组织的职务，还是组织的职务改变适应于人，都要力求做到组织、职务与人相协调。这实际上讲的是人在组织中的制度化和制度随着人的发展而改变。二是心理契约论。这种理论认为，每一个组织的组织与成员之间、组织的领导与下属之间，既有一整套成文的制度，也有一整套不成文的期望。成文的制度转化为不成文的期望，如个人与组织在工资、福利、工作等方面有成文制度并对组织有所期望，组织对个人执行制度并期望成员忠于组织、保守组织机密等，这就是心理契约。一般认为，心理契约以组织契约为基础，既随着组织制度的发展、停滞而变化，也随着人的年龄、能力的发展而变化。因此，组织契约、心理契约对组织和组织的每个成员的行为都起着很大作用。心理契约论实际上是制度内化、制度习惯理论，强调了外在制度只有转化为人们的心理服从，才能对组织和个体发展都产生推动作用。组织心理学关于制度与人关系的研究，虽然其目的也是从发展经济出发而不是从人的发展出发的，但该理论强调制度与人的协调一致和将制度转化为人的心理、行为，对组织和成员发展的作用与意义是可取的，为制度变更与人的发展研究提供了思路与借鉴。

（三）人事心理学关于制度与人的发展研究

人事心理学是一门用心理学的基本理论研究组织和人员的特点及规律的科学。该学科着重研究人与事的关系，以及人与事的合理配合，以求人适其事、事得其人、人尽其才、才尽其用。人事心理学围绕这一中心，分别从三方面展开研究：一是分析事，即分析不同的职务岗位，按照人的知识、才能、品格、心理特点及某些特殊的要求，把职务岗位的要求指标化、规范化，实行按指标、规范选人用人；二是分析人，即对现实人的知识、才能、品格、心理特点以及某些特殊的要求进行科学测量，分别以智商、指数等指标体系衡量智力水平和行为特征，并与职务岗位的要求相比照，确定对人的取舍；三是研究对人的考核，即考察人在职务岗位上的适应程度、胜任程度、发展状况与工作实绩，为人员流动、职务转换、奖励惩罚提供依据。人事心理学所进行的这些研究，直接为组织完善聘用制度、考核制度、奖惩制度、流动制度等提供了依据。组织根据职务岗位要求，聘用合适人员不仅使选人用人规范化、制度化，而且使人适其事。对人的知识、才能、品格、心理特点进行测量与考核，不仅使组织对人的基本条件和发展状况有了全面了解，以便人尽其才、才尽其用，而且可以帮助被测量和考核的人认识自己的优势、特长和弱点、缺陷，有利于进一步发展优势与特长，避免和克服弱点与缺陷。因此，人事心理学在研究制度与人的发展方面，虽然比较微观，容易陷于职业狭隘，但它为人与事的合理配合提供了制定制度的依据，具有借鉴价值。西方进行关于制度与人的发展方面研究的领域，还包括政治人类学、工业心理学、应用心理学等，在这里不一一列举。

三、马克思主义关于制度与人的发展论述

马克思主义关于制度与人的发展关系的论述，是从人的活动、人的关系入手展开的，从而在理论和实践上，既为制度的制定、变革提供了依据，也为推进人的发展明确了路径。

首先，马克思主义关于生产力与生产关系的辩证原理为研究制度与人的发展提供了理论指导。马克思主义认为，生产活动是人的第一个历史活动，也是人从事其他活动的基础。在生产活动中，人们要形成一定的生产方式，即形成生产力与生产关系相结合的辩证关系。生产力是人改造自然的能力，是人掌握、运用、创造生产工具和科学技术的水平，是衡量人发展程度的标志。而生产关系则是指人们在社会生产中形成的社会关系的总和，包括生产资料的所有制、交换制度、分配制度等一系列规定人们在社会生产中相互地位、利益关系、发展条件的制度安排。因而，生产关系属于制度范畴。马克思认为，生产力是最革命、最活跃的因素，生产力及其发展决定着生产关系的性质及其发展变化。“主体的一定存在以作为生产条件的共同体本身为前提的所有一切形式（它们或多或少是自然形成的，但同时也都是历史过程的结果），必然地只与有限的而且原则上有限的生产力的发展相适应。生产力的发展使这些形式解体，而他们的解体本身又是人类生产力的某种发展。”① 在这里，马克思不仅强调了生产力、科学技术对生产关系或制度的决定作用，而且肯定了生产关系或制度对生产力、科学技术的反作用。马克

① 《马克思恩格斯全集》第46卷（上），人民出版社1979年版，第497页。

思认为，生产关系是生产的前提，没有这种关系，生产就无法进行：生产关系在生产过程中的主要作用是把分散的、具有不同禀赋的个体生产者组织起来，形成社会生产，形成共同改造自然的合力。[①] 马克思运用生产力与生产关系的辩证原则，不仅科学考察了人类社会历史发展的全过程，而且分析了在资本主义私有制条件下，人在机器生产、商品交换中的“异化”，人成为片面发展的“经济人”的必然性。马克思正是通过对资本主义基本矛盾的分析和资本主义制度下人的发展状况的分析，提出了社会主义制度建立的必然性，提出了未来社会“每个人的自由发展是一切人的自由发展的条件”[②]的著名论断。马克思主义所创立的生产力与生产关系的原理，从以下方面为制度与人的发展关系提供了理论指导。其一，我们不管是制定、改变制度，还是促进人的发展，都必须以人的生产活动为基础，不能脱离人的生产活动、本职工作和社会生产力的发展来看待和研究人的发展；其二，我们制定、创新人的发展制度，必须以一定生产关系为依据，因为生产关系的性质、要求是不同的，不同的生产关系对人的发展作用是不同的，不同的生产关系决定不同的选人用人制度；其三，在生产力与生产关系的矛盾运动中，生产力与生产关系在互动中不断发展变化，制度作为生产关系的体现，作为人的发展规范，也处在不断发展变化中，制度的改变与创新既是人发展的需要，也是人发展的保证。因此，马克思主义关于生产力与生产关系的辩证原理超越了古典经济理论和制度经济学，为我们提供了研究制度与人的发展的理论指导。

其次，马克思主义的社会交往理论为研究制度与人的发展提供了方法论指导。交往，是个人、团体、国家之间相互交流、往来及其相互作用的过程，是社会关系的生成机制，是人的基本实践活动之一。马克思认为，交往是传承、积淀、提高人类文明的重要机制；交往使各地域和各民族间相互影响，是个人社会化和民族历史走向世界历史的重要条件；交往是生产的前提，为生产提供动力，标志着生产力发展的水平；交往使个人获得现实存在和发展的条件，是人之现实性的根据。[③] 马克思主义的交往理论，从如下方面为制度与人的发展关系提供了方法论指导。其一，该理论为制度改革、创新与人的发展指明了根本途径。马克思认为，由交往所形成的社会关系决定

---

① 《马克思恩格斯选集》第 1 卷，人民出版社 1995 年版，第 344 页。
② 《马克思恩格斯选集》第 1 卷，人民出版社 1995 年版，第 294 页。
③ 《马克思恩格斯选集》第 1 卷，人民出版社 1995 年版，第 344 页。

人的本质，“人的本质并不是单个人所固有的抽象物。在其现实性上，它是一切社会关系的总和”[①]。该论述告诉我们，人的本质既不是先天就有的，也不是固定不变的，它由现实的社会关系所决定，并随着社会关系的变化发展而变化发展，人的发展就是人的社会关系的丰富与发展。而人的社会关系既由生产力发展水平所决定，又受国家的政治制度、经济制度、文化制度所制约，还受民族传统习惯和国外因素的影响，正是这些综合因素所形成的复杂关系决定着人的本质。而人的发展制度正是对有利于人发展的社会关系的允许、保证和促进，对不利于人发展的社会关系的抑制、阻滞和惩治，即以规范社会关系的方式保证和推进人的发展。因此，马克思主义的社会关系理论为制度的改革与创新、为人的发展提供了科学方法论指导。其二，该理论为制度改革、创新和人的发展提供了指导原则。在马克思看来，人们在社会生产中形成的生产关系，包括产权关系、分配关系等，实际上就是人们的利益关系。也就是说，生产关系反映并决定了人们的利益关系。当对生产关系进行调整和变革时，必然也调整和改变人们的利益关系。利益驱动既是制度变革的直接动因，也是人发展变化的内在动因。运用利益杠杆激发、鼓励人的全面发展，使发展快、发展好的人获益，使发展慢、发展不好的人受损，并使这种获益与受损通过制度规范和制度变革加以保证，才会在制度变革与人的发展上实行良性互动，即制度变革推动人的发展，人的发展带动制度创新。其三，该理论为人的发展提供制度保障和方法指导。马克思认为，交往产生社会关系的过程是充满矛盾的，用马克思的话说就是：“一切历史冲突都根源于生产力和交往形式之间的矛盾。”[②] 除了阶级利益集团之间存在既冲突又创新的关系，同一阶级、同一利益集团内部，以及个人在交往、发展过程中，也存在着矛盾与冲突，并需要关联与合作。也就是说，矛盾、冲突与关联、合作两个仿佛不可调和的对立面，只能统一在同一交往实践中。矛盾、冲突既是社会历史的普遍现象，也是人与人之间的普遍现象，其产生的原因主要与职业分工、资源稀缺、权力分配、目标不同及个体发展差异等有关。关联、合作既是社会历史的普遍现象，也是人与人之间的普遍现象，其产生的原因主要与人与人形成合力、职能互补、资源共享、目标一致及协同发展有关。冲突具有突破范围与秩序的特征，合作则具有遵循秩序和行为反复的特征。为了解决冲突并把它限制在一定秩序的范围内，就需要有一定的

---

① 《马克思恩格斯选集》第1卷，人民出版社1995年版，第56页。

② 《马克思恩格斯全集》第3卷，人民出版社1960年版，第83页。

规则，也就是一定的制度；为了保证合作进行，避免合作中的冲突发生，也需要一定的规则。因此，冲突使制度成为必要，合作使制度成为可能。对于制度的这种必要性与可能性，恩格斯在论述国家制度产生时进行了精辟的概括："国家是社会在一定发展阶段上的产物；国家是承认：这个社会陷入了不可解决的自我矛盾，分裂为不可调和的对立面而又无力摆脱这些对立面。而为了使这些对立面，这些经济利益互相冲突的阶级，不致在无谓的斗争中把自己和社会消灭，就需要有一种表面上凌驾于社会之上的力量，这种力量应当缓和冲突，把冲突保持在秩序的范围以内；这种从社会中产生但又自居于社会之上的并且日益同社会相异化的力量，就是国家。"[①] 恩格斯关于国家产生必要性的论述，在其基本方面，也适用于说明制度产生的原因。总之，人的发展是在一定社会条件下实现的，每个人的发展都要与其他人发生关系，这种关系或者是冲突关系，或者是合作关系，这两种关系都需要用制度来规范人的行为，都需要制度承担起限制冲突、增强合作、保证和促进每个人都能得到发展的职责。

四、人的现代化发展的制度创新

对于制度在人的发展中起到的作用，邓小平曾做过深刻阐述。他说："我们过去发生的各种错误，固然与某些领导人的思想、作风有关，但是组织制度、工作制度方面的问题更重要。这些方面的制度好可以使坏人无法任意横行，制度不好可以使好人无法充分做好事，甚至会走向反面。"[②] 这里所说的"好制度"，就是能使人避免不必要的错误和曲折，有利于增强每个人的主体性和调动人的积极性、主动性、创造性；有利于提高人的思想道德素质与科学文化素质，促进人的全面而自由地发展；有利于发挥人的作用，推动社会进步的制度，否则，就是"不好的制度"。好制度不是凭空产生的，它需要建设与创新；不好的制度也不会自行消失，它需要改革与清除。在我国，制度改革、制度建设、制度创新对人的现代化更为重要。

（一）我国传统制度惯性对制度创新的阻抗

我国封建社会历经两千多年，形成了一套相当完善的制度。这套制度以

---

① 《马克思恩格斯选集》第 4 卷，人民出版社 1995 年版，第 170 页。

② 《邓小平文选》第 2 卷，人民出版社 1994 年版，第 333 页。

人为基点，从政治、经济、文化各个层面牢牢控制了人的行为和社会生活，不管发生什么变化，它总是能以不变应万变，抑制人的发展，阻碍社会的变革。它压制了明朝已萌芽的商品经济，压制了中西经济文化的交流，在大敌当前、改革刻不容缓的时候，它又抑制了洋务运动，镇压了戊戌维新。它之所以能够在几百年的时间中压制那么多的变化，扼杀那么多主张革新图强的志士仁人，就是因为它太稳定，历史积淀的惯性太大。这种制度性惯性体现在人的发展上，主要表现为裙带关系与等级制度，即以血缘、地缘、业缘关系为准则的任人唯亲、层级分明的用人制度与人治制度，以个人判断为准则的所谓“伯乐相马”“清官识贤”的选人制度；以重义轻利、重道鄙器为准则的激励、奖罚制度；等等。这些制度以自然经济为基础，以人伦关系为纽带，以限制人和社会发展、维系社会秩序为目的，具有很强的稳定性。

自中华人民共和国成立之后，新制度的建立强有力地清除和改变了封建社会的旧制度，使社会制度发生了历史性变化。但由于我国小农经济的基础厚实，加上计划经济体制的作用，在人的发展制度上，出现了旧的传统制度的惯性带来的在某些方面的历史性曲折，其主要表现是计划体制使层级依赖性增强，人际依赖不仅阻滞人的主体性增强和积极性、主动性、创造性的发挥，而且为裙带关系的行为提供了某种合理性依据。人际依赖所引发的个人迷信与崇拜直接对民主与法制造成冲击。家长制、人治的强化是旧的传统制度在新形势下的“复活”，这造成了对人的发展和社会发展的严重阻抗。人际依赖所导致的权力集中与强化，形成了对经济、科技的忽视，造成政治关系凸显，导致社会与人的畸形发展格局，与旧传统制度的重义轻利、重道鄙器的历史惯性有相近之处。所以，我们必须清醒地看到，旧的传统制度的惯性是强大的，它不仅阻抗新制度的产生，而且可能在一定条件下“复活”。究其深层原因，主要是我国的传统文化是重人治、轻法治，重伦理、轻法律，重专制、轻民主的。这种传统既形成了我国重德治、讲美德的特点与优势，也造成了我国民主与法制基础薄弱和制度化水平不高的局面。

改革开放以来，我国市场经济体制的建立和民主法制建设的展开，为人的发展制度的建设、创新奠定了理论与实践基础，人的发展制度不断得到充实、完善，并在保证和促进人的全面发展进程中，发挥着越来越重要的作用。但是，人的发展制度不仅仍然显得滞后而有待创新，而且已有的制度也仍然存在有规不守和有制不遵的现象，官场中的裙带关系，学术领域的“近亲繁殖”，一些单位的家长制与“窝里斗”等现象，与社会现代化和人的现代发展趋向格格不入。这些现象很大程度上仍然与传统制度的惯性作用有关。克服这些现象不仅要靠思想解放和思想教育，更要靠制度建设与制度创新。这是因为制度“是文化观念的凝结，但不是文化观念本身，而是文化观念的客体化；它是客观存在的事物，但不是原本自然的客体，而是文化观念所规定的用以组织器物生产的客体。文化观念通过制度扬弃自己的直接主观性，外化于器物中：器物通过制度扬弃自己的直接客观性，呈现在观念中。这种扬弃外部现实直接客观性，又扬弃文化观念直接主观性的过程，就是主体客体化和客体主体化的过程”①。所以，制度创新既要根据客观发展的需要进行观念创新，又要将创新观念客体化、规范化，这是一个主观与客观统一的复杂过程。离开观念创新，或者创新观念不能客体化、规范化，都只会给传统观念与旧的传统制度留下惯性空间。

（二）我国社会发展对人的现代化制度创新的要求

在人的现代化问题上，我国传统制度的惯性对制度创新的阻抗，表明了制度创新的复杂性与艰巨性，而随着我国社会的迅速发展，制度创新的必要性与紧迫性愈发显现。

首先，市场经济体制的建立既增强了人的自主性与竞争性，也加强了人的规范性与自律性。如前所述，我国过去实行的计划经济体制强调计划性与统一性，注重个体对组织的依赖性，崇尚集体的权威性，而个体的主体性、自由性则受到忽视。缺乏主体性与自由性的个体很容易产生对集体的顺从而融入组织，很愿意接受制度约束而规范行为。因此，在计划经济体制下，制度所规范的是个体化分化程度不高的人群，以及相对简单的、一律的、重复的行为。然而，在市场经济体制下，我国阶级发生分化，形成了许多新的阶层，社会组织呈现多样化发展趋向，个体自主权威越来越大，社会兼职与社会角色越来越多，社会流动性不断增强，这些都意味着个体在多种群体身份中的选择越来越多变，意味着个体对特定群体的依赖越来越弱，意味着选择权越来越大的个体越来越独立、自主。这种独立与自主既是市场体制所赋予每个人的一种权利，也是每个人在市场竞争中发展自身的根本条件。它使个体摆脱了过去计划体制下的依赖性与顺从性，使人的发展发生了历史性飞跃。但是，我们也要清醒地看到，对于刚从高度统一性、依赖性体制下走出来的人群，如果没有新的制度加以规范，要么一些人会仍然停留在过去状态而不知所措，要么一些人会出现像布朗粒子一样的无规则行为。这两种情况

① 鲁鹏：《制度与发展关系论纲》，载《中国社会科学》2002 年第 3 期。

在我国体制转型过程中都不同程度地出现过：前者表现为“滞后性”，即跟不上体制转型，其思想与行为仍然滞留在计划体制的“思想习惯”之中而对改革进程形成阻力；后者表现为“失范性”，即突破了市场体制与计划体制的规则，其思想与行为呈现无序乃至破坏状态而对社会、他人的发展造成阻滞。不管是前者的“滞后性”还是后者的“失范性”，其共同状态是发展不够和发展不良，均归因于思想和行为不能纳入新的市场体制框架。要有效地把获得独立性与自主性的个体动员和组织到有序和良性竞争之中，并使每个人的独立性、自主性、创造性得到充分发挥，就必须按照市场体制的要求重新做出制度安排。因此，创立适应市场体制的一系列制度，既是促进人的全面发展的根本保证，也是推进市场体制不断发展的根本途径。

其次，我国教育的普及与发展，以及科学技术的迅速发展和广泛使用，既凸显了个体化进程的矛盾，也提出了个体规范化的新要求。在现代社会条件下，教育是全面提高人的素质的主要途径。我国九年制义务教育的普及，高等教育大众化的到来，学习型社会的逐步形成，都为人的全面发展创造了前所未有的条件。这些教育条件就是建立在经济和社会发展基础上，适应开放与竞争社会的需要而形成的促进人的全面发展的教育制度。教育制度也面临着传统制度的改革与制度创新的问题。传统的教育制度是在自然经济和计划经济体制基础上形成的。因为教育的知识体系和教育程序与经济体系相比更具有稳定性，所以难以伴随经济体制的转变而及时变革，滞后的教育制度制约着人的发展，往往不能满足社会与经济发展的要求。人对这种滞后性的应对方式就是接受社会带来的影响并逐渐疏离教育，从而使教育效果低微，或使一些教育失效。这样，教育便既面临着担当促进人全面发展的重任的局面，又面临着环境影响加大和教育效果不明显的尴尬局面。解决这一矛盾的唯一出路是要以市场经济体制和现代科技发展为基础，进行教育制度改革，在教育目标、体制、政策、内容等一系列问题上进行制度创新，把人的全面发展、潜能开发置于新的制度框架之内。同时，现代科学技术的发展和广泛应用，特别是社会信息化程度的不断提高，推进了各个领域、各项工作的学科化与科学化。信息化增强了人的选择性，学科化增强了人的专业性，科学化增强了人的探索性，这些都是人获得发展的标志。但是，科学技术和社会信息的巨大威力和强劲发展既会使一些人产生科技与信息迷信从而丧失自我，产生异化，也会使一些人乱用信息与科技而危害社会与他人。因而，人的信息行为、科技行为既需要个人的价值规范，即正确的人文支撑，也需要社会规范，即正确的法纪与道德。否则，具有双刃剑作用的信息与科技既会使人产生畸变，也会使社会倒退。所以，规范人的信息行为、科技行为，并随着科技的不断发展变化而不断调整，既是促进信息、科技发展所必须的，也是保证人全面发展所必要的。

最后，我国社会主义与法制建设的发展既强化了人的发展权利，也强化了人的发展规范。我国市场经济体制的建立，为社会主义民主发展奠定了经济基础，而社会主义政治文明建设则为社会主义民主发展提供了保证。社会主义民主发展，体现在人身上就是自主权扩大、自由性提高。正确使用自主权，发展自由性，意味着人活动范围的扩大，社会关系的丰富及自主性、能动性的充分发挥，这本身就是人发展的必备条件和集中体现。若缺乏自主权与自由性，人的积极性与主动性就不可能得到充分发挥。我国从高度集中的计划体制走过来的时间不长，社会主义民主发展尚不充分，人们民主意识淡薄，因此，使社会民主制度化、规范化则是引导人们正确使用民主权利，推进自主、自由发展的保证。同时，随着人们自主权和自由性的加大，一些人无限度地使用自主权和扩大自由性，错误地使用自主权和扩大自由性的行为意味着人超越了客观环境所允许的界限，超越了社会所规约的范围，其行为就是违规失范，就是对制度的破坏。这种行为不能推动社会进步朝正向发展，而且会产生干扰社会正常秩序和妨碍他人发展的负向作用。为了在新的历史条件下防止无限度使用和错误使用自主权、无限度扩大和错误扩大自由性的行为，必须建设和创新合理使用自主权、正确扩大自由性的制度。社会主义法制体系正是在各个层面上，对人们使用民主权利有效发挥自身作用和全面发展自己的规范体系。因而，民主与法制是规范人的行为的两个不可分割的方面，民主的规范化和法制的民主化都需要一定的制度加以稳定和保证，对人的行为也需要从这两个方面加以规范，顾此失彼或强此弱彼都会阻碍人的发展。在民主与法制建设过程中和人的发展进程中，往往同时存在两种极端的现象：一种是一些人的无政府主义，“大民主”行为与一些人的家长制行为相对抗；另一种是一些人的依赖、顺从行为与一些人为所欲为的管制行为相适应。这两种极端现象在我国社会生活中同时存在，表明我国民主与法制的制度化水平仍有待提高。

综上所述，我国经济、政治、文化的迅速发展都向人的发展和社会发展提出了制度创新要求。只有制度创新，才能有效消解旧的传统制度的强大惯性对人的发展阻抗，才能规范人在新的经济、政治、文化生活领域的发展行为，才能保证和促进人成为既具有主体性又社会化的个体，即成为制度化的个体。否则，人要么走向个人中心主义而成为莱布尼茨式的单子个体，要么走向对社会与他人的依赖而成为盲目从众个体。在西方社会，也有学者提出了所谓人的发展的“制度化的个人主义”模式，认为西方第一次现代化注重大型组织社会，个体化现象和分化不够彻底，而第二次现代化使社会群体越来越多样，个体的身份也越来越多重，个体的选择越来越多变，个体对特定群体的依赖性越来越淡薄、脆弱。但越来越独立、自主的个体的自由和个性并不能趋向于无限扩大和张扬，而应当处于“制度化的个人主义”存在与发展状态。如贝克所说，个体化不是市场利己主义，也不是个人中心主义，而是制度化的个体化；这种制度化的个人主义，是利他主义或合作主义的个人主义。西方社会的这一制度化发展取向，为我国研究人的制度化发展提供了借鉴。

五、建设促进人的现代化发展的制度体系

按照新制度经济学的观点，制度本身就是一个复杂的系统。该学派为了把制度系统与单个制度区别开来，把在某一特定范围或领域内规范人们行为的具体规则称为制度安排，把制度安排的发展变化称为制度变迁。在这里，我们使用制度体系与具体制度概念来研究人的发展问题。所谓制度体系，是由若干相互联系和相互作用的具体制度所构成的具有特定功能和目的的有机制度系统。制度体系并不是具体制度的简单排列与加和。一种具体制度只能从某一个方面或某种角度对人的行为进行规范，实现特定的目的。人的发展是复杂多样的，在一定的社会经济、政治、文化条件下，各种具体制度必须在结构、功能、组成上加以配合，才能形成合力推进人的发展。具体制度的相互矛盾，必定使人的发展不知所向和不知所措。因此，系统探索人的发展制度的组成、结构、功能是制度建设与创新的重要任务。

（一）建设人的发展制度体系的必要性

之所以要建设人的发展制度体系，主要基于以下三个原因。

其一，人才资源已成为最重要的战略资源，而制度的优劣决定着人才资源的配置、利用和开发。随着科学技术的迅速发展，经济全球化的不断推进，知识经济正向我们快步走来，一个以稀有资源为主要资源的时代正在逐步过渡到以人才资源为主的时代。发展经济靠科技、发展科技靠人才、培养人才靠教育的社会发展逻辑已经成为全世界的共识。科教兴国、人才强国战略已成为各国的主要战略。人才竞争已经与经济实力竞争、国际实力竞争不

可分割，并越来越成为世界竞争的焦点。为此，我国提出了“小康大业，人才为本”的战略思想，并制定了人才强国战略。人才从何而来？人才资源如何开发？我们过去主要强调实践，现在主要强调教育，强调掌握科学技术。应当肯定，这些培养人才的途径都是必需的，是不可缺少的。但是，实践也好，教育也好，掌握科学技术也好，都不是单个人的孤立活动，都是在一定制度下进行的。制度滞后或不良，就会抑制人的发展，就会导致人才资源短缺，这是由事实证明的。在我国，在人才配置、培养、开发方面，依然存在把人的发展视为个体的孤立行为，把人的发展主要理解为个体某种主要能力的提高，把人的发展看作与社会物质、精神资源相脱离的现象。这种理念与现象正是人的发展的传统模式，是社会化、制度化程度不高的表现。如果把人的发展和人才作为一种资源，并把这种资源与社会的其他资源联系起来进行配置、转化、开发、研究，就会从珍惜资源、有效利用资源的视角看待人的发展，就会从减少人才资源流失、提高人才资源效益、充分发掘人的潜能的层面寻求最优化规则，也就是进行制度创新。为此，我们有必要借鉴西方的制度理论用于人才资源的配置、利用和开发。西方制度创新理论认为，资源分配中存在最优的配置，以使在既定资源条件下实现人的发展和经济增长的最大化，因此，研究制度创新就能实现资源的最优配置。德国经济学家李斯特曾通过对西方诸国经济史的对比考察指出，个人的生产力部分是从他所处的社会制度环境中得出来的，在不同的制度下，生产力诸因素的组合方式和发挥出来的生产力截然不同：一个效率高的制度即使没有先进的设备，也可以刺激更多的财富；然而，即使有最先进的机器设备，若被安装在低效率的制度环境里，其效率就可能低得不如手工操作。李斯特的这一结论有力证明了制度对人的作用和对人的发展的作用。著名学者罗森堡和小伯泽尔在其《西方致富之路》一文中写道，就科学技术本身而论，直到 15 世纪，中国和阿拉伯国家都显然高于西欧，但西方国家正是从那时开始后来居上，在经济上大大超过东方国家，原因是西欧在中世纪中后期建立了一种有利于不断创新的社会机制。正是这种不断创新的社会机制激发了人的发展和人的潜能。著名未来学者托夫勒在他的名著《第三次浪潮》中写道：经济的快速发展，新的时代浪潮的形成，关键不在于科技，不在于人，而在于制度。1993 年诺贝尔经济学奖得主道格拉斯·诺思认为：对经济增长起决定作用的是制度因素而非技术性因素。我国著名经济学家吴敬琏也特别指出：发展高新技术的关键在于创造一个有利于发挥人力资本潜力的经济制度、社会环境和文化氛围。所有这些研究的成果与结论，虽然多以经济发展为目的，但都强调了制度创新对人力资源配置、开发的重要性，因为经济的发展最终还是要靠在一定制度下的人来实现。因此，建设人的发展制度体系，创新人的发展制度，不仅是发展经济的需要，更是发展人的需要。

其二，各学科聚焦在人的研究上，不断完善人的发展制度体系。正因为人才资源是最重要的资源，所以，各学科的研究都在向人聚焦。研究人的发展、人才资源开发的诸多学科都逐步把重点转向人的发展、人才资源开发的制度研究。对西方经济学、管理学、心理学的研究在前面已做了介绍，西方教育学、人才学的研究一直把重点放在教育体系、教育结构、教育政策与制度的改革上。自20世纪中叶以来，世界各国在上述方面的改革没有停止过，其目的都是试图通过体制和具体制度的改革、创新，寻求人的发展的最佳途径与方式。虽然西方学科多以经济发展为目标而不是以人的发展为目标来建构经济制度体系、管理制度体系、教育制度体系等，但这些制度体系在很大程度上都是以促进人的发展的方式来实现经济发展的，这对我们研究人的发展是有借鉴意义的。我国各个学科在聚焦研究人的发展问题上起步较晚，各学科往往脱离人的发展，主要研究自己的特定对象，致使一些直接与人相关的学科，如教育学、心理学、哲学、经济学等，往往不是以人为本，而是以书为本；不是以开发人的智能、潜能为目的，而是以建构概念、范畴体系为取向；不是以探索人的发展制度为重点，而是以研究抽象学科理论为主。于是，在人的发展理论与人的发展制度研究方面，相关学科之间都存在明显差距。教育、科技等学科发展的滞后，导致人才的总量、结构和素质还不能适应经济社会发展的需要，特别是现代化建设急需的高层次、高技能和复合型人才短缺；市场配置人才资源的基础性作用发挥不够，人才流动的体系障碍尚未被消除，人尽其才的用人机制有待完善。我国人才工作正处于需要进一步整合力量、全面推进的重要阶段。为此，全社会和各学科都必须根据我国提出的科教兴国和人才强国的战略要求，加强人的发展，特别是强化对人的发展制度体系的研究。

其三，我国国民素质的提高与人才资源开发的战略目标要靠制度创新来实现。党的十五大报告强调："我国现代化建设的进程，在很大程度上取决于国民素质的提高和人才资源的开发。"党的十六大提出了人的发展的具体目标。中共中央国务院发布的《关于进一步加强人才工作的决定》指出："在建设中国特色社会主义伟大事业中，要把人才作为推进事业发展的关键因素，努力造就数以亿计的高素质劳动者、数以千万计的专门人才和一大批拔尖创新人才，建设规模宏大、结构合理、素质较高的人才队伍，开创人才辈出、人尽其才的新局面，把我国由人口大国转化为人才资源强国，大力提升国家核心竞争力和综合国力，完成全面建设小康社会的历史任务，实现中华民族的伟大复兴。”要提高全体国民素质，实现人的发展目标，建设规模宏大、结构合理、素质较高的人才队伍，采用过去传统的、经验的、分割的制度方式是无能为力的，不断探索、创新人的发展的现代制度，才有望实现人才强国战略。

（二）人的发展制度体系的特点

人的发展制度是旨在保证和促进人的全面发展的规范体系，除具备一般制度的特征之外，与经济、管理、法律等制度相比较，其还具有自身的特点。

第一，制度的人文性。人的发展制度既不同于经济发展制度，也不同于物的管理制度，它是为了协调人们在发展过程中的相互关系的社会性活动，也是为了减少人们在发展过程中的摩擦、冲突而实行的集体对个体的行为规范。因而，它主要是面向人、为了人的制度。首先，面向人、为了人的制度要体现尊重人、关心人、爱护人的精神，这既是人发展的前提，也是制定、执行和创新制度的基础。对人的鄙弃、冷漠、排斥，是对人的精神抑制和对人的否定，不可能为人的发展提供有利条件。其次，人的发展不仅表现为生理素质和科学文化素质的提高，更表现为积极性、主动性、创造性的增强。因而，人的发展制度既要规范人的职业行为，也要规范人的政治、道德行为；既要促进人的能力提高，也要提高人的人文素养，以增强发展的内在动力。人缺乏政治理想、道德追求、人文动力，就不可能正确、顺利地发展。最后，人的发展不仅体现作为手段的人，以其能力为社会创造物质和精神财富，而且体现作为目的人，以其更高的生活质量与生命质量为社会文明作贡献。因此，人的发展制度无论从发展的前提、发展的进程还是从发展的结果看，都需要人文精神，且更需要以人为本，这是人的发展制度与其他发展制度相区别的特点。

第二，制度的稀缺性。制度的稀缺性是制度的根本特征之一，这种稀缺性在一般制度中表现为制度供给与制度需求之间的不对称。这种不对称表现为制度供给往往不能满足人们的需要；资源的稀缺导致制度稀缺；制度安排的非专利性使制度创新缺乏激励而显得稀缺。制度稀缺性在人的发展问题上显得更为明显和突出，这是因为，制度的稀缺性是相对于人们行为的差异性、多样性和分化性而言的，而人的发展是个性化的，每个人有其特长与弱点，个体差异十分明显，发展的途径与方式多种多样，发展的侧重点与特征千差万别。作为规范人们行为的制度安排不可能完全满足每个人的要求，也不可能针对人的每一种行为制定相应的制度安排加以规范，总会有一些行为没有制度安排予以规范。特别是在人群中所涌现出来的奇才、怪才等特殊人才，他们的行为往往与众不同，甚至可能要突破某些制度规范，给予特殊的行为认可，这就更加显示了制度的稀缺性。所以，人的发展制度，作为人们遵循发展规范和相互行为的知识载体，担负着传递行为信息的职能，相对于每个人所需要的信息而言，特别是对于富有特色、特长的人所需要的信息而言，制度所能传递的和所能满足人们发展需要的信息总是不足的，从而使人的发展制度的稀缺性特征更突出。总的来看，人的发展制度的稀缺性，归根结底是由人才特别是高级专门人才资源的稀缺性决定的。同时，人的发展制度体系也是一种资源，是一种“产品”，它的形成、完善、实施和创新是一种极其复杂的活动，需要耗费大量资源。首先，它不是由个人设计，而是集体乃至多个学科共同研究、实践的产物，制度体系的形成和完善需要集体乃至多学科目标一致并付诸行动。其次，制度体系的创新更是一种具有艰巨性和风险性的探索活动，既需要对原有制度进行改革，并且不断克服原有制度的惯性的阻滞，也需要对新制度进行试验、修改以帮助人们不断适应，同时，在创新制度过程中，可能遇到不确定因素而导致曲折、失败。所有这些，都比经济制度、管理制度创新更复杂、更困难，都需要付出大量人力、物力、时间等资源。正是由于人的发展制度稀缺性的特殊性，才使得制度的改革、创新、完善受到极大制约，它不是个人或少数人可以自由进行的活动，而是要受到特定时期和特定社会资源条件制约的有组织的研究、实践活动。

第三，制度的全面性。制度的全面性是由人的本质的全面性和人的全面发展目标所决定的。首先，人与物不同，人有物质性、社会性、精神性的本质和需要，人要与社会中的经济、政治、文化发生这样或那样的复杂关系，人是在主观与客观、个体与环境的互动中发展的。为此，制定、改革、创新人的发展制度，必须从人的全面性本质出发，满足人的全面需要，规范人在发展过程中的物质活动、社会活动、文化活动行为，这是人的发展制度与物的管理制度的根本区别。其次，人在社会生活中，其发展既是目的，也是手段。人追求自身生活质量、生命质量的提高，既是个人的根本目的，也是社会的根本目标。人以发展的方式，为社会和他人创造物质财富、精神财富，人则是社会和他人的手段。人的发展制度既要规范人作为目的的行为，也要规范人作为手段的行为，体现目的与手段的统一。而经济制度、管理制度、法律制度等往往以经济发展、社会稳定为主要目的，侧重以人的发展为手段。人的发展制度则以满足人的需要、发展为主要目的，这是与其他制度不同的地方。最后，人的全面发展是社会主义制度本质的体现，是我国社会的根本目标。人的发展制度必须与我国社会主义的政治制度、经济制度相一致，必须体现始终代表最广大人民的根本利益，体现以为人民服务为核心，以集体主义为原则的价值观，体现以人为本，坚持全面、协调和可持续发展的科学发展观，促进人的思想和精神生活的全面发展，以及人与社会、自然的协调发展。这是我国人的发展制度与资本主义社会人的发展制度的本质区别。

（三）人的发展制度体系的建构

人的发展制度体系，是一个由各种具体制度构成的有机整体，所有制度安排都处在相互联系、相互影响、相互制约的系统之中，形成规范人发展的特定制度结构，发挥促进人发展的特定功能。人的发展制度体系，作为一个以人的发展为中心的系统，外接社会的经济、政治、文化制度，内连人的发展的各种行为，前承过去传统制度基础，后启未来制度创新趋向，是社会性与个体性、历史性与未来性统一的体系。依照这一思路，我们可以从三个层面来建构人的发展制度体系：一是以时间为线索的纵向建构体系。人的发展制度体系的传统基础、现实框架、创新取向。二是以空间层次为线索的横向建构体系。人的发展制度体系的制度原则、制度安排、制度保障。三是以管理为线索的工作建构体系。这里不准备研究前两个建构体系，仅对工作建构体系作简要探索。

人的发展必须建立在一定的客观基础上，这也就是说，任何人都要从事一定的工作，在一定的职业、专业领域发展自己。即使是专门接受各种学校教育的学生，最终也要走上各种工作岗位，只有在实际工作中才能检验其发展的实际水平。所以，评价人的发展、实现人的发展要以一定的职业和专业工作为基础。离开一定的职业和专业工作，就无法对人的发展进行衡量。

人的发展体系建构有五种客观条件。

一是识人、选人制度是前提。对一定职业和专业工作的管理，首先是识人、选人。所谓识人，就是对招聘来从事工作的人，按职业与专业要求进行基本情况的了解与素质测评，以求对每个人的状况与综合素质有比较客观正确的认识；所谓选人，就是从前来应聘的众多人中，通过比较挑选最符合职业与专业工作要求的人员加以聘用。识人需要制定一套识人的程序与测评的指标体系，选人也要制定一种选人的规则与方式，这就是识人、选人制度。识人与选人制度，也叫聘用制，是人的发展制度体系的前提与基础，忽视这个前提，或识人不准，或选人不当，不仅贻误工作，而且不利于人的发展。为了保证识人、选人得当，聘用制必须体现公开、平等、竞争择优的原则。

二是学习培训制度是重点。对一定职业和专业工作的管理，员工的队伍建设是重点。职业和专业工作效率的高低、质量的好坏，关键在于员工的思想道德素质和科学文化素质的高低，提高职业和专业工作水平，也就是要实现在工作实践中发展人和在发展人的过程中促进工作的互动。因此，管理工作不能就工作抓工作，而是要以工作为基础，重点抓人的学习、培训、提高，以增强职业道德和提高工作能力，实现人力资源向社会物质财富与精神财富的转化。因此，员工的学习制度、培训制度、研究制度是人的发展制度体系的重点。在学习型社会条件下，在人才资源已成为最重要资源的竞争环境中，有效的学习制度、培训制度、研究制度越来越重要。学习培训制度要以人才资源能力建设为核心，以培养人的学习能力、实践能力、创新能力为重点，以爱国主义集体主义、社会主义教育为主旋律，促进员工在实践中不断增长知识、提升能力，树立正确的世界观、人生观、价值观，发扬拼搏奉献精神、艰苦创业精神、团结协作精神和诚实守信精神，促进员工的全面发展。

三是激励奖励制度是动力机制。激励制度是以员工的利益和归宿感为基础建设建构的制度，包括物质激励与精神激励。物质激励制度是以效率优先、兼顾公平为原则，以按劳分配为主体、多种分配方式并存的分配制度。对不同职业或专业工作，要根据市场经济体制要求和职业与专业工作特点探索、创新适应本职业和专业工作的分配制度，以分配为杠杆激发人们的发展动力。精神激励则是以增强人们的归属感、集体荣誉感和精神动力为目的的。在市场经济体制下，个体主体性和自由性的增强使个体与集体之间存在分离、分化现象，但针对市场体制条件下的激烈竞争又迫切需要增强个体的精神动力和集体的凝聚力以增强个体的和集体的竞争力，因而精神激励不可缺少。物质激励与精神激励，两者必须有机结合，物质激励要以精神激励为目的，否则，人们会陷于具体物质利益而难以提高境界；精神激励要以物质激励为基础，否则，就会陷于空谈而没有效果。奖励制度是对做出贡献并在发展上起示范作用的人员给予经济奖励和社会荣誉，以进行鼓励的制度。该制度以肯定贡献、推广经验、鼓励带头的方式激发人们求发展、作贡献。有奖励制度必须有惩罚制度与之相结合。惩罚制度是对表现落后、玩忽职守、造成损失人员的批评、警告、罚款、处分等，也是从经济利益和社会荣誉两方面进行的惩处。奖励制度与惩罚制度必须结合，以奖励为主，惩罚为辅。奖励与惩罚都是一种激励，只奖励而不惩罚或只惩罚而不奖励，既难以体现人们正向发展和积极贡献的价值，也容易导致负面影响的扩大。

四是调配流动制度是调节机制。在一定集体中工作的人员往往相互之间会出现裙带关系、“近亲繁殖”相互矛盾的现象，也会出现知识、能力、兴趣、个性与职业和专业工作不相符的情况，这些都会制约和影响人的发展。因此，进行人员调配、岗位交换、内外流动十分有必要。否则，要么形成人的模式化、复制性发展，要么产生相互耗散。人员的调配流动既是开放社会的特征，也是市场体制配置人才的要求。合理配置人才结构，合理配备人员，合理进行人员流动，既是为人才发挥作用创造条件，也是为人的发展提供机遇。

五是社会保障制度是重要条件。人除了工作，还要生活；除了发展，还要享乐。随着职业与专业分工的发展，人们的物质、休闲、文化生活都在逐步社会化。这些生活条件往往直接影响着人们的工作和自身发展。因此，创造良好生活条件，规范生活行为，提倡文明健康的生活方式，是促进人发展的重要条件。

论人际关系的四大模式*

在历史发展的不同阶段，人际关系体系的类型，即人际关系模式是不同的。不同的模式标志着不同社会的特征。

一、人际关系的等级模式

等级模式是剥削阶级所推行的一种人剥削人、人压迫人的人际关系模式。这种模式主要是阶级对抗社会——奴隶制的、封建制的和资本主义的人际关系形态。这三种社会制度的私有制本性，决定了这些社会人际关系的同源特点。

在奴隶社会里，奴隶主、奴隶贵族不仅占有生产资料，而且同时占有奴隶本身。奴隶在残酷、野蛮、粗陋的宗法等级制度统治下，人身自由被完全剥夺，人只是会说话的工具。即使在奴隶主和贵族内部，也分有许多等级。例如在中国的商代，商王的地位高于一切。王宫中的官员被划分为三等：第一等是政务官，是商王的辅佐；第二等是宗教官；第三等是事务官。在古希腊，奴隶主思想家柏拉图在他的名著《理想国》中，也把人分为三个等级，即治国的贤人、卫国的武士和民间艺人。

在封建社会里，人际的等级更加森严，形成了“金字塔”式的等级模式：皇帝处于阶梯的最上层，掌握着最高权力，底下细分了各种等级的爵位。在我国战国时代，秦国爵位分二十等。到了汉代，《太平经》将人分为神人、大神人、真人、仙人、大道人、圣人、贤人、凡民、奴婢九等。唐代仅官制就分九品，每品又有正、从之分，共十八级。到了明清两代，皇族分亲王、郡王至奉国中尉，共八级，功臣外戚又分为公、侯、伯三级，并且都可以世袭。在中世纪的欧洲各国，也普遍存在等级制度，最高层的是国王，以下有公爵、侯爵、伯爵、子爵、男爵和骑士，骑士为最低的封建主。僧侣同贵族一样，也是封建统治者。在封建等级最底层的是广大农民和其他劳动者。

---

* 原载于《人际关系学》，中国青年出版社 1988 年版，收录时有修改。

在资本主义社会，资产阶级虽然废除了封建社会的人身依附关系，冲击了封建宗法等级制度，但它占有生产资料，它和无产者的关系是一种雇佣关系，人与人之间除了冷酷无情的现金交易，就再也没有什么平等关系了。如果说封建社会的等级是按权力大小来划分的话，资本主义社会的等级则是按钱的多少来划分的。

总之，在剥削阶级占统治地位的社会里，人际关系的等级模式占据主导地位，等级关系表现在社会生活的各个方面，体现在社会的每一个人身上。在社会主义条件下，生产资料公有制的建立，剥削阶级被消灭后，铲除了等级模式的社会根源。人民群众当家作主，平等关系能够真正确立起来。但是，等级观念、等级制度毕竟经历了几千年，它的传统观念、习惯势力还将对社会、对一部分人产生影响。一些“当官做老爷”的情况，在人民群众面前逞威风、耍权势的情况，利用职位谋求特权的情况，以及找靠山、搞个人崇拜的情况等，都是等级人际关系在新形势下的表现。

二、人际关系的大同模式

大同模式是在东方国家，主要是在中国所提出的一种理想的人际关系设想。这种设想在中国奴隶社会已朦胧产生。《诗经》记载了对人剥削人、人压迫人制度的控诉，抒发了对没有压迫和剥削，人人平等相敬的“乐土”“乐国”“乐郊”的向往。在奴隶社会向封建社会转变的过程中，主张人人平等相处、人人互敬互爱的“大同”思想开始形成。成书于秦汉之际的《礼记・礼运》篇描绘了一个“天下为公”的社会：“大道之行也，天下为公，选贤与能，讲信修睦。故人不独亲其亲，不独子其子，使老有所终，壮有所用，幼有所长，矜、寡、孤、独、废疾者皆有所养，男有分，女有归。货恶其弃于地也，不必藏于己；力恶其不出于身也，不必为己。是故谋闭而不兴，盗窃乱贼而不作，故外户而不闭。是谓大同。”[①] 这种以人际关系平等和相爱为基本特征的理想社会，一直为劳动群众所追求的目标。一方面，被统治阶级——奴隶阶级、农民阶级为了反对残酷的经济剥削和政治压迫，争取生存权利，争取民主自由，总是力图推翻森严的等级制度，向往从平等的社会。历来的农民起义运动，都不同程度地提出了“等贵贱，均贫富”

① 《简明社会科学词典》编辑委员会：《简明社会科学词典》，上海辞书出版社 1984 年版，第 31 页。

的主张。另一方面，统治阶级中的部分士大夫和知识分子由于不满统治阶级内部的不平等，同情人民群众的处境与遭遇，也提出过反对君主专制的主张，要求君主对庶民能够“推己及人”，建立自上而下的互助互爱、平等和谐的人际关系。直到中国近代社会，太平天国农民起义和资产阶级革命运动，高举“大同”思想的旗帜，赋予平等的社会关系以更加丰富的内容和更加深刻的内涵。洪秀全将从西方借来的“上帝”与中国传统的“大同”思想结合起来，宣传平等，批判君主专制制度。他大声疾呼：“普天之下皆兄弟，上帝视之皆赤子”“天父上帝人人共，何得君王私自专?”他主张，人们要在政治、经济、男女、民族四大方面平等，他提出了“有田同耕，有饭同食，有衣同穿，有钱同使，无处不均匀，无人不饱暖”的奋斗纲领，特别是他在《原道醒世训》中所提出的反对男尊女卑、主张男女平等的思想，有力地冲击了几千年相沿的男女不平等关系。近代改良派领袖康有为所著《大同书》描述了一幅更加理想化的大同社会模式：太平之世无国家，无帝王，无官吏，无军队，无刑罚，无阶级，无私产；“大同之世，天下为公，无有阶级，一切平等”。这种具有空想社会主义特征的理想社会模式，也曾经对以孙中山为首的资产阶级民主派产生很大影响。“大同”思想所提出的私有财产的平均要求和人际关系的平等主张，有力地冲击了中国封建社会的等级观念和等级制度，推动着社会关系的发展与进步，无疑具有积极意义。但是，在小生产占统治地位的封建社会里，在强大的封建专制制度下，“大同”思想所构想的人际关系模式不可能获得社会实践的基础，也不可能成为起支配作用的人际关系模式，而只能是停留在纸面上，秘藏在书中的一种虚构的理想的模式。这种虚构的理想模式之所以在中国能够经历几千年，主要原因有两个：第一，它作为等级森严、压迫深重的封建社会的对立物，反映了劳动群众的感望，并成为动员和组织他们进行革命斗争的旗帜；第二，“大同”思想同在封建社会占统治地位的儒家思想的某些内容，例如中庸之道、禁欲主义、崇尚复古、修身养性等容易结合在一起，受其同化，成为封建社会调节人们伦理道德关系的思想规范，常常被统治阶级加以利用。所以，“大同”思想带有浓厚的封建性、神秘性和东方伦理色彩，打上了中国封建社会的鲜明历史印记。“大同”思想作为中国传统文化的重要内容，至今影响着现实社会的人际关系。它作为一种传统观念，同小生产的习惯势力结合在一起，在人际关系上表现出一种绝对平均主义倾向和“吃大锅饭”现象，否定人际关系上暂时、具体的差异。

三、人际关系的契约模式

契约模式是西方国家所提出的一种人际关系模式。这种模式认为，人们联合起来所建立的国家，人们联合起来所制定的法律，是人们相互自觉订立契约的产物。用契约来描述人际关系，早在古希腊便开始萌芽。原始的、朴素的社会契约说的提出者，是古希腊的唯物主义哲学家伊壁鸠鲁。他认为，国家和法律是以防止对人们相互关系可能产生的危害为目的而缔结的社会契约的派生物。古希腊另一著名哲学家卢克莱修用诗的形式对人们用契约结成的关系进行了描述："因为人类已十分厌倦于过那种暴力的生活，已苦彼此断杀；因此人们就更容易自愿地服从法律和最严格的典规。因为，既然以往每个人在盛怒中都准备进行一种比公正的法律现在所准许的更为厉害的复仇，所以人们就厌恶过暴力的生活。就从那时候起，对惩罚的恐惧就沾上了生活的一切胜利品；因为暴行和诡计包围每个人并且一般地都回头反噬那发端者。一个人如果破坏了公共安宁的盟约，就绝不容易过一种镇静安详的坐活。"① 这种用契约描述人际关系的理论，在17世纪到18世纪的西方国家得到了巨大发展。古典自然法学派和启蒙思想家的主要代表人物霍布斯、斯宾诺莎、洛克、卢梭、狄德罗，还有康德等，都曾广泛传播过社会契约论。其中，卢梭所著《论人类不平等的起源和基础》《社会契约论》强烈揭露和抨击了封建专制主义，主张按资产阶级的平等原则，以契约为基础，缔结资产阶级的"理性国家"。社会契约论在西方资本主义国家的广泛传播，既与西方文化传统有关，更与西方资本主义商品交换过程相联系。正如马克思说的："为了使这些物作为商品彼此发生关系，商品监护人必须作为有自己的意志体现在这些物中的人彼此发生关系，因此，一方只有符合另一方的意志，就是说每一方只有通过双方共同一致的意志行为，才能让渡自己的商品，占有别人的商品。可见，他们必须彼此承认对方是私有者。这种具有契约形式的（不管这种契约是不是用法律固定下来的）法权关系，是一种反映着经济关系的意志关系。这种法权关系成意志关系的内容是由这种经济关系本身决定的。"② 契约论主张用合同、协议、法律来制约、调节人际关系，

---

① ［古罗马］卢克莱修：《物性论》，方书春译，生活·读书·新知三联书店1958年版，第332页。

② 《马克思恩格斯全集》第23卷，人民出版社1972年版，第102页。

反对封建社会的人治，强调资产阶级的民主与平等反对封建社会的等级制度，这显然是人际关系的一大进步。但是，契约论并没有说明人际关系的全部情况和揭示人际关系的实质，无法解释在国家与国家之间、人与人之间所发生的激烈斗争与矛盾冲突。这种观点和“大同”思想一样，也是一种与实际社会历史相矛盾的构想。所以，列宁曾对这种观点进行批评：“结果似乎社会关系是由人们自觉地建立起来的。但这个充分表现于‘Contratsocial’的思想（这种思想的痕迹在一切空想社会主义学说中都表现得十分明显）中的结论是和一切历史观察完全矛盾的。”①

四、人际关系的平等模式

平等模式是社会主义制度下的人际关系模式。这种模式建立在社会主义公有制的经济关系之上，并具有相应的社会主义政治、思想、伦理道德等关系，是社会主义制度本质特征的表现，是人类历史上最先进的人际关系，同其他以往一切社会的人际关系有着本质的区别。

社会主义社会消灭了剥削阶级和人剥削人的现象，消除了民族压迫和民族歧视。人民群众社会地位的一致，其根本利益的一致，以及权利和义务的一致，保证了人际关系的平等性。我国社会主义的人际关系是在绝大多数人民群众中真正民主与平等的关系。其具体表现：各兄弟民族的平等、团结、互助的关系；中国共产党同各民主党派长期共存、互相监督、肝胆相照、荣辱与共的关系；工人、农民和知识分子相互支援的关系；干部、群众相互关心与支持的关系；军政、军民之间的团结友爱关系；等等。

社会主义平等的人际关系并不是凭空产生的，就它的思想理论来源来看，也有着漫长的发展渊源。前面所讲的大同模式和契约模式早在古代社会就产生了朴素的、简单的平等观念。这种古朴的平等观念发展到近代，便演变为空想社会主义。早期的空想社会主义者，例如英国的莫尔、意大利的康帕内拉分别在自己的著作《乌托邦》《太阳城》中，以不同的方式和风格描述了没有私有财产，没有剥削和压迫，没有阶级差别，人人平等的人际关系模式。德国的闵采尔则主张要建立“千载天国”。到了 18 世纪至 19 世纪，空想社会主义理论得到进一步发展。法国空想社会主义者圣西门、傅立叶，英国空想社会主义者欧文，不仅提出了一般的平等要求和消灭私有财产的主

① 《列宁全集》第 1 卷，人民出版社出版，第 119 页。

张，而且提出了消灭私有制、消灭阶级差别的设想，并具体设计了新的平等关系建立的途径和方式，这些都为社会主义平等关系的建立准备了思想理论基础。社会主义的平等关系不同于大同模式的均平关系。“社会主义者说平等，一向是指社会的平等，社会地位的平等，决不是指每个人的体力和智力的平等。”① 在我国社会生活中存在的绝对平均主义倾向，以及 20 世纪 50 年代末期所推行的“一大二公”的社会关系模式，并不是社会主义的平等关系，而是受传统的“大同”观念影响的均平关系。在我国，正在发展着的社会主义平等关系，同正在削弱和消亡着的均平关系、等级关系交错杂陈，使得社会主义制度下的人际关系呈现复杂多样的状况。

① 《列宁全集》第 20 卷，人民出版社出版，第 139 页。

论大学生自主创新精神及其培养*

党的十六届五中全会把自主创新提到了实现科学发展、开创社会主义现代化建设新局面的战略高度。胡锦涛在庆祝清华大学建校100周年大会上发表重要讲话，他强调“着力增强学生服务国家、服务人民的社会责任感，勇于探索的创新精神，善于解决问题的实践能力”①。实施科教兴国、人才强国战略和建设创新型国家，关键在于培养创新型人才。而创新型人才培养的关键是自主创新精神的培育。

所谓自主创新精神，是指从事创新活动、产生创新成果的主观条件，是创造性人格所必须具备的主体要素。自主创新精神是一个复杂的体系，其构成要素主要包括自主创新意识、自主创新目标、自主创新意志及自主创新人格。

一、大学生自主创新意识及培养途径

一个国家、民族的发展、繁荣、富强越来越取决于知识进步的程度和知识创新的能力。大学生将是我国现代化建设的强大生力军，是具有自主创新能力的高层次人才，他们的自主创新意识的确立对我国创新型国家的建设具有基础作用。

（一）创新意识及其内涵

所谓自主创新意识，是人们对创新的本质及创新活动的功能与价值的一种认识，以及由此形成的对待创新的态度，并以这种态度来规范和调整自己活动方向的一种稳定的精神状态。自主创新意识的突出表现，是不满足现有的知识和现成的结论，不盲目迷信和崇拜权威，不因循守旧和墨守成规，敢于质疑，善于敏锐地洞察事物发展的趋势，尊重科学、实事求是，以坚定信

---

* 原载于《思想政治教育研究》2012年第4期，收录时有修改。

① 胡锦涛：《在庆祝清华大学建校100周年大会上的讲话》，载《人民日报》2011年4月25日第2版。

念一往无前地实现创新目标。

自主创新意识可以从纵向层次和横向联结两个方面展开。自主创新意识的纵向层次，包括自主创新心理和自主创新思维。自主创新心理主要表现为创新活动中的心理活动。美国人本主义心理学家马斯洛通过对1800多个自我实现者的研究证实，创造性是健康心理的一个重要特征，心理越健康就越富有创造性。自主创新心理主要由创新欲望与创新情感两个不可分割的部分构成。创新欲望是一种求索进取、探寻新知的内在渴求和需要，它的最大特点是求新索异，厌弃陈腐观念，充满探索自然界、人类社会和人类思维中未知领域的巨大好奇心、求知欲。创新情感是创新主体对创新活动的主观体验，它贯穿于创新活动的始终。创新情感是创新活动的催化剂，没有火热的创新情感，创新活动就无法展开。

创新思维是创新意识的理性方面，是人们依据研究对象所提供的各种信息，打破认识常规，把某种有一定“依据”的“空想”变为“现实”的大脑活动过程；是通过思索，以概念、判断、推理等形式来反映客观事实的能动过程；是通过发现和应用事物的规律，预测、推理某种事物的存在与变化，或设计制作某种新事物的思维活动。因而，创新思维是创新活动的有力工具，具有与常规思维不同的特点。“创新思维是逻辑思维和非逻辑思维的辩证统一。逻辑思维是创新思维的基础，没有逻辑思维就不会产生符合逻辑的概念和创新的理论。而以直观思维、联想思维、幻想思维、灵感思维等形式表现出来的非逻辑思维在人的创新思维中同样发挥着重要作用，没有非逻辑思维，创新思维无法进行。”① 自主创新意识的横向层次，主要包括发现问题的意识、反思和批判的意识。创新活动往往是从发现问题开始的。要进行自主创新，必须具备问题意识，即敏锐发现问题、及时捕捉问题、积极探究问题。爱因斯坦曾经说过，“提出（发现）一个问题往往比解决一个问题更为重要，因为解决一个问题也许只是一个数学上或实验上的技巧问题。而提出新的问题、新的可能性，从新的角度看旧问题，却需要创造性的想象力，而且标志着科学的真正进步”②。反思和批判意识是创新意识的重要内容。如果说发现问题的意识是自主创新意识的起点，那么反思批判意识就是自主创新意识的关键，具有反思批判意识才能对不断变化的事物求真去伪，

---

① 陶国富：《论创造性思维》，载《上海财经大学学报（哲学社会科学版）》2000年第3期。

② ［美］爱因斯坦，［波］英费尔德：《物理学的进化》，周肇威译，湖南教育出版社1996年版，第66页。

追根溯源。相反，如果一味迷信权威，崇拜偶像，因循守旧，那只能是复古守成，难以创新。创新之所以需要反思和批判的意识，是因为前人研究成果的历史局限性为反思和批判留下了空间。前人对客观事物的认识因为受种种条件的限制，往往不可避免地带有一定程度的历史局限性，而在此基础上形成的理论和认识，自然就具有一定的缺陷。是对前人既定的理论框架按图索骥、以人蔽己，还是大胆反思和批判，推陈出新，这已成为评判人们是否具有自主创新意识的重要标志。

把自主创新意识两个层面的内涵综合起来，提炼出的中心内容，就是科学意识或科学精神，主要包括：求新求异的探索意识；求真、求是的科学意识；敢于挑战、奋力拼搏的冒险意识；追求真理、坚持真理的献身意识。

（二）大学生创新意识的培养途径

大学生的自主创新意识，其形成不是单一因素影响的结果，而是多种主客观因素长期综合作用的产物。

首先，大学生要注重对创新意识的培养。创新意识不是无缘无故形成的，它要在大学生学习、实践、生活的过程中自觉形成，体现在知识、能力水平、思维方式和个性特点之中。知识、能力水平是影响自主创新意识的前提条件。知识因素不但指知识的“量”，还包括知识的“质”，因此，没有较深厚的知识文化底蕴以及对知识的寻求欲望，要在较高层次的水平上进行创新是难以实现的。但只有知识还不够，还需要具有敏锐的观察力、丰富的想象力和逻辑思维能力，以及辨别、判断和选择的能力。而人的实践能力在创新意识形成中往往比知识更重要。思维方式是创新活动的工具，不同的思维方式影响着创新意识的形成。我国漫长的农业社会给人们留下了守成、稳健的心理积淀，但也造成人们的冒险、开拓、创新精神不足。这种客观环境养成了人们复古、唯书、崇尚权威的思维，也使人们失却了置疑、反思和批判思维。自主创新要有开放性思维而不是封闭性思维，要有批判性思维而不是复制性思维，要有人文性思维而不是经验性思维。个性特征是指个人比较稳定的心理特征的综合，包括气质、性格、智力、情感、兴趣等方面，实际概指内在特征。个性既包括个人的兴趣、爱好、性格，也包括个人的理想、信念、情感、意志，还包括智能、思维等。一般说来，人的个性特征直接影响其创造性，个性鲜明的人富有创造性，而个性平淡的人则缺乏创造性。知识、能力水平和思维方式、个性特点都需要大学生自觉学习、锻炼，没有这些主观因素的培养提高，自主创新意识难以形成。

其次，高校要加强大学生创新意识的培养。高等院校是为国家培养创新人才的重要阵地。世界各国的高等教育改革都非常重视对学生创新意识的培养。早在20世纪70年代，美国就提出了培养具有创新精神的跨世纪人才的目标。20世纪80年代，日本把发展创造能力视为国策，把学生创造能力培养作为日本通向21世纪的教育目标。联合国教科文组织主张，一个人的开拓创新能力是面向21世纪的“三张教育通行证”之一。我国现代化建设的快速发展，向高校提出了培养大批创新人才的要求，我国改革发展的进程、成果，作为教育的环境以及教育的内容，有效培养了大学生的创新意识。应当承认，自主、竞争、创新，已经成为当代大学生的时代特征。但是，我们也要清醒地看到，我国高校仍然存在不利于创新意识培养的诸多因素。除了受传统教育的书本中心、课堂中心、教师中心的影响——这不同程度地制约着创新意识的培养，在新的形势下，又出现了不利于创新意识培养的新问题。随着社会竞争的日益激烈，一些高校急功近利倾向明显，比高楼、比规模、比指标成为一些高校领导的价值取向。这种价值取向不仅造成对学生德育、智育的忽视，直接影响学生素质的提高与创新意识的培养，而且不利于素质教育、创新教育的推进。同时，随着学生就业竞争的加剧，一些高校和不少学生在热衷于研究生考试、各种业务考证过程中，以另一种方式陷于应试教育。在这样的教育氛围下，学生重视的是应对各种考试以求得过关的分数，而没有运用知识提高分析问题和解决问题的能力，这不利于创新意识的培养。为此，高校必须改变传统教育观念，解决高校面临的新问题，为培养学生创新意识创造良好的教育环境。

二、大学生自主创新的目标及确立原则

目标是人的认识、预见、评价、追求、决心、意志等诸多因素的综合。自主创新目标因其具有开拓性与风险性特点，同其他目标的确立与坚持相比较，其涉及的因素更多样复杂。

（一）自主创新目标的作用

许多调查显示，人生目标对人的一生的影响是巨大而持久的。人生目标并不是抽象空洞的，而是具体的，其具有层次性和阶段性。人在一生所从事的所有活动中，目标的有与无，目标的清晰与模糊，对目标追求是坚定、执着，还是犹豫、动摇，都会影响活动的成败。自主创新活动作为一种高层次

的实践活动，需要创新主体具有很强的能动性，这种能动性集中表现为强烈的创新目标追求。大学生树立创新目标对大学生自主创新具有多种作用。

其一，导向作用。马克思指出，“人离开动物愈远，他们对自然界的作用就愈带有经过思考的、有计划的、向着一定的和事先知道的目标前进的特征”①。目标不是凭空产生的，而是在对历史经验、现实条件和自身状况的理性分析中产生的，是对社会现实和社会发展规律认识和反映的结果，目标的确立为人的活动指明方向，它使人的活动专注于目标的实现。创新目标在其实现过程中，既面临着许多不确定因素的冲击，也面临着难以预料风险的挑战，创新者经常会遭遇许多难题的质疑，这些都是考验，需要有明确而坚定的创新目标以起到定位、导向作用。没有创新目标或创新目标不明确，人不可能在曲折复杂的过程中坚持创新活动。

其二，激励作用。目标不仅是奋斗的方向，更是人强大而持久的动力。大学生创新目标的确立，就是自觉追求创新意义的开始，就是创新目标向创新动力的转化。社会生活实践向人们揭示了人的目标越明确、越高尚，内心所激发出的驱动力就越强大、越持久的道理。创新目标与学习、生活、事业的其他目标相比，是一种更难实现的目标。它的真正确立与坚持，就意味着创新主体具有创新的强烈冲动，并准备去克服创新过程中的各种困难，还有勇气去冲破学习、工作、思维上的惯性而另辟新径。这些勇气与动力之源正是创新目标的催化与激发。所以，所有人都会确立各种目标，但不是所有人都能真正确立与坚持创新目标，而真正确立与坚持创新目标的学生必定是生机勃勃、动力强大的学生。

其三，持续作用。自主创新目标是人经过反复实践、认识，综合各种主客观要素而形成的精神成果，具有内在稳定性与驱动性，蕴含着强大的意志和毅力。正是这种意志力，支配着创新者去排除各种干扰，战胜一切困难。在创新过程中，摇摆不定、遇难而退、半途而废的行为只能说明创新者并没有真正确立和坚持目标。因此，大学生必须深刻认识自主创新目标所具有的持续作用，花精力切实确立自主创新目标，保证创新活动得以持续进行。

（二）大学生确立自主创新目标的原则与方式

大学生自主创新目标的确立，并不是凭空想象的过程，而是在实践基础上，认真思考、反复认识、自主决策的结果。

---

① 《马克思恩格斯选集》第4卷，人民出版社1995年版，第382页。

第一，自主原则与自决方式。确立自主创新目标，首先要坚持自主性原则，采取自决方式。所谓自主性原则，是指通过独立、自主作出的选择与决策而形成的目标。“自主有两个尺度。第一个尺度描述个体的客观状况、生活环境，是指相对于外部强迫、外部控制的独立、自由、自决和自主支配生活的权利和可能。第二个尺度是对主观现实而言，是指能够合理地运用自己的选择权利，有明确的目标，坚韧不拔和有进取心。自主的人能够认识并且善于确定自己的目标，不仅能够成功地控制自己的环境，而且能够控制自己的冲动。”① 自主创新目标是创新主体内在精神的集中体现，只能靠创新主体通过学习、借鉴、实践、认识，自主、自决地确立，是别人无法代替的。因而，大学生要确立自主创新目标，坚持开展自主创新活动，首先要反省自己，而不能以社会环境影响与学校教育过程中存在不利于自主创新的消极因素为借口，而不愿确立自主创新目标，拒绝参加自主创新活动。

第二，可行原则与自选方式。所谓可行原则，是指大学生在确立自主创新目标时，必须考虑目标适度，其所确立的目标经过努力是可能实现的。自主创新活动不同于一般的活动，不是完成一般活动需要的能力与条件所能胜任的。因此，大学生在确立自主创新目标的时候，要综合考虑主客观因素，尤其要考量自身的主体因素，诸如兴趣、知识基础、能力与客观条件等。确定的目标必须是自己经过努力就能够达到的，不可过高或过低。过高的目标实现不了，使人产生不必要的挫折感；过低的目标容易实现，对持续创新激发不力。因此，大学生要充分认识自我，在学习、工作、生活各个方面的不断发展中对自己作出正确的评估，善于对客观条件进行分析，在自主、合理选择、配置主客观条件过程中，确立具有可行性的创新目标。

第三，超越原则与探索方式。创新的方式是研究和探索，研究和探索的灵魂是创新，创新的实质就是在认识与改造中实现对创新对象的超越。没有超越谈不上创新，没有创新则谈不上研究和探索。所谓超越，既指对前人已有成果的超越，也指对自身的超越。前一种超越是指创新目标争取实现的现实；后一种超越是指自己在确立、实现创新目标的过程中，不断学习、实践和总结经验，锻炼提高自己，实现对自身水平的超越。这后一种超越对大学生来说更有意义。

① 肖川：《主体性道德人格教育》，北京师范大学出版社 2002 年版，第 6 页。

三、大学生自主创新意志及锻炼方式

意志是指人自觉地确定目标，并根据目标调节支配自身行动，克服困难，去实现预定目标的心理过程。意志也称意志力，在创新过程中起着稳定、巩固、保证创新活动进行的作用。

（一）自主创新意志的特征

自主创新意志是指人在自主创新活动中，为克服阻碍、困难、风险，实现自主创新目标而自觉形成、调节和推进创新活动的心理状态。自主创新意志是在一般意志的基础上形成的一种高层次意志形式，是自主创新活动中一种丰富的、复杂的精神活动和精神体验，具有独特的内涵和特征。与一般意志相比，自主创新意志具有以下三种特征。

一是执着的指向性。自主创新意志体现在目标上，就是不达目的不罢休的追求精神。在自主创新活动中，遇到困难、挫折、失败在所难免，这就需要有顽强的意志力加以巩固和保证。所以，意志的形成、意志作用的发挥、意志价值的实现，都与创新目标及其实现紧密结合在一起，离开创新目标谈创新意志是没有意义的。古今中外，许多著名的发明家和创造家表现出对创新的痴迷、坚持与执着，就是因为他们有强烈的意志作支撑，才保证了其创新目标的实现。

二是顽强的坚持性。自主创新是一项高难度的活动，过程往往充满艰辛与风险。面对艰难困苦，没有坚韧的毅力，没有顽强的精神，就会动摇、放弃。坚定的创新意志所蕴含的顽强坚持性常常能使创新主体主动克服各种障碍，以坚韧的精神转危为机。

三是决策的果断性。自主创新活动既需要大胆假设，小心求证，也需要果断决策，确定方案。在自主创新过程中，会出现大量的偶然现象与不确定因素，既向原定的创新目标与方案提出了挑战，也为创新活动提供了机遇。在复杂、多变的状况下，需要创新者及时审时度势，根据偶然现象与不确定因素的性质迅速调整创新活动，果断做出选择与决策。如果犹豫不决，优柔寡断，就会错过创新的最佳时机。机遇的一个重要特点就是稍纵即逝，难以重复出现。在科学研究、创新思维方面作出重大发现的关键环节，往往就是抓住了机遇，如电磁效应、青霉素、X 射线等研究成果的发现，都是通过及时抓住和分析偶然现象而获得的重大科学发现。

（二）自主创新意志的作用

自主创新意志在创新活动中的作用，主要表现在两个方面。一是自主创新活动的支撑作用。意志是与人的自觉性密切相关的。坚定的意志，保证人自觉地按照一定目标行动，并能自觉调整和矫正不符合目标的行动，推动人努力实现既定目标。小说《钢铁是怎样炼成的》中有一段描述：保尔一次对朋友说："人应该支配习惯，而不是习惯支配人。"当时就有人嘲笑他爱说漂亮话，举例说保尔明知抽烟不好，但还是戒不掉。保尔听了当即把口中的烟卷拿了下来，说："从今天起，我决不再抽烟。"保尔说到做到，从此，戒掉了几乎在孩童时代就养成的抽烟习惯。由此我们可以看出，坚强的意志对人的行动具有支撑作用。孟子所说的"故天将降大任于斯人也，必先苦其心志，劳其筋骨，饿其体肤，空乏其身，行拂乱其所为，所以动心忍性，曾益其所不能"（《孟子·告子下》），表达的就是坚定意志的强大支撑作用。对于大学生而言，自主创新不是一句响亮的口号，而是一项艰苦的长期实践活动。在自主创新活动中，意志的明确、意志力的顽强、目标的指向性、决策的果断性就是强大的内在动因，能使大学生学会自我控制、掌控自己的情绪，抵制诱惑与干扰，将精力集中在既定目标上，为实现目标而全身心地投入自己的力量和才华。

二是战胜困难的支柱作用。自主创新活动是充满挑战与艰辛的创造性活动，过程中总会遭遇这样或那样的困难，需要有坚强的意志和毅力，知难而进、迎难而上。著名波兰裔法国籍化学家居里夫人曾说过："我的最高原则：不论对任何困难，都绝不屈服。"通过捷径得到的东西绝不会惊人。英国作家狄更斯有一句名言："顽强的毅力可以征服世界上任何一座高峰。"对于立志从事自主创新活动的大学生，磨砺自己的意志，锻炼坚韧的毅力和顽强的斗志，也就是打造自己的精神支柱。

（三）大学生自主创新意志的锻炼

当代大学生面临的创新竞争日趋激烈，面临的创新环境日趋复杂，大学生要实现自己的创新目标，成就自己的创新事业，就要锻炼顽强的创新意志，在遭遇失利与挫折的情况下，不堕创新壮志，不失创新气概。

首先，要正确认识和评价自我，树立自信。自主创新需要有良好的主观条件，而认识和评价自身的主观条件，对缺乏社会经验的大学生来说是一件困难的事情。这种困难在于对自身的认识和评价难以适中，有些学生容易自卑或者自傲。自卑与自傲虽然处于不同的两极，但都是成功的敌人，与自卑、自傲相对的自信则是成功的朋友。自信是对自身认识和评价的一个重要概念，它建立在对自身客观、理性的认识与评价之上。自信心能够建设一个积极、健康、强大的内在自我，这是创新成功的内在基础，也是创新思维的源泉。贝多芬双耳失聪仍创作出《命运交响曲》等作品，毕加索受人耻笑仍不懈地拓展新的绘画艺术境界。他们依靠的精神武器都是对自身创造能力的自信和对自己创新事业的坚定信念。“有志者，事竟成。”在困难面前，只有始终对自己保持信心，并尽自己最大努力去争取的人，才会受到胜利的青睐。

其次，要增强自主行为与自我控制能力。自主行为与自我控制能力就是不受外界干扰，能够支配和控制自己的能力。苏联教育家马卡连柯说过：“伟大的意志不仅善于期待并获得某种东西，而且也善于迫使自己在必要时拒绝某种东西，没有制动器就不可能有机器，没有抑制力也就不可能有任何的意志。”[①] 排除不良环境因素的影响，能够在自主学习、自主创新活动中进行自我控制，对大学生的成长、成才极为重要。这是因为，当代大学生处在开放、复杂、多变的环境之中，面临着积极与消极、先进与落后、现实与虚拟等多重性质、多个领域的影响，特别是社会上、网络里的金钱、权力及黄、毒、赌的诱惑，对一些涉世不深、经验缺乏的大学生来说，往往难以清晰辨别，难以做出正确的选择。有的盲目从众，难以自主；有的甚至陷于诱惑，难以自拔。存在这些不良倾向的学生常常自知不好，但就是难以改变，其根本原因还是缺乏自主性与自控力。因此，只有增强大学生自主能力与自控能力，才能有效地抵御诱惑与干扰，才能调控自我情绪，沉着、冷静、坚持、执着、专注于学习与自主创新活动。

最后，培养和训练知难而进的胆识。决心是战胜困难的法宝。陶行知说过：“敢探未发明的新理，即是创新精神，敢入未开化的边疆，即是开辟精神。创造时，目光要深，开辟时，目光要远，总起来说，创新开辟都要有胆量。”[②] 无论是自然科学还是社会科学领域内的新发现、新发明和新创造，总是同社会的、自身的传统观念、习惯势力不一致，甚至相抵触，因而难免要遭遇传统观念、习惯势力的阻抗而受到非难和指责。因而，创新者对阻碍创新活动的因素既要有认识，还要有胆量去克服。否则，创新不可能会有任

① 何玉林：《成功者的灵丹妙药：谈意志》，天津人民出版社 1985 年版，第 83 页。
② 江苏省陶行知教育思想研究会：《陶行知文集》，江苏人民出版社 1981 年版，第 17 页。

何进展。同时，创新活动在进行过程中，还会遇到难以预料的不确定因素与风险，它们可能成为创新的难关。难关不克，更不会有进展。这就需要创新者敢于面对新问题，及时对不确定因素与风险作出分析，有胆有识地提出化解风险的对策。只有化解了风险，创新才有获得成功的希望。因此，大学生要在日常学习、生活过程中，磨炼意志，克服胆怯、拘谨和懦弱心理，培养和训练自主创新所需要的胆识。

四、大学生自主创新精神的人格特征

具有内在联系、结构合理的创新精神，在大学生身上不是孤立存在的，而是以创新人格特征表现出来的。人格主要是指个体稳定的心理特征和心理倾向的总合。自主创新人格是人格的具体表现形式，是指由个体在自主创新活动中表现出来的、较为稳定而独特的心理特征的总和。这里所讲的自主创新精神的人格特征，不包括智力因素，是指创新意识、创新目的、创新意志等在大学生心理层面的积淀，是在创新活动中所表现出来的心理特征。关于创新精神的人格特征，人们进行了许多研究。在 1980 年第 22 届国际心理学大会上，美国心理学家戴维斯将创新的一般人格特征概括为十个方面：独立性强；自信心强；敢于冒风险；具有好奇心；有理想、有抱负；不轻听他人意见；易于被复杂奇怪的事物所吸引；具有艺术上的审美观；富有幽默感；兴趣爱好既广泛，又专一。[①] 这些特征基本是精神层面的表现。我国学者林崇德对创新性人才的特征进行了概括，包括有高度的自觉性与独立的个性，不肯雷同；有旺盛的求知欲；有强烈的好奇心；对事物的运动机理有深究的动机；知识面广，善于观察；工作中讲求理性、准确性与严格性；有丰富的想象力、敏锐的直觉；喜好抽象思维，对智力活动与游戏有广泛的兴趣；富有幽默感，表现出卓越的文艺天赋；意志品质出众，能排除外界干扰，长时间地专注于某个感兴趣的问题。[②] 参考国内外相关研究的成果，本文把具有自主创新精神大学生的人格特征概括为以下四个方面。

（一）主体意识突出

主体意识，即具有独立性和主体性的意识。主体意识是创新精神的前

---

① 张金华：《浅论创新人格培养》，载《当代教育论坛》2004 年第 1 期。

② 林崇德：《培养和造就高素质的创造性人才》，载《北京师范大学学报（社会科学版）》1999 年第 1 期。

提，也是人格确立的核心，因为任何创新活动，都是一种独立自主的活动，都是别人无法代替的活动。大学生的主体性正处在发展之中，它在大学生心理发展和人格完善中起着向导、控制、激励和归因的作用，决定着大学生发掘个人创新潜能的力度和程度，制约着创新动机和创新行为的启动和发展，影响着大学生自主创新的内在感觉和心理活动。突出的主体意识是大学生独立思考、挑战权威、打破成规、坚持主见、不怕困难和挫折的主观条件。

（二）创新欲望强烈

创新欲望是从事创新活动的直接推动力。大学生的创新欲望既是对创新价值的热切追求，也是对未知问题、模糊领域的强烈好奇。追求创新价值是时代特征的体现，追新求异是青年学生的一般特点，两者相结合即形成了当代大学生明显的精神特征。具有创新人格的大学生对发现新事物和创新活动有强烈的倾向，对未知领域和新事物非常敏感并充满探索的欲望，具有质疑精神，敢于标新立异，个性特征鲜明。

（三）创新信念坚定

坚定的信念是个体对自己所从事的活动所持有的坚定观念与态度。信念是认识、情感和意志的融合，是一种综合的精神状态。由于信念既具有理智上的坚信不移，又得到情感上的强烈支持和意志方面的有力支撑，因此具有稳定性。信念是强大的精神支柱和精神动力，是成功的内在保证。有坚定创新信念的大学生，对自己以及自己所从事的创新活动总是深信不疑，并坚信一定能成功。一些大学生之所以在学校学习期间就取得了可喜研究成果，就在于他们坚信：面向社会竞争，满足现状就意味着落后；人生没有失败，有的只是暂时的停滞；重要的不是发生了什么，而是我们怎样有效地去创造。正是在这样的信念支撑下，他们才能发掘自己的潜力，冲破困难，获得创新成果。成长在开放、竞争、信息化条件下的大学生，多数人的自主意识、竞争意识比较强，对未来事业有所追求、有所创造、有所建树的信念比较充分，这既是时代赋予他们的特征，也是青年学生富有理想的表现。

（四）勇于创新实践

自主创新不能只停留在口头上，而是要付诸行动和实践。我们可以看到，从事自主创新并获得成效的大学生无一例外都是踏踏实实的践行者。他们不仅勤于动脑，思维活跃，灵感丰富，而且勤于动手，积极实践，注重研究。由于大学生长时间在学校学习，而且主要学习书本知识，所以都不同程度地存在着缺乏实践经验的特点。多数大学生能够正视并努力克服这一点，对于社会实践、科研活动、志愿者服务、社会工作，他们热心参与、十分珍惜、充满期待，并以年轻人特有的敏锐与好奇，在活动中力争有新体验、新见解与新发现。

青年的历史责任与崇高使命*

一个有远见卓识的政党，总是把未来的希望寄托在青年身上。胡锦涛在庆祝中国共产党成立90周年大会上的讲话（以下简称“七一讲话”）中指出：“回顾我们党90年的发展历程，我们有一个共同的感觉，这就是，我们党从成立之日起，就始终代表广大青年、赢得广大青年、依靠广大青年。”他明确提出了当代青年所担负的历史使命，对青年寄予厚望，要求全党都要关心青年，鼓励青年成长，支持青年创业，为国家富强和人民幸福建功立业。认真学习贯彻“七一讲话”精神，对提高广大青年的积极性，推进中国特色社会主义建设具有重大意义。

一、代表、赢得和依靠广大青年是党的传统

代表广大青年、赢得广大青年和依靠广大青年，既是中国共产党的优良传统，也是中国共产党的政治优势。在中国共产党诞生的前夕，北京的几十位青年学生作为广大民众中觉醒的第一批人，掀起了轰轰烈烈的五四爱国运动，开启了20世纪中国的第一次思想解放。中国共产党第一次全国代表大会的13名代表，平均年龄只有28岁，最年轻的仅19岁，后来他们中的许多人成为中国革命的中坚力量。1915年，37岁的陈独秀在上海创办了《青年杂志》（1916年更名为《新青年》），迅速唤醒、聚集了一大批进步青年。当时，毛泽东才20岁出头，李大钊27岁，他们是《新青年》杂志的撰稿人，并成为中国共产党的创始人。正是这些为国为民、热血沸腾的青年人，在黑暗、落后的旧中国，追寻马克思列宁主义，开启了中国伟大的革命航程。马克思主义在中国的最早传播者李大钊，在《青春》一文中号召青年要“冲决历史之桎梏，涤荡历史之积秽，新造民族之生命，挽回民族之青春”，青年要“为世界进文明，为人类造幸福，以青春之我，创建青春之家庭，青春之国家，青春之民族，青春之人类，青春之地球，青春之宇宙，资以乐其无涯之生”。

---

* 原载于《思想理论教育》2011年第9期（上），收录时有修改。

年轻的中国共产党人的示范作用和带头行为，对全国各条战线、各个领域的青年产生了广泛而深刻的影响，广大青年参军参战、入团入党，使人民军队和共产党迅速发展壮大，形成了争取国家独立、民族解放的浩浩荡荡的革命大军。在党领导红军长征时，中共中央、中央革命军事委员会成员共11人，年龄在45岁以下的就有10人，30岁以下的有5人；军委纵队下辖的4个梯队的司令员与政委，年龄都在40岁以下；红一军团、红三军团、红五军团、红八军团、红九军团，以及红二方面军的红二军团、红六军团的军团长、政委、参谋长，红四方面军所辖的第4、第9、第30、第31、第33军的军长、政委、参谋长，绝大多数人的年龄都在30岁左右。这充分表明，我们的党、我们的军队是一支富有活力与生命力的年轻队伍。

正是这支英勇顽强、不怕牺牲的队伍，在国内革命战争、抗日战争、解放战争中，谱写了中国革命的壮丽篇章，涌现了无数可歌可泣的英雄人物。党的领导人瞿秋白于1935年在福建被捕而英勇就义，时年36岁；时任闽粤赣边游击队司令员的古柏1935年在掩护战友突围时壮烈牺牲，年仅30岁；我军著名军事家方志敏1935年遭国民党军队围攻不幸被捕，同年慷慨就义，终年36岁；1934年任红军独立师长、闽赣军区司令员的毛泽覃，1935年为掩护游击队员脱险而牺牲，年仅30岁；中共候补党员刘胡兰在革命斗争中被山西省国民政府主席阎锡山派出的军队逮捕，拒绝投降，在敌人的铡刀下英勇献身，时年15岁，毛泽东当年为她题词："生的伟大，死的光荣。"像这样为了国家独立、民族解放而不惜抛头颅、洒热血的革命青年有千千万万，他们用自己激昂的热血和年轻的生命，夺得了革命的胜利和人民的解放。

新中国成立以后，我国广大青年踊跃参加抗美援朝、保家卫国的战斗，积极投入社会主义改造和社会主义建设，充分发挥了先锋队和突击队的作用。在抗美援朝战斗中，我国青年志愿军英勇顽强，不怕牺牲，在18万革命烈士中，有近7成牺牲时不到30岁。解放初期，我国派出一大批年轻人到苏联学习，这些年轻人回国后将所学投入到百废待兴的祖国建设中去，发挥了骨干作用。我国以青年为主体的人民解放军毫不畏惧地面对霸权主义的挑战，保卫着祖国的安全。各条战线上的广大青年用自己的勤奋劳动和聪明才智，逐步改变了我国贫穷落后的面貌。在改革开放和社会主义现代化建设的伟大实践中，广大青年更是焕发出前所未有的积极性与创造性，始终走在解放思想、敢于竞争、大胆创新、积极奉献的前列。踊跃加入党组织的是青年群体，活跃在创新创业第一线的是青年骨干，志愿服务者主体是青年，抗击风险、危机冲在第一线的多是青年，在我国 8000 多万共产党员中，35 岁以下的年轻人就占了近四分之一。

中国共产党之所以能够代表、赢得和依靠广大青年，之所以能够动员、组织和激励广大青年参加革命和社会主义建设，首先是由我们党的性质决定的，这是我们党代表、赢得和依靠广大青年的根本所在。对于这个问题，列宁从三个方面进行了精辟概括："我们是未来的党，而未来是属于青年的。我们是革新者的党，而青年总是更乐于跟着革新者走的。我们是跟旧的腐朽事物进行忘我斗争的党，而青年总是首先投身到忘我斗争中去的。"① 其次，我们党始终关心、爱护青年并把未来的希望寄托于青年。1957 年 11 月 17 日，毛泽东在莫斯科向中国留学生讲话时，表达了党对青年人的期望。他说："世界是你们的，也是我们的，但是归根结底是你们的。你们青年人朝气蓬勃，正在兴旺时期，好像早晨八九点钟的太阳。希望寄托在你们身上……世界是属于你们的。中国的前途是属于你们的。"② 这段话一直指导着我国的青年工作，并成为激励青年健康成长的座右铭。邓小平曾深情地讲："青年——是我们的未来，我们的一切事业的继承者。"③ 他还说："青年一代的成长，正是我们事业必定要兴旺发达的希望所在。"④ 1998 年，江泽民在同团中央新一届领导成员和团的部分代表座谈时指出："青年兴则国家兴，青年强则国家强；青年有希望，未来的发展就有希望。"⑤ 这些论述表明我们党对青年的关怀和爱护，对青年在社会发展中重要作用的认识，是党代表、赢得和依靠广大青年的关键所在。

二、当代青年肩负着艰巨而光荣的历史使命

所谓历史使命，旧时是指使者担当重任奉命出行，现在引申为肩负重大的任务和责任。"七一讲话"对当代青年所肩负的历史使命进行了概括："青年是祖国的未来、民族的希望，也是我们党的未来和希望""党对青年寄予厚望，人民对青年寄予厚望"。这就是说，我们国家、我们党未来的前

① 《列宁全集》第 11 卷，人民出版社 1963 年版，第 338 页。

② 《毛主席在苏联的言论》，人民日报出版社 1957 年版，第 14-15 页。

③ 《邓小平文选》第 1 卷，人民出版社 1994 年版，第 254 页。

④ 《邓小平文选》第 2 卷，人民出版社 1994 年版，第 95 页。

⑤ 中共中央文献研究室：《江泽民论有中国特色社会主义（专题摘编）》，中央文献出版社 2002 年版，第 420 页。

途与命运，建设祖国、振兴中华的历史使命，理所当然地被寄托在广大青年身上。广大青年要承担历史使命，首先要明确其丰富内涵。马克思、恩格斯在《德意志意识形态》一文深刻阐述了人的使命与责任、任务的关系："作为确定的人，现实的人，你就有规定，就有使命，就有任务，至于你是否意识到这一点，那都是无所谓的。这个任务是由于你的需要及其与现存世界的联系而产生的。"[①] 在马克思、恩格斯看来，使命、任务和责任是由人们在社会关系中所处的地位和社会的物质生活条件决定的，即使命是每个人与生俱来且客观存在的。因为任何人都生活在现实社会中，都活动在社会关系之中，不可能封闭而孤立存在，所以每个人与国家、民族、社会、他人必定形成相互关系，既要依靠这些相互关系生存与发展，又要为维护、发展这些关系而尽职尽责，这就是人的使命与责任的缘由与实质。所以，胡锦涛在庆祝清华大学建校 100 周年大会上发表讲话时强调，要"着力增强学生服务国家服务人民的社会责任感、勇于探索的创新精神、善于解决问题的实践能力"[②]。《国家中长期教育改革和发展规划纲要（2010—2020 年）》也在战略主题中要求，教育改革发展的"核心是解决好培养什么人、怎样培养人的重大问题，重点是面向全体学生、促进学生全面发展，着力提高学生服务国家服务人民的社会责任感、勇于探索的创新精神和善于解决问题的实践能力"。青年生活的时代不同，其历史使命也相应有所不同。当代青年对自己负责、对他人负责、对社会负责、对国家和民族负责，是青年作为现代人的重要标志，也是青年成长、成才的基础。当今时代赋予青年诸多历史使命，概括起来主要有以下内容。

（一）担当建设祖国、振兴中华的伟大使命

我国广大青年所肩负的历史使命，是极其光荣而艰巨的，这是因为，在人类漫长的历史发展进程中，社会主义事业是发展时间不长的新型事业，中国特色社会主义道路是我国在新时期开辟的富有生命力的道路。推进社会主义建设的发展，探索在拥有 13 亿人口的东方大国建设社会主义的理论，都是史无前例的。我们党经历了 90 年的奋斗，不断实现党的奋斗目标，已经奠定了很好的基础，中国特色社会主义事业正如旭日东升。我们党提出的到 21 世纪中叶基本实现现代化，把我国建设成为富强民主文明的社会主义现

---

① 《马克思恩格斯全集》第 3 卷，人民出版社 1960 年版，第 329 页。

② 胡锦涛：《在庆祝清华建校 100 周年大会上的讲话》，载《人民日报》2011 年 4 月 25 日第 2 版。

代化国家，实现中华民族的伟大复兴，这是全国各族人民的奋斗目标，也是当代青年的历史使命。这就需要广大青年树立中国特色社会主义共同理想，坚持党的基本路线，坚定不移地为强国富民作贡献。

（二）承担科教兴国、人才强国的重任

科教兴国、人才强国是当代中国面向现代化、面向世界、面向未来，加快中国特色社会主义现代化建设的两项重大战略任务。要进行现代化建设，人才是国家发展的战略资源，必须全面落实科学技术是第一生产力的思想，坚持以教育为本，把科技和教育摆在经济、社会发展的重要位置，增强国家的科技实力及向现实生产力转化的能力，把经济建设转移到依靠科技进步和提高劳动者素质的轨道上来。科教兴国、人才强国既是国家战略，又是广大青年的历史责任；既体现了国家意志，又表达了广大青年的愿望。在科技和教育迅速发展，社会信息化不断推进的背景下，当代青年有较多机会学习、运用、创新现代科学技术，时代召唤着年轻人履行自己新的历史使命。广大青年应当义不容辞地担当迎接新技术革命挑战的重任，争当创新人才，成为民族振兴的中坚力量。为此，胡锦涛在2010年全国人才工作会议上特别强调："要把培养造就青年人才作为人才队伍建设的一项重要战略任务，加大工作力度，完善工作制度，采取及早选苗、重点扶持、跟踪培养等特殊措施，使大批青年人才持续不断涌现出来。"①

（三）勇当建设创新型国家的生力军

我国是一个拥有13亿人口的大国，人均资源相对不足，经济社会发展水平不高，在面向国际竞争过程中，将长期面对发达国家经济、科技优势的压力。为此，党中央、国务院从我国社会主义现代化建设的全局出发，明确提出了坚持走中国特色自主创新道路、建设创新型国家的重大战略，确立了到2020年使我国跻身于创新型国家行列的目标。在我国目前已有的2100多万科学技术人才中，45岁以下的青年占了70%，这说明青年人才已经成为我国建设创新型国家的中坚力量。广大青年要勇敢地肩负起这一时代重任，大胆进行自主创新，积极拼搏奉献，努力创造出无愧于时代、无愧于人民的光辉业绩。

---

① 《全国人才工作会议在京举行》，载《人民日报》2010年5月27日第1版。

三、广大青年要努力提高自身素质

为了鼓励广大青年更好地承担艰巨而光荣的历史使命，胡锦涛在“七一讲话”中，不仅号召全党要关心青年、支持青年，而且向广大青年提出了成长和发展的要求。他说，“全党都要关注青年、关心青年、关爱青年，倾听青年心声，鼓励青年成长，支持青年创业”，“全国广大青年一定要深刻了解近代以来中国人民和中华民族不懈奋斗的光荣历史和伟大历程，永远热爱我们伟大的祖国，永远热爱我们伟大的人民，永远热爱我们伟大的中华民族，坚定理想信念，增长知识本领，锤炼品德意志，矢志奋斗拼搏，在人生的广阔舞台上充分发挥聪明才智、尽情展现人生价值，让青春在为党和人民建功立业中焕发出绚丽光彩”。胡锦涛提出的要求不仅内涵丰富，而且符合青年的特点，以下几个方面是广大青年要十分重视的素质。

（一）发扬爱国爱民的优良传统

“五四”以来，各个历史时期的青年之所以能够团结一致、浴血奋战、不怕牺牲、无私奉献，最根本的是他们传承了中华民族爱国主义的优良传统，他们把自己的前途与中华民族的命运紧密联系在一起，目标明确、立场坚定、动力强大，能够以精神软实力之强大战胜敌人的硬实力之强势，能够以团结一致的凝聚力战胜现代化建设过程中的各种困难与风险。在当今社会，虽然我国改革开放和社会主义现代化建设取得了巨大成就，我国国际地位得到大幅提高，我们面临的形势和时代所赋予的任务与过去有所不同，但我国仍将长期处于社会主义初级阶段，经济、科技还相对落后，仍然面临着发达国家经济、科技的强势压力和国际竞争的严峻挑战。要使我国强大起来并跻身于发达国家行列，还需要我国各族人民，特别是广大青年弘扬爱国爱民的优良传统，继续团结一致、艰苦奋斗、凝聚力量，推进中国特色社会主义事业向前发展。我们应当清醒地看到，帝国主义虽然没有用武力将中华民族征服，也没有用“和平演变”使我国社会主义制度变色，但他们还会使用各种手段来干扰、破坏我国社会主义现代化建设进程，还会以各种方式和我们争夺青年人。因而，每一位青年必须以国家安全为重，以人民利益为重，站在面向世界、面向未来的高度，实现中华民族的振兴。只有国强，才能民富；只有国安，才能民乐。在开放条件下，在和平环境里，忽视民族利益，模糊国家界限，放松思想警觉，不是陷于个人利益追求和享乐，就是受到自由化影响，这些都是不对的。广大青年要加强革命传统、爱国主义教育，牢记毛泽东的教导："要使全体青年们懂得，我们的国家现在还是一个很穷的国家，并且不可能在短时间内根本改变这种状态，全靠青年和全体人民在几十年时间内，团结奋斗，用自己的双手创造出一个富强的国家。社会主义制度的建立给我们开辟了一条到达理想境界的道路，而理想境界的实现还要靠我们的辛勤劳动。"①

（二）坚定中国特色社会主义共同理想

中国特色社会主义道路是我们党经历了"文化大革命"的挫折，总结了历史经验教训，经过艰苦探索而开辟的正确道路，并形成了中国特色社会主义理论体系，确立了中国特色社会主义的共同理想。这一共同理想指引着中华民族的光明前程，凝聚全国各族人民的共同心愿，是产生巨大精神动力的源泉。因而，广大青年一定要懂得，坚定这一共同理想不仅是增强民族凝聚力和国家软实力的需要，而且是个人增强精神动力和竞争力的需要。邓小平曾特别强调："首先要向青年进行有理想、有纪律的教育。没有理想和纪律，建设'四化'是不可能的。许多青年崇拜西方的所谓自由，但什么叫自由他们并不懂。要使他们懂得自由和纪律的关系。"② 胡锦涛在"七一讲话"中也强调，广大青年要坚定理想信念。青年之所以要坚定中国特色社会主义共同理想，一是因为在社会竞争机制下，有些青年过分重视眼前利益、工具价值的追求，忽视理想信念的确立，致使这些青年迷惘困惑颇多，精神动力不足，对集体和个人发展都不利；二是由于一些青年的理想信念还没有形成，也不够坚定，在受到社会多样化，特别是文化多元化的影响时，难以作出选择，有的甚至接受错误观点，冲击中国特色社会主义共同理想的形成。一些青年理想信念难形成、难坚定的状况，既与社会某些客观影响有关，也是由自身主观认识、主观努力不够所造成的。因而，广大青年要深刻认识相互关联的两个问题：其一，中国特色社会主义共同理想的形成与坚定，既有利于国家，又有利于集体，还有利于个人，有一举三得之利，否则，有一失三损之害；其二，中国特色社会主义共同理想的形成与坚定，需要自觉地学习、实践、思考才能逐步形成。自己的目标、自己的灵魂、自己的追求要自己做主、自己认定，不能随意受社会不良倾向甚至错误观点的影

① 《毛泽东著作选读》（下），人民出版社 1986 版，第 781 页。

② 《邓小平文选》第 3 卷，人民出版社 1993 版，第 191 页。

响而摇摆不定、徘徊不前，不要把主观忽视理想信念形成与坚定的责任推卸给客观因素的影响。

（三）坚持全面发展的目标

胡锦涛在“七一讲话”中要求广大青年增长知识本领、锤炼品德意志、矢志奋斗拼搏、发挥聪明才智、展现人生价值，就是要求广大青年坚持健康成长、全面发展。人的全面发展，是马克思主义确定的社会发展的最高目标和社会进步的价值尺度，既是人的不懈追求，也是社会科学发展的坚实基础。[①] 在当代社会条件下，对外开放、信息社会、多元文化、互联网络等时代因素，加上激烈竞争、广泛流动、频繁风险中的不确定因素增多，使每个人都在复杂、多变的环境之中学习、工作、生活。要有效适应、驾驭现代社会环境并有所作为，必须具有解放思想、更新观念、跟上时代发展的自觉性，必须善于学习、掌握、运用多方面的知识与技能，必须培养、提高分析和解决实际问题与疑难问题的能力，这是坚持全面发展的基本要求。我们应当清醒地看到，随着市场体制的建立和竞争机制的形成，经济快速发展、社会全面进步、科技不断创新都向青年提出了培养创新精神和解决问题的实践能力的要求。所谓创新精神，是指在综合运用已有知识、信息、技能和方法的过程中，提出新见解、新方法、新理论的思维能力和进行发明创造、改革创新的意志、信心、勇气和智慧。创新精神是当今的时代精神，它是科学技术活动的灵魂，也是推进社会竞争、社会发展的需要。创新精神在创新过程中发挥着作用，它既与诸多客观要素相渗透，又具有丰富的主观内涵，主要包括创新意识、创新兴趣、创新胆量、创新意志、创新思维等。创新精神是比一般精神境界更高的精神活动，这是因为，创新活动是充满不确定因素并要严格遵循客观规律的活动，需要创新者具有求真务实精神；创新活动是探索未知领域的过程，需要创新者具有开拓精神；创新活动是十分艰难困苦的活动，需要创新者具有拼搏精神；创新活动是复杂曲折的活动，需要创新者具有顽强精神；创新活动是充满风险的活动，需要创新者具有牺牲精神；创新活动是有益于社会进步的活动，需要创新者具有奉献精神。因而，创新精神是高境界精神。要培养创新精神，不仅要有对创新精神价值的正确认识，还要有比较好的全面发展基础，那些重物质、轻精神，重科技、轻人文，重眼前、轻长远的片面发展倾向，是难以培养和获得创新精神的。解决问题的

---

① 《马克思恩格斯全集》第25卷，人民出版社1974年版，第927页。

实践能力的锻炼与提高，是坚持全面发展的重要任务与核心内容。马克思把人的全面发展界定为“作为目的本身的人类能力的发展任何人的职责、使命和任务就是全面发展自己的一切能力”[1]。在现代社会条件下，人只有全面发展各种能力，才能适应复杂多变的社会发展和社会竞争，才能不断从事富有创造性的活动。在当今社会，解决问题的实践能力不是某种单一的能力，而是一个能力体系。在这个体系中，首先要有学习能力。学习能力是认识和适应自然、社会和自我发展变化的基础能力，包括信息获取整理能力、书本理解运用能力、知识继承借鉴能力、实践观察体验能力、人际交往学习能力、自主学习选择能力、知识运用更新能力等。其次，要有实践能力。实践能力是在实践活动中有目的地改变、改造、改善、改进和调整实践对象及其所处条件的能力，包括资源转化与整合能力、运用科技手段能力、专业化动手能力、疑难问题发现和解决能力、合作协调能力等。最后，要有创新能力。创新能力是人的能力的最高形式，包括创新思维能力、预测决策能力、排除风险能力、创新表达能力等。所有这些能力都是现代青年不可缺少的能力，它既是全面发展的标志，也是推进全面发展的重要条件。具有这些能力，才称得上具有社会主义现代化建设的本领，才可以“在人生的广阔舞台上充分发挥聪明才智”。但这些能力都不是凭空形成的，需要广大青年在学习、实践、创新过程中逐步培养、锻炼、提高。

① 《马克思恩格斯全集》第 3 卷，人民出版社 1960 年版，第 330 页。

大学生思想政治教育质量提升的理论研究*

提升大学生思想政治教育质量，直接关系到大学生思想政治素质。所谓大学生思想政治教育质量，是指教育者的思想政治教育水平与满足大学生需要程度的状况。提升大学生思想政治教育质量的理论，主要有大学生思想政治教育价值认同论、大学生思想政治教育整合论、大学生思想政治教育特色论、大学生思想政治教育博弈论。

一、质量与大学生思想政治教育质量

质量这一概念在各个学科和各个领域都有运用。一般质量的概念，简单地说，就是一组固有特性满足要求的程度，如果满足了要求，质量就好；不满足要求，质量则差。所谓"固有"，是指某事物本来就有的；所谓"特性"，是指可区分的特征。与大学生思想政治教育质量相关的概念是大学生思想政治教育水平。所谓大学生思想政治教育水平，是指大学生思想政治教育满足大学生思想政治需要和促进大学生成长的程度。所谓大学生思想政治教育质量，是指教育者的思想政治教育水平与满足大学生需要程度的状况。大学生思想政治教育水平与大学生思想政治教育质量既有联系，也有区别，教育水平是衡量教育者教育状况的概念，教育质量是衡量整个教育活动状况的概念；教育水平是教育质量的基础，教育质量是教育水平的体现。

大学生思想政治教育是教育者与大学生的共同活动，不是教育者或受教育者的单方面活动。因而，大学生思想政治教育的质量要由教育者的教育水平和受教育者的接受程度共同决定。教育者的教育水平是大学生思想政治教育质量的基础，在衡量大学生思想政治教育质量过程中起着主要作用，但不是唯一作用。如果教育者实施的思想政治教育水平很高，但大学生因为种种原因不接受或接受不好，教育质量就会打折扣甚至没有效果。所以，大学生接受教育的程度，决定了大学生思想政治教育的质量。

大学生思想政治教育的质量既涉及教育者，也涉及大学生；既与教育

---

* 原载于《思想教育研究》2013 年第 6 期，收录时有修改。

者、受教育者的思想实际、行为习惯直接相关，也受社会环境、时代特点的影响；既有客观因素的作用，也有主观认识的原因。因而，衡量、评价大学生思想政治教育质量，必须坚持综合考量、系统评价。概括提升大学生思想政治教育质量的理论，大致有以下几个方面。

二、大学生思想政治教育质量提升的相关理论

（一）大学生思想政治教育价值认同论

所谓价值认同，是指个体或组织通过相互交往而在观念上对某一价值的认可和共享，或以某种共同的理想、信念、原则为追求目标，实现自身在社会生活中的价值取向，是社会成员对社会价值规范所采取的自觉接受、自愿遵循的态度。所谓大学生思想政治教育的价值认同，是指教育者与大学生在思想政治教育过程中，共同认可和接受教育目标、内容的价值，并自愿参与思想政治教育活动和自觉提高思想政治素质。

大学生思想政治教育的价值认同是大学生思想政治教育质量提高的基础。没有共同的价值认同，或只有教育者的价值认同而没有受教育者的价值认同，思想政治教育就不可能有好的效果或质量。大学生思想政治教育的价值认同，既包括教育者和大学生对思想政治教育的整体价值认同，也包括教育者和大学生对思想政治教育具体目标、内容的价值认同。只有教育者和大学生双方都认同并且认同程度高，思想政治教育才有明确的价值取向和共同的互动基础，才能有效推进思想政治教育的开展。如果教育者对大学生思想政治教育产生价值怀疑，或对思想政治教育具体目标、内容质疑，那么，思想政治教育的价值取向就会摇摆不定，或陷于混乱甚至走向错误。如果大学生对思想政治教育的价值贬斥、反感，思想政治教育则难以进行，很难达到效果。因而，大学生认同思想政治教育的价值，是大学生思想政治教育显现效果的前提和提升质量的基础，没有价值认同，效果与质量便是一句空话。

（二）大学生思想政治教育整合论

所谓整合，就是把一些零散的东西通过某种方式而彼此衔接，从而实现信息系统的资源共享和协同工作，最终形成一个有价值有效率的整体。大学生思想政治教育的整合，就是把教育的理论、知识、信息、人员按照一定的教育目标综合实施和运行，形成富有实效与质量的教育体系。之所以特别需

要对大学生思想政治教育进行整合，主要原因是大学生既受思想政治教育的影响，也受社会环境和网络信息的影响。社会环境与网络信息的影响往往是多样、多重、多变的，即既有积极影响，也有消极影响；既有短暂影响，也有持续影响；既有传统性影响，也有现代性影响。学生受其影响，往往会呈现个体差异。这些影响或形成先入为主的观念，与思想政治教育观念不相一致，或与正在进行的思想政治教育产生矛盾，影响大学生的认同与接受。因此，思想政治教育不仅要说服、教育大学生，而且要对学生关心的社会问题、信息问题运用正确理论进行解答与引导，帮助学生释疑解惑。这就要求大学生思想政治教育富有说服力、影响力与渗透力。大学生思想政治教育整合是提高教育水平与教育质量的关键。其整合主要体现在两个方面。一是教育资源整合。教育资源整合，就是优化教育资源配置的决策，这是教育者的重要任务。教育者用于教育的资源，有理论、知识、信息、实例、典型、情感等。传统思想政治教育比较注重书本理论，教育方式比较平面化。现在若还采用传统思想政治教育模式，则难以让学生接受。为此，思想政治教育要突破传统，进行教育资源的综合配置、整体决策，建构立体教育模式。具体讲，就是要丰富、充实以理服人的内容，形成以真理服人、以事理服人、以情理服人的教育优势。以真理服人就是要以理论的逻辑性与彻底性教育学生；以事理服人就是要运用既蕴含正确理论，又富有成效的实例、实践说服学生；以情理服人就是教育者以所讲理论、实际的真情实感熏陶学生。这就是当代社会条件下，教育者坚持以人为本和理论联系实际原则能力的体现，是高质量思想政治教育的要求。二是教育力量整合。大学生思想政治教育的力量，不仅来自教育者，也来自大学生，还来自教育者与大学生对思想政治教育目标的共同追求。教育目标、教育内容是教育者根据培养目标和教育计划确定的，让学生认同教育目标，接受教育内容，除教育者发挥主导作用外，更重要的是教育者要调动学生参与教育的积极性与主动性，形成教育者与学生以及学生之间的互动，让学生把自己的想法表达出来，并及时用正确思想进行引导，推进学生开展自我教育。学生自己动脑、动口、动手了，就会有体验，有追求的满足，即使有的学生看法片面甚至错误，但在同教育者与学生观点的比较中，也会重新思考问题，从中吸取正确的思想。这种教育力量的互动整合，就是教育要相信群众、依靠群众的真谛所在。

（三）大学生思想政治教育特色论

特色是一个事物区别于其他事物的风格、形式，是由事物赖以产生和发展特定的具体环境因素所决定并属事物所独有的，是事物生存与发展的基础和生命力所在。大学生思想政治教育的特色主要体现在宏观与微观两个方面。

宏观方面就是大学生思想政治教育与其他思想政治教育的区别。一是思想政治教育是塑造灵魂、养成行为、学会做人的育人教育，不同于接受科技、掌握工具、学会做事的专业教育。二是大学生思想政治教育的特定对象是在校大学生，大学生处在学习成长的黄金时期，具有不同于其他类型人员的鲜明特点。思想政治教育必须针对大学生的特点开展教育，不同于其他人员的思想政治教育。三是当代社会的大学生思想政治教育必须富有开放性、民主性、竞争性、信息化的时代特征，这不同于过去传统的思想政治教育。宏观方面的教育特色，赋予教育时代性、针对性与实效性，是提升大学生思想政治教育质量的重点。

微观方面就是大学生思想政治教育者富有个性的教育风格。所谓个性，就是个人在思想、性格、品质、意志等方面不同于其他人的特质，这个特质表现于外就是他/她的言语方式、行为方式和情感等方式。任何教育者都是有个性的，或个性平淡，或个性鲜明，或个性一般，或个性突出。教育者应当增强自己的个性特点，并使自己的个性特点体现在教育之中，形成自己的教育风格。缺乏风格的教育，往往是平淡乏力的教育。因而，微观方面的教育特色，赋予教育说服力、感染力，是提升大学生思想政治教育质量的重要条件。

（四）大学生思想政治教育博弈论

所谓博弈，是指在多决策主体之间，当行为具有相互作用时，各主体根据所掌握的信息及对自身能力的认知，做出有利于自己决策的一种行为。博弈论是二人或多人在平等的对局中各自利用对方的策略变换自己的对抗策略来达到取胜目标的理论，是研究互动决策的理论。

大学生思想政治教育之所以可以引入博弈论，是因为大学生思想政治教育是一个多主体活动，不仅有教育者起主导作用，还面向一定数量的大学生。在开放环境、市场竞争、信息社会、民主发展的时代背景下，教育者与受教育者不仅独立性、自主性增强，而且在面对多样、多变的社会环境时，个体选择的差异性明显存在。特别是在校大学生，他们在学校接受教育的同时，也受到社会交往、大众传媒、网络活动等方式的影响，形成各种先入为主的思想观念。当学校的思想政治教育与某些先入为主的思想观念相契合时，有利于思想政治教育的推进和质量的提高；当思想政治教育与某些先入为主的思想观念相矛盾时，就会产生思想政治教育的价值取向与先入为主的思想观念的抗衡张力，出现疏远、冷漠甚至排斥思想政治教育的倾向。也就是说，在当代社会条件下，大学生思想政治教育的认同与接受难以形成完全一致的状况，难免出现忽视、质疑甚至拒绝思想政治教育的情况，诸如逃避思想政治教育活动；无故不上思想政治理论课；在思想政治教育过程中做其他事情；等等。怎么认识和对待大学生思想政治教育所面对的这些情况？首先要肯定的是，大学生思想政治教育过程中所出现的这些情况是与当代社会开放、竞争、民主、多样的发展状况相一致的，我们不能以过去封闭、依赖、集中、单一的传统思维方式来认识和对待大学生思想政治教育所面临的新问题。解决这些新问题，不能采取简单批评、压制、惩罚的办法，而要采用与开放、竞争、民主、多样发展状况相协调的方式，这就是采用博弈的缘由。博弈论是提升大学生思想政治教育质量的过程理论。在大学生思想政治教育过程中，首先，要把教育者与大学生都作为平等的主体，要承认大学生在思想政治教育过程中的独立、自主、选择权利，切实坚持以人为本的原则。其次，要把大学生思想政治教育作为一个系统，这个系统包括教育者、大学生和教育目标、内容、方法、环境等。大学生思想政治教育系统的存在、运行、要求，是按照教育方针、培养目标、教育计划进行的，因而是一个显性、正面、合理的系统。最后，要正视总是从不同角度突破大学生思想政治教育系统的思想与行为，对大学生思想政治教育系统进行分离、形成阻抗，把这些分离、阻抗集合，可以将其看作大学生思想政治教育隐性、负面、不合理的系统。运用博弈理论与方法可以帮助教育者从整体上把握大学生思想政治教育的决策和运行，分析大学生思想政治教育显性系统与隐性系统的矛盾关系，切实增强大学生思想政治教育显性系统的竞争力、影响力与渗透力，充分发挥显性系统在博弈中的优势，针对隐性系统的状况进行吸引、引导，把隐性系统的风险降到最低。这是在新形势下，提高大学生思想政治教育有效性与质量的新方式。

高校思想政治教育面临的时代性课题*

高校思想政治教育当前所面临的主要课题和难题，是发展性课题。高校思想政治教育需要发展和可以发展，不是由高校思想政治教育自身决定的，而是由当今社会现实的突出矛盾决定的。社会变革改变了原来的运行状态与关系结构，呈现新的不平衡性和某些新的不合理性，因而需要新的理论作出符合科学性与价值性的解释，并对新的发展实际赋予合规律性与合目的性。与高校思想政治教育直接相关的主要有以下几个方面。

一、主旋律教育的课题，是要解决经济全球化和市场体制的发展对民族精神的自发冲击与我国面临国际竞争和国内分化发展趋向必须自觉强化民族精神的矛盾

随着经济全球化的发展，特别是我国加入世界贸易组织（以下简称“世贸组织”）后，我国经济、政治、文化都面临着新的发展机遇和新的有利条件，同时也面临新的严峻挑战。我国加入世贸组织必须向世界经济、政治组织让渡部分权力，我国所面临的国际经济、政治格局不再是过去时代的割裂、分离状态；外资被大量引进、人员大量出国及现代传媒、网络等传播途径，模糊了国家界限，冲淡了民族文化。同时，市场体制下放自主权，增强社会主体与个体的主体性，激励竞争与多样化发展，则从内部模糊了整体界限，冲淡了集体观念。对这些带有自发性的浪潮的猛烈冲击，传统的民族精神难以应对，以传统民族精神为内容的思想政治教育显得效果低微。高校作为科技、文化发展的前沿领域，直接面临发达资本主义国家的经济、科技扩张的挑战。发达资本主义国家经济扩张不仅拉大了国内资本与劳工的贫富差距，而且拉大了发达国家与发展中国家的贫富差距。这一差距过去对大多数师生来说，在很大程度上是一种比较抽象的“数字差距”，是比较间接的认识与体验，而在加入世贸组织后，这种差距将被大多数师生从不同途径、以不同方式直接感受到。面对这一客观事实，一些对国家发展的历史，以及

---

* 原载于《中国高等教育》（半月刊）2003 年第 21 期，收录时有修改。

当今世界的发展状况缺乏全面认识的青年学生，往往只以现有的经济差距作为价值判断标准，对资本主义社会产生向往，对社会主义社会产生怀疑。要使青年学生正视这一事实，为缩小与发达国家经济、科技的差距奋发图强，必须围绕弘扬与培育民族精神这个主旋律，做长期的、深入细致的教育工作。同时，资本主义的经济扩张与思想渗透总是紧密联系在一起的。经济是资本主义扩张的基础和目的，思想渗透则是资本主义扩张的前提与保证。对资本主义的这种经济、政治的扩张性，就算是资本主义国家的学者也不回避，如美国学者埃伦·伍德认为："资本主义的基本逻辑——资本积累、竞争和利益最大化，已经从意识上渗透进世界每一个角落。……甚至于在资本主义经济的最外围，一切经济活动也都是按这一逻辑来进行。"所以，美国中央情报局曾经提出"尽量用物质来引诱和败坏他们的青年，鼓励他们藐视、鄙视、进一步公开反对他们原来所受的思想教育，特别是共产主义教条"，"一定要尽一切可能，做好传播工作，包括电影、书籍、电视、无线电……和新式的宗教传播"，"一定要把他们青年的注意力，从以政府为中心的传统引开"。为此，高校思想政治教育要围绕弘扬与培育民族精神这个主旋律，在借鉴西方国家优秀文化的同时，不断抵制西方国家的思想渗透。思想政治教育所面临的矛盾和困难在于，经济全球化和市场体制的发展对人们观念的影响是具体的、自发的、多样的，而且往往与人们的切身利益结合在一起，容易使人们从自身利益的角度做出判断和取舍。适应经济全球化和市场体制发展的民族精神深刻关联和影响着每个人的切身利益，它是全局的、自觉的，但往往与人们的切身利益难以实现直接的、现实的结合。因此，思想政治教育必须研究如何既不妨碍人们，又能使人们获得经济全球化和市场体制所带来的利益，同时，研究全球化与民族化、经济全球化与政治多极化的关系，研究民族精神新的结构理论、功能理论、价值理论，引导人们从现代自发走向现代自觉，确立与现代国家相一致的目标和与现代社会发展相一致的取向。

二、价值观教育的课题，要解决社会竞争日趋激烈情况下精神价值取向自发性淡化与精神价值需要自觉性强化的矛盾

随着我国市场体制的形成，竞争在规范化过程中不断加剧，物质的、科技的成果因其有形和能被量化、指标化，直接与个人利益挂钩，可以进行直

接比较而显示出价值与利益上的差距，因而每个人可直接感受到它的作用而具有价值优势。而隐藏和渗透在这些物质的、科技的成果后面的精神动力、道德品质和政治因素则因其无形且无法被量化、指标化，很难显示差距而直接感受到它的存在与作用。这就是普遍存在的功利、眼前、外在的物质、工具价值取向盛行，而人文、长远、内在精神价值取向淡化的重要原因。这一现象不仅引发了诸如腐败、假劣伪冒、封建迷信、唯利是图等各种社会丑恶现象，而且导致了一些师生的精神荒芜与精神疾病，一些高校和个体已经和正在受到轻视精神和道德的惩罚。值得注意的是，社会丑恶现象的蔓延，忽视轻视精神、道德而遭受惩罚，并没有使所有的人觉醒，许多人仍然困惑在自发状态之中并对精神、道德的价值进行排斥。这与革命斗争时期一些人为了眼前利益陷于工联主义而拒绝接受革命理论的情况相类似，只不过它是新的历史条件下的一种新的自发性。列宁针对自发工联主义的错误进行批判后阐述了灌输理论，提出了没有革命理论就没有革命实践的著名论断。今天，我们还要以列宁的论述教育青年学生重视精神、道德、理论的价值，克服新的历史条件下的自发倾向。但是，毕竟当代人面临的现实同过去不一样，激烈的利益竞争，巨大的物质诱惑，发达的科学技术，这些不同于过去时代的客观条件和存在方式，需要有不同于过去时代的主观条件（即精神条件）和作用方式与之相适应。提供业务发展与科技竞争的精神动力，保证物质利益的合理取向，增强高科技所需要的高情感、高责任感，这是高校思想政治教育经常面临的重大性任务，应当不断满足师生在理论、精神上的需要，推进高校事业与人的全面发展。如果思想政治教育回避现实而仍然采取物质与精神二分方式进行教育，甚至试图通过抑制科技发展和物质利益获取来强化理论、精神的作用，都只会更加激化社会和人们的价值冲突，削弱思想政治教育的作用。为此，高校思想政治教育必须研究与社会竞争、物质利益、科技发展所需要和相适应的现代精神价值理论、精神动力理论及高境界情感与道德。

三、坚持教育主导与多样化发展的课题，解决师生的自主性和多样化发展态势与我国社会整体的主导性要求的矛盾

在社会主义市场经济体制条件下，高等学校与师生员工的自主性、竞争性发展呈现分化与多样化取向，然而任何多样化发展都不是无限度的，都要

受一定取向与规范的制约。背离一定取向和突破一定规范的多样化，是一种自发性、封闭性的多样化。它不仅破坏社会整体的有序性与共同基础，而且必然引发多样化之间的矛盾和冲突。在高等学校，自发性多样化实际上存在两种影响师生的倾向：一种是否定集体主义原则性和指导思想的统一性，主张个人中心和指导思想多元化的理论形态，也就是从理论上否定社会主义意识形态的主导性；另一种是为求得发展而背离政治与法律原则，甚至出现越轨犯规的实际形态，也就是在实践上冲击社会主义制度的主导性。这种自发性的多样化积累到一定程度，势必淹没、取代社会主义意识形态的主导性与社会主义制度的主导性。主导性与多样性是一个古老的哲学命题，是任何事物发展的基本形态。在当前情况下，高校思想政治教育所面临的困难是，具有统一的、原则的、抽象的主导性如何与分散的、具体的、生动的多样性相结合，具体表现就是思想政治教育如何渗透到业务、生活领域的问题。这个过去政治与业务、物质与精神“两张皮”“油水分离”的问题仍然在困扰我们。我们寻求解决难题的唯一途径，就是要承认多样性，坚持服务多样性，加强渗透性；确立主导性与多样性相结合的新的教育原则，既要吸取过去时代只讲主导性、排斥多样性的简单化教训，也要克服当前只讲多样性、忽视主导性的边缘化倾向。在坚持主导性的指导下发展多样性，在发展多样性的基础上坚持主导性。

四、促进人的全面发展，解决人的主体性发展与人的社会化发展的矛盾

随着知识经济的到来，人的发展已经成为世界关注的焦点，也成为每个人最为关切的现实问题。因此，包括思想政治教育在内的教育已由过去的社会边缘走向了社会的中心。社会主义市场经济体制的建立为高校师生提供了发展的自由、民主条件，增强了人的主体性与竞争性，创造了发展的广阔空间与明确的规范。这是因为人的发展有了根本性进步。人的主体性发展，实际上是人自身素质的全面提高，是人内在潜能的充分发掘。同时，社会主义市场经济体制的建立和社会主义法制的发展改变了计划经济体制下高校和师生的封闭性与分离性，为师生创造并制定了发展的广阔空间与明确规范，提高了人的社会化程度与制度化水平，这也是人的发展变革与历史性进步。然而，对这一现实不是每个人都能自觉认识和把握的。有的人只看到市场经济体制自主性与竞争性的一面，而忽视了市场经济体制高度社会化与合作性的

一面；或者只看到社会主义民主自由性的一面，而忽视了社会主义法制与民主互为一体的一面。以为自主性、自由性就是个人完全独立，就是没有任何约束，因而陷于个人本位、个人中心、个人封闭的自发状态。所以，高校思想政治教育一方面要针对个人本位、个人中心、个人封闭的自发状态，进行以社会目的、社会规范为内容的社会化引导，进一步消解自然经济的封闭心理与资本主义的个人本位的影响，提高人的社会化程度与制度化水平；另一方面，要针对从众性与依附性的自发状态，进行以人的全面发展为内容的主体性启导，进一步克服传统文化与计划体制在人格上的依附性遗传，提升人的主体性。为此，高校思想政治教育必须以现代人的发展为基础，研究人的主体性和社会化、竞争性和合作性，人的思想与精神生活全面发展和人与社会、自然协调发展的辩证理论，并以这一理论为指导，建构主体性与社会化相结合的新的教育形态。

论大学生思想政治教育面临的双重影响与价值主导*

进入20世纪90年代以后，伴随现代科学技术的发展，特别是计算机技术的广泛运用，信息资源越来越受到重视，信息使用量和使用率也不断提高，人类进入了社会信息化阶段。在社会信息化条件下，高校学生获取信息的渠道增多，获取的信息量空前增大。这既为大学生思想政治教育提供了丰富的信息资源和教育空间，也向大学生思想政治教育提出了发挥正面主导作用的新挑战与新要求。

一、科技发展与社会信息化对大学生思想政治教育的强力推动

科技发展与社会信息化是不可分割地联系在一起的。科技发展是社会信息化的基础和动力，社会信息化则是科技发展的条件和保证。科技发展与社会信息化对大学生思想政治教育的强力推动，实际上是大学生思想政治教育由传统向现代、由经验向科学的转化。这大大拓展了大学生思想政治教育的文化环境和文化视野，丰富了大学生思想政治教育的文化资源。

（一）社会信息化为培养学生的现代文明观念提供了丰富的思想资源

首先，社会信息化把世界各个国家、地区的企业、个人的知识成果都连接起来，促进了人类文明成果的大交流和世界文化的大交汇，丰富了高校大学生思想政治教育的内容，为大学生提供了学习、借鉴的广阔空间，开创了大学生思想政治教育全新的文化环境。其次，基于互联网的平等性、交互性与自由性，学生可以根据自己的兴趣爱好和自身需要，自主地选择、加工、创造信息，自由地选择教学内容、专业课程和授课教师，自觉地制订学习计划和安排学习进度，从而有利于改善学生在传统教学过程中的被动地位，培

* 原载于《高教探索》2008年第5期，作者袁本新、郑永廷，收录时有修改。

养学生的独立性、自主性与创造性。最后，现代信息与信息技术的竞争和创新、信息量的不断增加、信息及信息传播方式的不断更新，不但激发了大学生掌握新信息和运用新信息方式的热情与欲望，而且为培养学生的竞争、协作、创新精神提供了广阔的平台。

（二）社会信息化为提高大学生思想政治教育效果创设了新的条件

首先，社会信息化为促进学生的全面自由发展提供了新条件。在社会信息化条件下，实现人的全面自由发展不仅需要社会物质条件、政治条件和文化条件，还需要时空条件。现代信息技术的应用，使得大学生提高学习、研究的效率成为可能，因此，大学生有了参与和组织文化活动、发展兴趣爱好、丰富精神生活的自由支配的时间和信息活动的平台，有了实现个人自由全面发展的时空条件。其次，社会信息化有利于提高大学生思想政治教育的针对性。社会信息化可以让我们了解到学生更为真实的思想动态，这是因为，和一般用户一样，大学生可以隐匿自己的真实身份，更自由、更真实地表达自己的想法，只要我们认真收集、整理这些材料，就能及时了解大学生的思想动态，有针对性地开展大学生思想政治教育。再次，社会信息化提供了大学生思想政治教育的新途径和新方式。信息技术和网络的普及，开辟了网络思想政治教育的新领域，创造了网络大学生思想政治教育的新形态。网络环境下大学生既是受教育者——受他人的影响，也是教育者——为他人提供教育资源，其行为方式呈现多向性特点。最后，社会信息化有利于增强大学生思想政治教育的效果。利用网络的虚拟功能、图像显示及音频、视频功能和多媒体的交互性，可以发挥学生视、听、思维等的感受作用，形成综合教育情景，改变传统大学生思想政治教育单一的状况，增强大学生思想政治教育的感染性与影响力。

（三）社会信息化使大学生思想政治教育的社会化程度提高

传统的大学生思想政治教育往往局限于课堂教育，校园文化对学生的影响起主导作用。网络的出现，把学生带入一个更为广阔的天地，通过网络，学生能了解现时生活的世界，了解不同国家的各种社会现象、思想观点、文化思潮、学术流派。这一方面造成了学生在价值取向、文化选择上的困难，导致学生在思想上的迷茫和困惑，给大学生思想政治教育带来新的困难；但另一方面也推动了大学生思想政治教育改革，改变了以往“象牙塔”式的学习，以面向社会和世界的方式，提高大学生的社会化程度，及时跟踪大学生的思想发展变化轨迹，有效解决他们的各种思想问题。

二、科技发展与社会信息化进程中，大学生思想政治教育面临的挑战

科技发展与社会信息化进程中，大学生思想政治教育面临的挑战，实际上是科学技术与社会信息化在推进大学生思想政治教育进化的同时产生的负面效应。社会信息化的迅猛发展，使社会信息压力空前增大，也使社会信息因难以监控而变得混杂，易使大学生容易丧失主体性和受到不良信息的影响。

（一）科技的强劲发展与社会信息的压力挤压了高校人文教育

现代科学技术的迅猛发展，不仅使社会的信息与知识总量急剧增加，而且加快了信息与知识的传播与交流，更加大了大学生学习、运用、更新、创造知识，以及获取、加工、整合信息的压力。许多学校、学生忙于应付智育与专业学习，在不知不觉中忽视了道德教育。然而，大学教育的目的远不止于对学科知识的掌握，正如联合国发展计划署顾问德怀特·艾伦所说："20世纪，高等教育自发地把'让学生变得聪明'当作了主要目的。当今，知识量已经翻了好几倍。高等教育忙于应付令人头晕目眩的新知识，无暇顾及价值观和道德教育。"针对这种情况，他明确提醒并警告人们：教育有两个目的，一个是要使学生变得聪明；一个是要使学生做有道德的人。如果我们使学生变得聪明而未使他们具有道德，那么，我们就为社会创造了危害。[①] 人的生活是丰富多彩的，只有正确的道德生活才能使知识的学习、运用与创造变得精彩，只有根据科技发展而不断丰富人文精神，才能克服道德缺失的倾向。

（二）信息环境的开放性和难以监控性冲击大学生思想政治教育的影响力

社会信息化使大学生思想政治教育处于一个完全开放的社会环境中，多样、多变、多质的网络信息冲击着大学生思想政治教育的主导价值取向，直接影响到教育的针对性和实效性。任何国家的大学生思想政治教育都具有明

---

① ［美］艾伦：《高等教育的新基石》，载《求是学刊》2005 年第 3 期。

确而强烈的价值主导性。我国高校开设的马克思主义理论教育课程，开展的党团教育、法制教育以及日常思想政治教育，也都具有很强的思想性、政治性与民族性。而这些严肃而传统的教育内容难以完全通过信息化的方式传播，而且从全球范围来看，西方国家的信息传播带来的影响往往居于强势，而社会主义国家的信息传播在当下还处于低潮。面对各种文化、信息的影响，需要大学生自主进行辨别和选择认同，这时，难免会有一部分学生因缺乏社会生活经验和对历史的了解，或受西方文化与信息的影响而疏离我国大学生思想政治教育的主导内容，或受到不良信息与错误价值观影响而对我国大学生思想政治教育的主导内容不感兴趣。

（三）信息诱惑容易使一些大学生丧失主体性

网络是一个没有边际的世界，正如因特网的发明者所宣称的：网络是一个自由、平等的世界，是一片没有政府、没有警察、没有军队、没有等级、没有贵贱、没有歧视的世外桃源。各种不同思想文化、价值观念都会在这里交织碰撞，信息内容良莠不齐，既有大量有用的信息，也有毒害青少年身心健康的黄色信息、制造社会政治与经济混乱的黑色信息，还有引发学生成瘾的诱惑信息。大学生由于生理、心理等因素，他们的世界观、人生观和价值观尚处于发展阶段，可塑性大，容易受到不良信息的诱惑和虚假信息的欺骗，有的甚至沉醉于虚拟生活，漫无目的地游荡于信息之中，不能自主。这样的学生不仅思想道德观容易发生偏离，而且容易荒废学业，故而成为大学生思想政治教育的难题。网络作为一个新的领域，和其他领域一样，先进文化不去占领，落后的东西就会乘虚而入。如果青年大学生在网上长期得不到先进思想文化的正确引导，而大量接受西方文化并受不良信息的侵害，要形成正确的世界观、人生观和价值是不可能的。因此，我们迫切需要大学生思想政治教育根据信息化的特点，把先进性要求与广泛性要求结合起来，鼓励一切有利于国家统民族团结、经济发展、社会进步的思想道德把高标准和低起点结合起来，体现层次性和可操作性，使大学生思想政治教育更好地贴近学生、贴近生活，关心学生的学习生活与人际交往，引导学生适应信息社会与网络空间，使他们养成健康的心理素质和文明的生活方式。

三、科技发展与社会信息化进程中，大学生思想政治教育的价值主导

面对科技发展和社会信息化对大学生思想政治教育的双重影响，大学生

思想政治教育必须强化科技学习、运用、研究中的人本主导。

（一）大学生思想政治教育坚持人本主导的依据

随着现代科学技术的发展及其对当代社会生产和生活影响的不断扩大，以科技为本的价值取向首先在西方发达国家显现。西方社会的“唯科学主义”神化科技，认为科技可以改变一切、决定一切，科技发展可以使不同社会制度趋同，可以取代意识形态，甚至人的道德、情感等主观意识都可以通过科技来探寻原因并对其进行调控，其中表现出轻视甚至否定人文价值、人文精神的倾向。在这一思潮影响下，一些大学生片面理解“科学技术是第一生产力”的命题，不是把科学技术限定在生产力范畴来理解它首要的、决定的作用，而是把生产力看成在全社会起决定作用的唯一因素，从而认为要改变落后的现状就要自觉学习、运用、研究科技，要获得理想的就业岗位就得自觉学习、运用、研究科技，认为科技知识和专业课知识是第一位的，人文教育与人文精神是次要的。这也与一些高校重视将科技用于“政绩工程、形象工程、数字工程”而忽视人的“教育工程、灵魂工程”的倾向相吻合。因此，加强人文教育，坚持人本主导，是新形势下大学生思想政治教育的重要任务。

马克思和恩格斯在他们的多篇著作中深刻分析了在资本主义私有制条件下，资本家为了追求更大剩余价值、聚集更多财富，一是把商品作为价值目标并同时把人商品化；二是把利用机器生产作为根本方式并同时把人变成机器的附庸。人被商品化成为“经济人”，人成为机器附庸就是人的异化，人的目标、尊严、价值丧失，人成为被人使用、交易、奴役的器物、工具。所以，马克思和恩格斯将崇拜科技和物质的资本主义社会称为“物的依赖社会”，而不是“人的社会”，并对其进行了系统、深刻的分析、批判，在分析批判的基础上，提出了无产阶级与全人类的解放及人的自由全面发展的目标，揭示了社会发展必须坚持人本主导的根本方向，从而为社会主义社会奠定了思想基础。

中国共产党人根据马克思主义人本主导的根本方向，结合中国的文化传统与社会实际，明确提出了人民当家作主的政治主张和一切依靠群众、一切为了群众的根本路线；提出了“三个有利于”的价值标准和“人民拥护不拥护、人民赞成不赞成、人民高兴不高兴、人民答应不答应”的价值判断准则；提出了代表最广大人民群众根本利益的要求和以人为本的根本原则。[1] 所有这些目标、路线、标准、原则，集中到一点，即我们的一切建设、活动，包括大学生的学习、研究活动，都必须坚持人本主导，坚持以人的全面发展为目标。同时，马克思主义在论述科学技术与人的关系时，是把人归于社会范畴，把科技归于生产力范畴的。他认为，科学技术是人的工具或手段，是人创造财富的方式。科学技术与实体工具不同，它是一种知识形态的生产力，是社会生产力的发展所表现的一个方面、一种形式。科技内在地连接着劳动者的体能、技能和劳动工具，科技是手段，人才是目的。所以人主导科技，而不是人被科技主宰。如果科学技术的工具化倾向于一味地张扬、膨胀，人不能以自己应有的价值目标和道德规范驾驭科技的学习、运用与创造，那就是人的主体地位和人的精神动力的失落。此外，科技是把双刃剑，它既可能给人类带来福祉，也可能给人类带来灾难。因而，科技需要人正确地学习、合理地使用、适度地发展。科技究竟是给人类带来福祉还是灾难，并不是由科技自身决定的，而是由人主导的。随着科技的迅猛发展和广泛运用，需要人具有更强的主体性与更合理的价值取向，更有效地发挥科技的作用，使科技更好地造福于人类。

（二）大学生思想政治教育坚持人本主导的内涵

所谓人本主导，从字面意义上解释，就是以人为根本、本体。其基本含义是：社会的一切发展既依赖人的发展，又为了人的发展；人的全面发展是社会经济、科技发展的根本目的，社会经济、科技发展是人的发展需要；人是社会经济、科技发展的根本动力，人才资源是最重要的资源。为此，我国坚持以人为本的指导思想，确立了在新的历史条件下的科技发展观：以人为本、创新跨越、竞争合作、持续发展。

在高校，大学生思想政治教育坚持人本主导，就要坚持以育人为本、德育为先的根本原则，坚持德、智、体、美全面发展的培养目标。高等学校的德育、智育、体育、美育都是高校教育的重要组成部分，都担当着培养大学生成才的重任。在这些教育中，大学生思想政治教育占优先地位，高校必须保证把大学生的思想政治教育放在首位，并将其渗透和体现于智育、体育、美育之中，着力提高大学生思想道德素质。坚持以德育为先，就是坚持人本

---

① 江泽民：《高举邓小平理论伟大旗帜，把建设有中国特色社会主义事业全面推向二十一世纪》，载《人民日报》1997 年 9 月 22 日第 1 版。

主导。这是因为大学生思想政治教育，归根结底，一是为了帮助学生确立正确的政治、道德、职业、生活目标，形成理想信念；二是为了引导学生遵守法制和道德规范，养成良好的行为。这些目标与规范是学生做人做事、实现社会价值与自身价值的取向与准则，是自身目的性、主体性的集中体现，是促进学生智力、体力发展的根本动力，是学生德、智、体、美全面发展的根本保证。如果没有大学生思想政治教育，或者智育、体育、美育没有德育方面的内容与要求，而仅有对科学技术知识、技能、技巧的教授，那么这种教育实际上是一种以知识为本的教育，是一种无目的的教育。

（三）大学生思想政治教育要为学生的业务学习提供人文动力

随着市场竞争压力与社会信息压力的加大，大学生学习、运用、更新知识和掌握技能的任务越来越繁重。学习的动力、毅力从何而来，这是每个大学生都必须认真对待的一个现实问题。显然，科技知识只能作为一种工具使用，物质利益只能解决眼前的生活需要，这些因素虽然可以对人产生一定的推动作用，但其作用是外在的而不是内在的，是短暂的而不是持久的，是微小的而不是强大的。大学生要获得内在的、持久的、强大的动力，只能靠自身确立正确的价值取向，树立远大的目标，这样才能源源不断地为自身孕育人文动力。人文动力就是精神动力，精神动力源于人对价值目标的向往与远大理想的追求，目标越远大、理想越坚定，产生的动力就越强大、越持久。如果大学生只以学习某种知识、掌握某种技能为目的，那么到达目的之后，他们就会停歇下来，或者遇到困难会因缺乏动力而半途而废。这种因人文动力不足而厌学、逃学的现象，因人文精神缺乏而萎靡不振、困惑不安的状况，在大学生中是存在的。因此，对大学生进行人文教育，不仅是他们做人、做事的需要，而且可以激发他们的学习动力。

人文教育与科技教育总是不可分割地联系在一起的，其实质是坚持教育的科学性与价值性的统一。任何教育要真正培养国家和社会所需的人才，都要坚持人文教育与科技教育的结合与渗透。西方发达国家如美国，学生吸毒、乱性等不良现象曾一度在社会上泛滥。美国社会因应这种情况，兴起人文主义思潮，以平衡科技主义倾向，把人文主义主张引入大学教育，形成了通识教育的课程体系。通识教育的重点是人文教育，这种教育是西方国家培养人才的价值观教育。我国高等教育既要吸取发达国家忽视人文教育的经验教训，也要借鉴发达国家在培养人才上的成功做法，切实把人文教育摆在应有的地位，坚持教育的人本主导思想。

论大学生思想政治教育的目标及其发展*

大学生思想政治教育目标及发展既反映我国社会的性质与发展要求，又体现学生能动性和全面发展的愿望，是大学生思想政治教育的出发点与归属。在和平与发展的时代背景下，在改革开放进程中，在经济全球化与市场经济发展条件下，在人才竞争与人才开发过程中，我国大学生思想政治教育的目标不断丰富与发展，对加强和改进大学生思想政治教育，促进学生健康成长，具有重要的指导意义。

一、大学生思想政治教育目标发展的内涵与实质

大学生思想政治教育目标，就是大学生思想政治教育所要达到的预期结果或总体质量标准。大学生思想政治教育的目标是高校教育目标的重要组成部分。高校教育目标是指高校所培养的人才应达到的标准，包括培养人才的方向和规格。大学生思想政治教育目标规定了人才培养的社会主义方向，提出了政治、思想、道德的规格要求，是大学生思想政治教育的出发点。它不仅决定了大学生思想政治教育的内容、形式和方法，而且制约着教育的基本过程。确立和发展大学生思想政治教育目标，必须适应当今时代与社会发展的需要，遵循我国的教育方针，继承中华民族优秀文化及道德传统，符合大学生思想品德形成、发展的规律及思想行为特点。

第一，大学生思想政治教育目标发展反映我国社会的性质与发展要求。大学生思想政治教育目标同单位的经济目标、业务目标有所不同，它不是某一高校和高校的思想政治教育工作者可以根据本校实际或自己的经验独立确定的，而是要根据我国社会的生产力发展水平和经济、政治、文化发展状况，根据国家改革开放的需要和社会主义意识形态的性质而确立的。大学生思想政治教育的目标必须遵循社会主义的发展方向，体现中国特色社会主义现代化建设的目标要求并为实现这一目标服务，符合广大人民的根本利益和大学生成长成才的愿望。所以，大学生思想政治教育的目标及其发展既具有

* 原载于《学校党建与思想教育》2010 年第 10 期，作者曾萍、郑永廷，收录时有修改。

全局性、长远性，也具有鲜明的政治性与民族性。在现代社会条件下，我国大学生思想政治教育的目标必须反映时代特征，符合现代社会发展的方向，具有指向性。同时，也必须符合我国广大人民群众的根本利益，坚持社会主义方向。现代性是当代社会发展的基本趋势，社会主义方向是我国社会发展的根本道路与价值取向。因此，大学生思想政治教育的目标是我国社会发展的目标与要求，是与大学生思想政治教育目标发生联系的交汇点，是反映我国社会发展的核心因素。它不仅体现了社会发展对大学生思想政治教育目标的决定性影响和制约作用，而且体现了大学生思想政治教育的目标对社会的适应与反作用；它是大学生思想政治教育的出发点和归宿。所以，大学生思想政治教育目标及其发展体现了高校教育的方向性、意识形态性与理想性。在社会主义现代化建设过程中，引导学生树立中国特色社会主义的共同理想是德育的根本目的。这一目的体现了社会发展的现代化趋势，反映了我国广大人民群众的根本利益，其内涵丰富，并且在实践中不断地得到充实与发展。

第二，大学生思想政治教育目标的发展具有区别于社会环境影响和其他教育的功能。学生学习、生活在现实社会中，总是处于一定的环境条件下，不仅受到来自社会环境的各种影响，而且作为社会活动的主体影响和改变着社会环境。社会环境作为客观条件，对学生具有多样、多重的作用，正面、积极的社会环境因素具有良好教育的作用，而有些环境因素因缺乏正确的价值取向，具有盲目、随意的导向作用，有些丑恶的社会因素则具有消极影响。社会环境对学生思想、行为的影响往往带有自发性、不确定性，既有正面影响，也有负面影响；既有必然性影响，也有偶然性影响。而大学生思想政治教育的目标则是有组织、有计划、有目的的，是以培养、提高学生的思想政治素质为目的的，它明确地体现了学生的发展和社会发展的方向性和价值取向，这是大学生思想政治教育目标的功能与环境影响作用的区别。

同时，高等学校有智育、体育、美育等各种教育，这些教育虽然都担负着德育的职责，但其程度与方式是不同的。智育以培养学生的智能为主，体育以增强学生的体质为主，美育以提高学生的审美意识为主，这些教育都要按照高校培养目标的要求，坚持育人为本、德育为先的教育理念，结合各自教学内容对学生进行思想道德教育。学校根据社会发展的目标与要求，根据学生成长的需要，对学生进行理论与实践、个人与社会、理想与现实相结合的理想信念、爱国主义、道德法制等教育，帮助学生树立正确的世界观、人生观与价值观，引导学生全面发展，这是大学生思想政治教育的目标与任务，也是德育与其他教育的主要区别。

第三，大学生思想政治教育目标的发展体现学生能动性和全面发展要求。每个大学生都具有主观能动性或自觉能动性，大学生的主观能动性就是大学生学习、成长的内在动机与目的性。因此，每个大学生的学习、生活都必定受一定意识、思想的支配。支配大学生的意识、思想有先进与落后、科学与经验、系统与零散之分。正是这种区分使大学生面临两种发展选择：一是以经验的、自发的意识、思想为指导的自发发展状态，这种状态往往忽视先进的、系统的政治思想理论学习与运用，缺乏明确的成长目标；二是自为的、自觉的发展状态，也就是不断接受和运用先进的、系统的思想政治理论，在大学生思想政治教育目标活动的引导下有明确目的的发展状态。自发的发展状态因为缺乏明确、远大目标导向与激励，内在动力不足，其发展必定是缓慢的、曲折的，既跟不上社会发展的步伐，也不能满足大学生自身发展的要求。列宁曾经说过："世界不会满足人，人决心以自己的行动来改变世界。"[①] 也就是说，人的行动是受目的支配的。从古至今，人总是通过确立、发展并追求理想信念来改变人的现实存在，实现人的自觉发展、全面发展。在当代社会条件下，大学生的健康成长与全面发展具有明显的自主性与广泛的选择性，呈现多样化发展态势。对同样的客观条件，不同的学生有不同的发展状况，这与学生是否树立明确而远大的发展目标，是否坚持主观努力直接相关。

二、新时期大学生思想政治教育目标发展的时代背景

大学生思想政治教育目标的发展，基于两大基础：社会和人发展的实践基础，以及指导社会和人发展的中国特色社会主义理论基础。

第一，和平与发展的理论和实践赋予大学生思想政治教育目标时代特征。邓小平指出："现在世界上真正大的问题，带全球性的战略问题，一个是和平问题，一个是经济问题或者说发展问题。"[②] 他强调："应当把发展问题提到全人类的高度来认识，要从这个高度观察问题和解决问题。"[③] 正因为和平与发展"关系全局"，具有"全球性、战略性的意义"，所以和平与

① 《列宁全集》第38卷，人民出版社1959年版，第229页。
② 《邓小平文选》第3卷，人民出版社1993年版，第105页。
③ 《邓小平文选》第3卷，人民出版社1993年版，第282页。

发展构成了时代特征，成为当代世界的主题。我国的经济社会发展，不仅决定和带动上层建筑的发展，而且需要发展的上层建筑为其服务。大学生思想政治教育的目标既由我国新时期经济社会发展所决定，又要以发展的中国特色社会主义理论体系为指导，因而必须紧跟时代步伐，适应改革开放和中国特色社会主义现代化建设的伟大实践，赋予大学生思想政治教育目标时代性、开放性、现代性、发展性，保持超前的发展优势，推动人才培养，满足社会对人才的需要；否则，就会成为高等教育和社会发展的障碍。

第二，改革开放理论与实践推动大学生思想政治教育目标不断发展。改革开放理论是我国新时期最重要的发展理论，改革开放实践是我国新时期最伟大的实践。改革不仅推进了我国迅速发展，而且促进了人们思想观念、道德观念、价值观念和行为方式发生深刻变化。大学生思想政治教育目标要适应改革开放的新形势与新要求，反映大学生思想与行为发展变化的要求，必须充实新内容。因而，改革的理论与实践不仅为大学生思想政治教育发展提供动力，而且直接为大学生思想政治教育发展提供基础。同时，我国实行对外开放是为了发展，对外开放的本质就是发展，而且是面向世界的发展。只有开放，才能打破大学生思想政治教育传统目标的狭隘性与单一性，为大学生思想政治教育提供“三个面向”的发展舞台，并以高度社会化、现代化的面貌，融入现代社会实践；只有开放，才能使大学生思想政治教育主动适应复杂多变的文化环境、信息环境、竞争环境，积极面对各种思潮冲击，保证目标坚定性。同时，对大学生思想政治教育目标必须在开放的环境中进行比较、鉴别、发展，“有比较才能有鉴别，有鉴别和斗争才能发展”，“这是真理发展的规律，当然也是马克思主义发展的规律”。①

第三，经济全球化和市场经济的发展丰富大学生思想政治教育目标内容。随着经济全球化的发展，我国经济、政治、文化、社会发展都面临着新的机遇，同时也面临新的挑战。我国所面临的国际经济、政治格局再不是过去的割裂、分离状态；外资的大量引进、人员的大量出国以及现代传媒、网络等传播途径的广泛应用，从外部模糊了国家界限，冲击着民族文化。同时，市场体制下个体主体性的增强，加强了竞争，推进了多样化发展。我国面对发达国家强势经济与科技的严峻挑战，面向世界复杂多变的开放格局，必须众志成城，团结一致，大力弘扬和培育富有时代特色的民族精神，以增强民族凝聚力和竞争力。我国社会要想竞争性、自主性、多样性地发展，必

① 《毛泽东著作选读》（下），人民出版社 1986 年版，第 785 页。

须坚持以社会主义价值观为主导，弘扬和培育民族精神，维护国家安定有序，保证社会全面、协调与可持续发展。高校作为科技、文化发展的前沿领域，不仅直接面对发达资本主义国家的经济、科技挑战，而且要培养面向国际竞争、振兴中华的人才。因此，必须把培养以爱国主义为核心的民族精神、提高学生思想道德素质、培养学生创新精神和实践能力作为大学生思想政治教育目标的内容，并切实有效地开展教育活动，鼓励广大学生勤于学习，勇于科技创新，敢于面对国际竞争。按照新的目标要求，大学生思想政治教育要研究经济全球化与民族国家发展、经济全球化与政治多极化、国际竞争力与国家软实力的关系，研究新的历史条件下，中华民族精神新的教育理论，引导学生确立与我国现代化建设相一致的目标和价值取向。

第四，人才资源开发的理论与实践对大学生思想政治教育目标提出新要求。人才资源开发理论，是人的全面发展理论在现代社会的发展，是对人才资源合理利用、对人的潜能深度发掘的理论。在这一理论指导下，人才资源开发的实践已经成为全社会关注的焦点。我国根据国际人才竞争的形势和现代化建设的需要，确立了科教兴国、人才强国和建设创新型国家战略，大学生是实施这些重大战略的生力军与希望。所以，江泽民在党的十五大报告中，把人才资源开发作为一个重大的理论与实践问题提到了全社会的面前。人才资源开发的理论与实践，向大学生思想政治教育目标提出了新要求。大学生思想政治教育要担当人才资源开发的重任，必须努力改变中国深层次的文化结构，为培养和选拔人才创造有利环境，使拔尖人才能脱颖而出；必须大力培养大学生的创新精神与鲜明个性，提高大学生的创造力。创造是推动现代社会发展和大学生发展的强有力手段。创新精神是比主动性、积极性更高层次的精神，它既要有远大的目标、执着的追求来提供强大的创新动力，也要有顽强的意志、勇敢的拼搏精神去克服困难和阻力，还要有不怕挫折的冒险精神、不怕失败的牺牲精神去面对创新的风险。因此，创造精神的培养，不是一般性大学生思想政治教育所能完成的，只有富有时代特征的大学生思想政治教育才能完成。

三、新时期大学生思想政治教育目标的发展与意义

新时期大学生思想政治教育目标是伴随着改革开放和中国特色社会主义现代化建设实践的发展而不断丰富与发展的。党的十一届三中全会后，党和国家的工作重点转移到社会主义现代化建设上来。为适应这一根本任务转

变，中国特色社会主义教育方针与大学生思想政治教育目标逐步得到丰富与发展。

第一，改革开放初期，大学生思想政治教育目标的确立与发展。在拨乱反正、实现工作重点转移和开始推进改革开放的基础上，中共中央于1981年作出了《关于建国以来党的若干历史问题的决议》，提出“用马克思主义世界观和共产主义道德教育人民和青年，坚持德、智、体全面发展，又红又专，知识分子与工人农民相结合，脑力劳动与体力劳动相结合的教育方针”。这是根据当时我国要建设社会主义现代化强国的总目标提出来的教育方针，也是总结新中国成立以来教育经验及教训所形成的培养目标。这一方针强调了马克思主义世界观和共产主义道德教育、全面发展和“又红又专”的目标，以及与实践相结合的要求，使德育目标更为丰富。1982年通过的《中华人民共和国宪法》把全面发展的培养目标以最高法律形式规定下来，“国家培养青年、少年、儿童在品德、智力、体质等方面全面发展”，为大学生思想政治教育目标的实现发挥了重要的导向与保证作用。

随着我国改革的推进和开放的扩大，邓小平提出了“教育要面向现代化，面向世界，面向未来”的要求，成为新时期教育改革和发展的指导思想。根据这一思想，1985年中共中央颁发《关于教育体制改革的决定》，该决定明确提出“教育必须为社会主义建设服务，社会主义建设必须依靠教育”的原则，强调了教育改革、发展和培养学生必须坚持“三个面向”，从而成为我国教育，包括高等教育适应改革开放以来我国经济社会发展的时代特征，实现了“教育为无产阶级政治服务”向“教育必须为社会主义建设服务”的转变与升华，促进大学生思想政治教育目标主动适应现代化建设需要，进行德育目标与内容的改进与调整，按照现代化建设要求开展德育活动。

第二，全面推进改革开放阶段大学生思想政治教育目标的丰富。为了适应经济社会快速发展对人才的需求，1990年，党的十三届七中全会通过了《中共中央关于制定国民经济和社会发展十年规划和“八五”计划的建议》，提出了“继续贯彻教育必须为社会主义现代化建设服务，必须同生产劳动相结合，培养德、智、体全面发展的建设者和接班人的方针”，强调要“把坚定正确的政治方向放在首位，全面提高教育者和被教育者的思想政治水平和业务素质”。1993年，中共中央、国务院颁布的《中国教育改革和发展纲要》重申了这一方针。1995年，第八届全国人民代表大会第三次会议把这一方针作修改后写入《中华人民共和国教育法》并通过付诸实施，从而使我国教育方针完成了法律程序，德育目标有了规范化表达，标志着我国新时期在教育方针与德育目标认识上的深化。

在20世纪与21世纪相交之际，针对经济全球化、社会信息化与市场经济发展所产生的新情况、新问题，我国开始素质教育的理论探讨和实践，因此，我国的教育方针又增加了新的时代内容。第九届全国人民代表大会第二次会议通过的《政府工作报告》以及《中共中央国务院关于深化教育改革全面推进素质教育的决定》，都在人才培养中提出了“美”的要求。1999年，江泽民在第三次全国教育工作会议上的讲话中，在重申必须全面贯彻党的教育方针的同时，强调“以培养学生的创新精神和实践能力为重点，努力造就有理想、有道德、有文化、有纪律的，德育、智育、体育、美育等全面发展的社会主义事业建设者和接班人”。本次会议不仅首次提出了教育“为人民服务”和“坚持教育与社会实践相结合”的指导方针，而且突出了德育的新内容与新要求，使德育目标更适应当代社会竞争、科技创新和面向世界培养人才的需要。

第三，面向21世纪大学生思想政治教育目标的发展。随着我国改革开放的深化、经济社会发展的加快和多元文化格局的形成，我国既面临难得的发展机遇，也面临社会的深层矛盾与挑战。面对改革开放关键时期的复杂状况，为了加强和改进大学生思想政治教育目标，中共中央、国务院于2004年专门下达了《关于进一步加强和改进大学生思想政治教育目标的意见》，强调加强和改进大学生思想政治教育目标是一项重大而紧迫的战略任务，提出了“育人为本、德育为先，把人才培养作为根本任务，把思想政治教育摆在首要位置”的教育要求，确立了以理想信念教育为核心，以爱国主义教育为重点，以思想道德建设为基础，以大学生全面发展为目标的教育方向与任务。这些新的内容与要求更高、更深、更系统，对大学生思想政治教育目标的实现具有战略指导意义。2007年，胡锦涛在党的十七大报告中指出：“要全面贯彻党的教育方针，坚持育人为本、德育为先，实施素质教育，提高教育现代化水平，培养德智体美全面发展的社会主义建设者和接班人，办好人民满意的教育。”胡锦涛赋予教育以人为本的思想，要求教育应围绕立德树人的目标进行；强调德育在学校教育中的为先地位与导向作用，充分肯定德育的方向性价值；要求提高教育者与受教育者综合素质，与现代社会发展相适应；按照人民是否满意的标准，检查和衡量教育的效果。胡锦涛对教育方针的新阐述，实际上提出的是教育目标，包括德育目标的新要求，对新形势下大学生思想政治教育具有全面指导意义。2010年我国通过的《国家中长期教育改革和发展规划纲要（2010—2020 年）》和召开的第四次全国教育工作会议重申要全面贯彻党的教育方针，提出了教育的战略主题，强调“核心是解决好培养什么人、怎样培养人的重大问题，重点是面向全体学生、促进学生全面发展，着力提高学生服务国家服务人民的社会责任感、勇于探索的创新精神和善于解决问题的实践能力”，并要求学校“立德树人，把社会主义核心价值体系融入国民教育全过程”，要求高校“着力培养信念执着、品德优良、知识丰富、本领过硬的高素质专门人才和拔尖创新人才”。这些最新的要求，都是对大学生思想政治教育目标的丰富与发展，都是具有现实性、针对性的内容。在社会主义市场经济背景下，在增强大学生独立性、主体性的同时，必须增强其服务国家、服务人民的社会责任感，只有这样才能有效地把学生与社会、国家、人民联系起来、结合起来，才能充分发挥大学生的聪明才智；在文化多元化、价值取向多样化的条件下，大学生在坚持多样化、特色化发展的同时，必须坚持以社会主义核心价值体系为主导，只有这样才能明确一元主导与多样发展的辩证关系，才能保证大学生成长的正确方向；在注重实际与功效的环境中，大学生在立足现实、讲究实用的同时，要有优良品德、远大理想，只有这样才能强大动力、迅速成长，才能有所创造、有所贡献。因此，这些新要求既是当今社会发展的要求，也是大学生成长的需要，重点突出、内涵深刻，具有很强的导向作用。

高校思想政治教育的价值实现*

需要是人的本性、人的能动性表现，是人的行为的动力基础和源泉。当代大学生处在成长、成才的关键时期，既具有强烈而旺盛的求知欲、成才欲、表现欲，又存在需要与发展的诸多矛盾，需要思想政治教育对其进行正确的引导。因而，研究当代大学生的成长需要与大学生发展目标以及高校思想政治教育的关系，对促进大学生健康成长、实现思想政治教育价值具有重要意义。

一、大学生的成长需要是形成价值目标的根据

什么是需要？马克思主义认为，人的需要是人的行为的动力基础和源泉，是人们对生理和社会生活中各类事物所提出要求的主观反映。人的各种需要能推动人们去从事各项实践活动。因此，需要是人的本性、人的能动性表现，正如马克思、恩格斯所说："在任何情况下，个人总是'从自己出发的'但由于从他们彼此不需要发生任何联系这个意义上来说他们不是唯一的，由于他们的需要即他们的本性，以及他们求得满足的方式，把他们联系起来（两性关系、交换、分工），所以他们必然要发生相互关系。"① 马克思、恩格斯把人的需要划分为生存需要、享受需要、发展需要的层次，并认为这些需要之间联系密切，构成了其实质内容。首先，人的物质需要是人得以生存和发展的最基本的需要。正如马克思在《德意志意识形态》一书中所说的，人类的"第一个历史活动就是生产满足这些需要的资料，即生产物质生活本身"。也就是说，劳动（实践）作为人的第一需要，是人的本质的集中体现。其次，社会需要作为人的本质，是需要当中最重要的，"人们从一开始，从他们存在的时候起，就是彼此需要的，只是由于这一点，他们才能发展自己的需要和能力等等，他们发生了交往……"② 这种人对人的需

---

* 原载于《思想理论教育导刊》2010年第12期，作者郑永廷、曾萍，收录时有修改。

① 《马克思恩格斯全集》第3卷，人民出版社1960年版，第514页。

② 《马克思恩格斯全集》第42卷，人民出版社1979年版，第360页。

要是人的本性中最本质的内容，人不可能离开社会关系而存在，“作为确定的人，现实的人，你就有规定，就有使命，就有任务……这个任务是由于你的需要及其与现存世界的联系而产生的”①。这里，马克思明确地表达了社会是人们为了实现需要而共同生产，为了满足人们生活的需要而建立起来的。最后，人的精神需要是人为了适应、改造自然界与社会并不断实现对自身超越的内在需要，即人有肯定自己、展示自己、激发自己本质的需要。这种需要是人的能动性表现，增强能动性就成为人的精神需要。正如恩格斯所说：“人是唯一能够由于劳动而摆脱纯粹的动物状态的动物——他的正常状态是和他的意识相适应的，而且是由自己创造出来的。”②

同时，马克思主义特别强调人的发展需要，他把“人的全面而自由的发展”作为社会发展的最高目标和人类进步的价值尺度，认为未来人的全面发展“是通过人并且为了人而对人的本质的真正占有；因此，它是人向自身、向社会的（即人的）人的复归，这种复归是完全的、自觉的而且保存了以往发展的全部财富的”③，并且“一个人的发展取决于和他直接或间接进行交往的其他一切人的发展……发展不断地进行着，单个人的历史决不能脱离他以前的或同时代的个人的历史，而是由这种历史决定的”④。因此，人的发展需要是人的根本性需要。

马克思和恩格斯关于人的需要的论述既体现全面性，又体现辩证法。需要的全面性，即人具有物质需要、社会需要、精神需要和发展需要，“人以其需要的无限性和广泛性区别于其他一切动物……”⑤。人的全面需要，就是“人以一种全面的方式，也就是说，作为一个完整的人，占有自己的全面的本质”⑥。所谓人的需要的辩证法，就是人的需要不是孤立的，总是存在着个人需要与社会需要、物质需要与精神需要、个别需要与整体需要的辩证关系，而且人的需要总是基于一定生活现状而产生的，总是对一定对象的需要。需要的满足或是创造出了某个对象，或是获得了某种对象，或是占有了某个对象。这样，就使得对象与主体之间原有的关系发生了变化。

当代大学生正处在学习成才、全面发展的过程中，需要具有全面性、辩

---

① 《马克思恩格斯全集》第3卷，人民出版社1960年版，第329页。
② 《马克思恩格斯全集》第20卷，人民出版社1971年版，第535页。
③ 《马克思恩格斯全集》第42卷，人民出版社1979年版，第120页。
④ 《马克思恩格斯全集》第3卷，人民出版社1960年版，第515页。
⑤ 《马克思恩格斯全集》第49卷，人民出版社1982年版，第130页。
⑥ 《马克思恩格斯全集》第42卷，人民出版社1979年版，第123页。

证性与对象性。大学生的这种需要是形成大学生价值观念与价值尺度的原始根据。马克思曾经说过："'价值'这个普遍的概念是从人们对待满足他们需要的外界物的关系中产生的……"① 需要以愿望、目标、要求来表达，追求目标，实现愿望，占有对象，就是需要的满足。对某一方面的事物、对象需要越强烈，就越认为有效用、有价值，获取、占有的积极性就越高，动力也越大。价值作为人与世界、主体与客体的相互关系范畴，只在人的对象性关系及其过程之中发生和存在。价值作为世界对于人、客体对于主体的意义，是与"人的内在尺度"密切相关的，它体现了人的理性与实践活动的向度性和目的性实质，因而价值取向就是目标导向，价值追求就是目标追求，价值与目标是有着内在联系的概念。大学生形成、确立一定的目标并为之奋斗，高校思想政治教育按照教育目标培养学生，就是为了满足大学生成长的需要，确立、认定、实现其教育价值。因此，大学生的需要是形成其价值取向、奋斗目标的根据。

二、当代大学生的需要特征与成因

当代大学生的世界观、人生观、价值观正在形成和稳定之中，因而，他们与其他人相比较，对物质、知识、理论、实践的需要更为迫切和强烈，其表现是求知欲、成才欲、表现欲旺盛，富有热情和激情。正是这种强烈的需要、旺盛的欲望、激情的冲动，促进大学生快速成长。因而，具有成长、成才的迫切需要是大学生的共同特点，这一特点是由大学生所处的人生发展特殊阶段所决定的。同时，大学生的好学向上，决定着他们敏感地反映着时代特征，并且富有创新活力。当今时代是一个以和平和发展为主题的时代，是经济全球化与政治多极化交错发展的时代，是科技迅猛发展的信息时代，是科技与人才激烈竞争的知识经济时代，是开放不断扩大和多元文化交流、交汇、交锋的时代。"青年人风华正茂，思维敏捷，接受新事物快，有着巨大的创造活力，是实现创新的一支重要方面军。"因而，"未来属于青年，未来取决于青年，未来更需要青年去创造"②。大学生作为对时代潮流、新生事物敏感的群体，往往能更直接、更鲜明地体现自主精神、开放视野、竞争

① 《马克思恩格斯全集》第19卷，人民出版社1963年版，第406页。

② 胡锦涛：《在实现中华民族伟大复兴的进程中谱写更加壮丽的青春之歌：在全国青联九届一次全委会和全国学联二十三大上的祝词》，载《人民日报》2000年7月12日第1版。

观念、创新意识等时代的特征。正是这些时代特征激发了大学生求上进的需要、欲望与激情，使大学生充满活力。同时，我们也应当清醒地看到，大学生毕竟处在由不成熟向成熟发展的阶段，不仅会在成长过程中遇到各种矛盾，而且其自身存在实践不够、缺乏社会生活经验的弱点。因而在形成需要与满足需要的问题上，难免会产生矛盾，其主要表现为以下三点。

第一，大学生需要的社会性与本位性并存。处在勃勃发展阶段的大学生不仅视野开阔、思想活跃，而且关心国家大事、世界大事，表现出高度的政治敏感性与强烈的社会责任感。广大高校学生坚决拥护中国共产党的领导，高度认同中国特色社会主义道路和中国特色社会主义理论体系，对我国社会主义现代化建设充满信心；充分肯定我国改革开放和中国特色社会主义现代化建设取得的巨大成就，高度评价党中央的正确领导，民族自豪感不断增强；全面发展要求迫切，价值观主流积极向上，爱国热情持续高涨。2008年，在举办北京奥运会期间，在抗击汶川地震救灾过程中，我国大学生们都表现出了积极向上、勇于奉献、为国争光的精神风貌。但同时也要看到，有些学生受西方价值观和市场竞争的消极影响，存在着自我本位、忽视社会发展的倾向，其具体表现是，一些学生片面强调个人的利益获取与专业水平提高，专注自己的名利，忽视思想道德的提高；极少数学生甚至信奉“个人利益高于一切”的价值观念。当个人需要与社会需要之间出现矛盾时，他们为了个人需要的满足而不惜危害他人、社会和集体的利益。形成这种只注重个体利益需要的原因，一是有些学生只看到了社会主义市场经济体制所赋予个体的自主性与竞争性，不仅忽视了市场经济是高度社会化、综合化、全球化发展的经济，需要人的社会化与合作性，而且忽视了社会主义市场经济体制不同于资本主义市场经济体制的性质，因而以为发展市场经济就是满足个人利益需要和提倡个人主义价值观；二是社会竞争虽然打破了过去平均主义的“大锅饭”状况，出现了充满活力与生机的发展局面，但有些学生把竞争仅仅局限于考试分数、专业学习与具体利益的指标比较上，忽视对具有长远利益、全局利益、理想信念的政治、思想与道德理论的学习和运用，以为前者能使自己的需要满足和价值实现，而后者则是外在的施加，于己无关。

第二，大学生需要的长远性与功利性兼有。处在青春期的大学生既具有富有理想、向往未来、追求美好前程的特点，也具有乐于交往、敢于承担责任、关心国家发展的优点。在开放环境、信息社会、激烈竞争的社会条件下，大学生的这些特点与优点表现得更为明显。开放社会促使大学生面向更为广阔的时空规划未来人生；大众传媒与网络社会源源不断地提供各种信息与知识，推进大学生的学习、思考不断向纵深发展；社会竞争督促大学生相互之间、个体与社会之间的比较，不断扩大竞争面与提高竞争层次，注重竞争的未来结果。这样，富有时代特征的社会要素帮助大学生不断扩展面向世界、面向社会和面向未来的层面，促进大学生在满足需要、获取价值后，迅速形成新的、更高的价值目标并为之努力。所以，我们可以看到，大学生在人才竞争中成长、大学生特色个性发展、大学生职业生涯规划、大学生创新精神与创新能力培养，这些具有长远性、发展性的需要，越来越成为广大学生关注并为之努力的时代课题。但也要看到，有些大学生的需要与价值取向也呈现不同程度的功利化倾向。所谓功利化，就是把需要与价值定位在现实的、眼前的、具体的利益与事务上，形象地讲，就是什么都和利益挂钩。功利化的需要与价值观信奉的是实用主义哲学，追求的是立竿见影的效果，衡量的是个体利益指标，隐藏的是浮躁的心态。有些大学生的功利化需要与价值追求的主要表现是，在课程选择上，重专业课程、轻人文课程（包括思想政治理论课），重技术性与应用性课程、轻经典性与理论性课程；在思维方式训练上，重技术性思维、轻哲学思维，重形象思维、轻逻辑思维；在知识学习上，重浏览式与“快餐式”学习、轻思考性与探究性学习；在人际交往与师生关系上，重现实性与功用性，轻长远性与责任性；在物质与精神追求的关系上，重物质利益的获取、轻精神境界的提高，重物质目标的追求、轻理想信念的确立；在申请入党的动机上，重眼前问题的解决、轻长远目标的实现；在择业就业问题上，重工作条件与待遇、轻事业前途与创业准备；在对学习、生活问题的解决上，重网络上提供的现成答案、轻自己动脑动手解决；等等。有这种功利化价值取向的学生，往往在其学习、生活过程中，迷惘、困惑比较多，内在动力显得不足，“心躁”即急躁、浮躁、焦躁、烦躁的状况可能频发。这种状况不仅影响学习、生活质量，还会因内在缺乏强有力的精神支柱，思维空间难以有序而阻碍智力的发挥。而导致一些学生需要与价值取向功利化的原因有客观和主观两方面。其中，客观原因有两点：一是在社会竞争中，一些单位与个体注重眼前的、具体的指标比较，以“数字工程”“形象工程”“政绩工程”为价值导向，使一些学生变得功利化；二是有些高校存在的重智轻德、重科技轻人文的倾向，教学、科研与社会服务活动都与金钱挂钩的倾向，教师的职称评定、工作评估和优秀学生、奖学金的评定偏重指标化的倾向，这些都直接导致了一些学生的功利化倾向。主观原因则在于，一些学生在竞争压力、学习压力与就业压力下，只重视获得业务知识、现实利益以应对压力，忽视确立理想信念，忽视激发内在精神动力并转化外在压力的价值取向。

第三，大学生需要的自发性与自觉性相伴。自发需要与自觉需要，以及由此形成的自发发展与自觉发展，是大学生需要与发展的两种状态。所谓自发需要与发展，是指没有明确的、长远的目标追求，并缺乏对社会和客观事物本质与规律认识的一种精神和行为状态。所谓自觉需要与发展，是指人自觉自愿地不断确立并追求正确的目标，表现出持久的热情、兴趣、意志与责任感，达到自我意识发展、自主寻求发展、理性把握发展的状态。自发性和自觉性作为人的主观能动性表现，是同时产生并互相包含的，正如列宁所说："'自发因素'，实质上无非是自觉性的萌芽状态。"[①] 也就是说，自发性需要与发展状态是人的主体性的初级状态，是自觉性需要与发展产生的基础。但是，人又不能满足和陷于自发性需要与发展状态，否则，人就没有高远的追求而缺乏活力与创造，也难以对自然界与社会进行改造并推进其发展。所以，列宁曾尖锐批评俄国工联主义盲目崇拜自发性的错误，强调工人阶级要自觉接受社会主义思想的灌输，提出了"没有革命的理论就没有革命的运动"的著名论断。随着人类社会的不断发展，人的需要、实践与发展的自发性逐步递减，自觉性不断递增，这是人类社会发展与人的全面发展的必然趋势。以需要与发展的自发性与自觉性两种状态来衡量当代大学生，很显然，大学生自觉需要与发展居于主导地位。首先，经济全球化、社会信息化、市场经济体制和社会主义民主政治的发展，赋予了大学生充分的自主性、积极性与自由性，他们在开放环境的比较中，在社会竞争中，更关注我国社会未来的发展前景，更注重发展过程中的选择，更自觉地规划自己的发展目标。其次，为了应对和转化竞争压力、学习压力，越来越多大学生认识到，盲目与自发只会使自己陷于被动，只有心系祖国、融入社会、确立目标，才能获得动力之源，才能有效施展才能。为此，申请加入党组织的大学生越来越多，主动参与志愿者活动，愿为社会和他人做奉献的学生不断增加，采取各种措施组织社团活动、参加实践锻炼、增强社会责任，已成为大多数学生新的学习、锻炼方式。总之，随着社会的发展，大学生的需要与发展正在迅速地由自发转向自觉。但是，也要看到，有少数大学生仍限于自发的需要与发展，其主要表现是，偏重物质的、业务的满足和发展取向，轻视精神生活质量和思想道德素质的提高；偏重个人的、眼前的利益获取，轻视

---

① 《列宁选集》第1卷，人民出版社1995年版，第317页。

理想信念确立与实现的价值；容易盲目接受环境的不良影响或别人的暗示，经常轻易地改变或否定自己的主见而采取与自己观点不符合的行动；固执己见地坚持自己不合理的需要与价值追求，毫无理由地拒绝别人的劝告和批评；莫名其妙地对思想政治教育产生逆反心理；对正确的政治思想理论不感兴趣；持实用主义态度对待自己的学习与生活；等等。这些自发的需要与发展状况，虽然其中有合理成分并能为自觉的需要与发展奠定基础，但如果满足和陷于这种自发的需要与发展状况则是不可取的，因为这种状况只会使人无所适从、摇摆不定、停滞不前。这种状况产生的主观原因，一是一些学生在经济上、学习上甚至生活上缺乏独立性，且存在着不同程度的依赖性，因而容易受环境因素的影响，做出从众行为；二是面对社会多样、复杂、多变的状况，一些学生由于缺乏社会生活经验，缺乏辨别、分析问题与解决问题的能力，容易陷于盲目、自发状态。

综上所述，当代大学生同以往大学生一样，同样处在人生发展的关键时期，同样面临着许多成长、发展的矛盾。正是这些矛盾推动着高校的教育者与大学生去认识和解决矛盾，使大学生得到了进步、成长。因此，大学生处在一个尤其需要教育特别是思想政治教育的阶段。而思想政治教育则能够有效解决大学生所面临的许多问题，满足大学生成长与发展的需要。

三、提高大学生的需要层次，实现思想政治教育的价值

从前面的分析可以看出，大学生的需要是有层次的。高层次的需要是自觉的需要，这种需要往往难以自发形成，既要有低层次的需要作基础，也要有思想政治教育引导。因此，增强大学生需要的社会性与克服本位性，确立需要的长远性与减弱功利性，转化需要的自发性与增强自觉性，都是高校思想政治教育应当解决的问题。思想政治教育只有面对、解决这些问题，才能满足学生成长的需要，才能实现思想政治教育的价值。

首先，在尊重大学生主体性的同时，提高其社会化程度。在开放环境与市场经济体制下，增强大学生的独立性、主体性既是时代特征的体现，也是发挥大学生积极性与创造性的需要。因而，高校思想政治教育工作者要珍惜、爱护并进一步提高大学生的主体性。提高大学生的主体性，不可以孤立进行，因为大学生不可能离开社会与他人而孤立发展，社会性是人的本质所在。为此，马克思提出了“人的本质是一切社会关系总和”的著名论断，

并强调："社会关系实际上决定着一个人能够发展到什么程度。"① "只有在集体中，个人才能获得全面发展其才能的手段，也就是说，只有在集体中才可能有个人自由。"② 高校思想政治教育工作者要引导学生认识到，无论在什么情况下，大学生既需要增强主体性，又需要提高社会化程度，要坚持主体性提高与社会化发展的辩证统一，并由此引申出坚持竞争性与合作性、自由性与规范性的辩证统一。这既是每个学生所面临的发展任务，也是高校思想政治教育的职责。学生提高主体性与社会化程度，就是提高思想政治素质和发展社会关系，增强社会适应能力；思想政治教育提高主体性与社会化程度，就是运用思想政治理论并结合实际来教育学生，帮助学生树立正确理想信念，提高政治与道德社会化程度。因此，高校既要强化主体性、竞争性教育，提高学生的素质和品位，又要强化社会化、合作性教育，增强学生的社会适应能力。这是新形势下学生健康成长相互联系、不可分割的两个方面，也是满足学生全面发展需要、实现思想政治教育价值之所在。

其次，在引导大学生自发性发展过程中提高其发展的自觉性。学生注重学习、生活的功效与实用，存在自发发展倾向，这是可以理解的。高校思想政治教育有责任立足于学生的现实需要、结合学生的实际开展有益的教育、实践与文化活动，实现近期的教育目标。但是，仅仅满足学生的现实需要与自发发展、实现近期教育目标，既不是学生所期望的，也不是高校思想政治教育的主要任务。渴望成长、成才是广大学生的共同愿望，要实现这一愿望，仅仅局限于眼前、现实、具体需要与满足于自发发展，不可能确立远大目标、明确根本规范和提供强大动力。要帮助学生不断实现超越，健康成长，广大学生必须不断提高需要与目标的层次性，即提高需要与发展的自觉性。这种自觉性就是把个体的、眼前的、现实的需要与发展扩展和提高到全局的、长远的、理想的需要与发展的层次上来。要形成这种需要与发展的思路，就是要自觉坚持以理想信念教育为核心，以爱国主义教育为重点，以道德法制教育为基础，"着力提高学生服务国家、服务人民的社会责任感，勇于探索的创新精神和善于解决问题的实践能力"③。这些教育及其目标，是政治、思想、道德、法制内容的综合体现，蕴含在马克思列宁主义、毛泽东思想和中国特色社会主义理论体系之中，是全局性、长远性、根本性的利益

① 《马克思恩格斯全集》第3卷，人民出版社1960年版，第295页。
② 《马克思恩格斯全集》第3卷，人民出版社1960年版，第84页。
③ 《国家中长期教育改革和发展规划纲要（2010—2020年）》，人民出版社2010年版，第16页。

表达，与中华民族、每个大学生的前途与命运息息相关。大学生只有认同并接受这些教育，高校思想政治教育只有坚持和改进这些教育，才能不断实现由自发需要与发展向自觉需要与发展的转变，才能树立远大发展目标，形成强大发展动力。

最后，在肯定大学生专业学习积极性的同时，促进其精神家园的建设。大学生在承受强大学习压力的情况下，努力学习、刻苦钻研，其积极性是可贵的，应当充分肯定。此外，大学生的学习应突破课堂与书本界限，拓展为实践锻炼、网络学习、研究性和探究性学习。正是这样多内容、多途径、多方式的学习，激发了学生的学习兴趣，促进了学生的全面发展。应当看到，学生专业学习的积极性要持久，学习的兴趣要保持，光靠专业知识是不够的，还必须有专业以外的人文知识为其提供价值目标与精神动力，缺乏明确目标与强大动力的学习，是难以持久和有效的。如果没有科学价值观驾驭，即使学习很多专业知识，专业知识也很可能在错误价值观的支配下成为危害社会的工具。因而，帮助大学生建设精神家园，既是大学生提高生活质量、满足其健康成长的需要，又是高校思想政治教育的重要职责。但是，随着我国竞争机制的形成，我国社会过去的均衡状态正在发生新变化：它一方面赋予社会和个体强大的动力，另一方面也强化了物质与科技的竞争，相对弱化了精神的作用。这是因为，在竞争过程中，物质的、科技的成果因其有形和能被量化、指标化，并直接与个人利益挂钩，可以被用以进行直接比较，学生可感受到它的作用而具有价值优位；而隐藏和渗透在这些物质、科技成果后面的精神动力、道德品质和政治因素则因其无形且难以量化、指标化，而使一些学生难以感受到它的存在与作用。这就是前面所讲的一些学生追求功利价值，呈现自发发展状态的重要原因，也是一些学校重智轻德，重科技、轻人文的根源。联合国发展计划署教育顾问德怀特·艾伦对高等学校这一不平衡的需要与价值取向进行了分析。他说："20世纪，高等教育自发地把如何使学生变得'聪明'当作了主要目的。当今，知识量已经翻了好几倍。高等教育忙于应付令人头晕目眩的新知识，无暇顾及价值观和道德教育。"①针对这种情况，他明确提醒并警告教育者，"教育有两个目的：一个是要使学生变得聪明；一个是要使学生作有道德的人。如果我们使学生变得聪明而未使他们具有道德，那么，我们就为社会创造了危害"②。所以，在学习压

① ［美］艾伦：《高等教育的新基石》，载《求是学刊》2005年第22期。
② ［美］艾伦：《高等教育的新基石》，载《求是学刊》2005年第22期。

力下所产生的人文缺失并不是知识本身的原因，而是一些高校、学生专注于科技知识，忽视精神家园建设的结果。为此，高校要加强社会主义核心价值体系教育，加强中华民族优秀传统文化教育。这既是丰富、充实大学生精神生活、建设精神家园的需要，也是增强民族凝聚力、提高国家软实力的需要。

论思想政治教育对经济发展风险的应对方略*

思想政治教育是经济工作和其他一切工作的生命线。思想政治教育在革命战争年代曾经发挥了重要作用，在现代化建设时期也发挥了它的经济价值，这方面的研究不少。但面对经济发展风险的时代课题仍具有研究的空间，具有学术价值和实践意义。本文拟从理论基础、一般作用、特殊作用三个方面全面阐述思想政治教育对经济发展风险的时代应对。

一、思想政治教育应对经济发展风险的理论基础

思想政治教育对经济发展有没有用？它能不能应对经济发展风险？这既是理论问题，也是实际问题。思想政治教育应对经济发展风险，首先应从理论上继续进行深入研究。马克思主义理论关于政治与经济、精神与物质的关系、社会生产力理论是思想政治教育应对经济发展风险的三个理论纬度。

（一）政治与经济的关系

政治与经济的关系最为密切，作为主导意识形态的思想政治教育具有很强的政治性，因而其理论基础的纬度首先是政治与经济的关系。马克思主义认为经济是基础，政治具有相对独立性，经济决定政治，政治对经济具有反作用。“物质生活的生产方式制约着整个社会生活、政治生活和精神生活的过程”，经济基础在整个社会生活中具有决定性作用。同时，“经济运动会为自己开辟道路，但是它也必定要经受它自己所确立的并且具有相对独立性的政治运动的反作用，即国家权力的以及和它同时产生的反对派的运动的反作用”①。政治的相对独立性确立了政治对经济发展的能动的反作用。恩格斯曾指出：“政治权力不过是用来实现经济利益的手段。”② 可见，政治是实

* 原载于《思想政治教育研究》2009 年第 4 期，作者胡梅花、郑永廷，收录时有修改。

① 《马克思恩格斯选集》第 4 卷，人民出版社 1995 年版，第 701 页。

② 《马克思恩格斯选集》第 4 卷，人民出版社 1995 年版，第 250 页。

现经济利益最直接、最重要的方式，对经济利益的追求是政治统治的根本目的。

当前，我国最大的政治是如何应对经济全球化背景下金融危机所引发的经济发展风险，及其对整个上层建筑、社会生活领域将带来的风险与挑战。经济基础决定上层建筑，上层建筑对经济基础具有能动的反作用。上层建筑由政治上层建筑和思想上层建筑构成。其中，政治上层建筑是人们的政治交往关系制度化所形成的政治、法律制度与设施；思想上层建筑是人们的精神交往关系规范化和意识形态化所形成的社会意识形态。思想政治教育的本质特征之一是阶级性，是主导意识形态教育，是我党革命和建设的优良传统，因而是具有政治属性的思想上层建筑，对经济发展风险具有特殊作用，对经济的平稳有序发展具有重要意义。

（二）精神与物质的关系

经济发展必然关涉物质资料的生产，在这个意义上，经济与物质具有相同的性质。在现实生活中，与物质相对应的是精神，两者对应而存在。思想政治教育的目的在于构建人的精神家园，实现人与社会的和谐发展，具有很强的精神属性。因而，精神与物质的关系成为理论基础的第二个纬度。物质决定精神，精神是物质的能动反映，相互之间是可以转化的。

人必须解决衣食住行这些基本的生存需要，才能谈其他需要。人的生存需要确定了物质的首要决定地位。但是，精神并不是完全派生的，精神对物质同样具有自身的能动反作用。对此，马克思早就做过论述："理论一经掌握群众，也会变成物质力量。理论只要说服人就能掌握群众；而理论只要彻底，就能说服人。"① 这里所说的理论说服人就是思想政治教育。"理论一经掌握群众，也会变成物质力量"就是说，理论在一定条件下具有经济价值。列宁强调，没有革命的理论就不会有革命的运动，"一个阶级如果不从政治上正确地处理问题，就不能维护它的政治统治，因而也就不能解决它的生产任务"②。

毛泽东明确提出："代表先进阶级的正确思想，一旦被群众掌握，就会变成改造社会、改造世界的物质力量。"③ 邓小平同志还根据现代社会的实

---

① 《马克思恩格斯选集》第1卷，人民出版社1995年版，第9页。
② 《列宁选集》第4卷，人民出版社1972年版，第442页。
③ 《毛泽东著作选读》（下），人民出版社1986年版，第839页。

际，提出了社会主义物质文明、精神文明“两手抓，两手都要硬”的理论，揭示了物质文明与精神文明互为条件、相互转化的辩证关系：物质文明是精神文明的物质基础和前提条件，精神文明能动地反作用于物质文明，这种反作用不仅具有先导作用、能动作用，而且思想道德作为一种精神力量直接参与物质文明的创造，直接为生产关系和社会制度服务，并使精神文明的成果在物质生产过程中转化为物质成果。江泽民提出，“发展社会主义市场经济，不仅要求建立相应的法律法规体系，而且要求建立与之相适应的思想道德体系”①。同时，江泽民也多次强调精神文明、先进文化、思想政治教育对社会主义物质文明和经济建设的重要推动作用，并从综合国力的高度论述了精神的价值。“有没有高昂的民族精神，是衡量一个国家综合国力强弱的一个重要尺度……强大的精神力量不仅可以促进物质技术力量的发展，而且可以使一定的物质技术力量发挥出更好更大的作用。”② 胡锦涛进一步指出，我们始终要高度重视和切实加强社会主义道德建设，大力弘扬社会公德、职业道德、家庭美德，为我国经济社会发展提供强有力的思想道德保障。

（三）社会生产力理论

经济发展的历史就是生产力不断变革的历史，考察经济必然不能回避社会生产力理论。社会生产力由物质生产力、精神生产力、人口生产力组成，其中，物质生产力是生产力的首要组成部分。它由物的要素和人的要素构成，其中物的要素主要是生产工具、生产资料、生产技术和生产对象；人的要素主要是劳动者，包括科技工作者及管理者。物的要素是物质生产力中的基础要素，人的要素则是物质生产力中的主体性要素，是推动物质生产力发展的决定性要素。思想政治教育的对象是人，人是经济活动的主体性要素，无疑社会生产力理论成为理论基础的第三个纬度。

列宁说：“全人类的首要的生产力是工人、劳动者。”③ 胡锦涛提出，“生产力的发展离不开教育、科技、文化的发展，离不开思想道德建设和人们崇高精神的培育”。这是因为物的因素归根结底是由人创造的，并且只有被人掌握才能形成现实的物质生产力。人的因素主要是指思想道德素质和科学文化素质。思想道德素质主要是指劳动者的思想觉悟、道德水平、劳动态

① 江泽民：《论“三个代表”》，中央文献出版社 2001 年版，第 94 页。

② 《毛泽东邓小平江泽民论思想政治工作》，学习出版社 2000 年版，第 9 页。

③ 《列宁选集》第 3 卷，人民出版社 1972 年版，第 843 页。

度及事业心、责任感等，科学文化素质主要是指劳动者学习、运用知识、技术的业务能力与水平。思想道德不仅决定科学文化的性质和方向，而且影响科学文化、技术技巧和人的体力发挥的程度和速度，也就是影响在生产力中起决定作用的劳动力，即劳动能力。思想政治教育的作用就是激发人的思想情感，增强精神动力，可以缩短必要劳动时间。此外，教育也担负着让人们把劳动能力充分发挥出来的任务，也会赋予劳动能力某种价值取向和某种发挥规范。也就是说，劳动能力的培养总是会同一定的思想政治教育相伴随。

二、思想政治教育应对经济发展风险的一般作用

从已有的研究成果来看，思想政治教育在经济发展中的一般作用主要包括导向作用、保证作用、激励作用。

导向作用，主要是一种政治思想功能，即帮助单位和个人坚持正确的政治方向，使其接受政治理论观点，维护社会政治制度，服从党的领导；坚持社会主义、集体主义的价值取向，同干扰正确方向的错误思潮、言行以及腐朽落后的价值观念作斗争。导向作用是思想政治教育目的性、意识形态性的体现，是其他任何教育都无法替代的功能。当前，在全球金融危机的环境下，思想政治教育主要为应对经济发展风险发挥了应有的导向作用。

保证作用，就是创造良好的政治思想环境，维护正常的工作、生活秩序，保证党的方针政策的贯彻执行，保证单位和个人工作、学习的顺利进行。保证作用是思想政治教育服从和服务于社会发展规律的体现，在传统思想政治教育中，主要是保证政治思想上的共识性，保证政治制度、政治秩序的巩固性，保证工作、生活的秩序性。这些作用在新形势下还应继续保持，但是作为在经济风险中的保证作用，主要体现为稳定作用、协调作用。

激励作用，主要是目标激励，就是通过设置理想和目标，激发人们为实现理想和目标而奋斗。思想政治教育主要通过远大社会政治目标的设定并结合实际情况激励人们为了美好未来拼搏奋斗；在当前的经济发展风险中，则主要通过共同社会政治目标的设定，增强人民群众对经济发展的自觉能动性。鉴于关于一般作用的研究相对较成熟，本文不做更多具体分析，而侧重分析思想政治教育应对经济发展风险的特殊作用。

三、思想政治教育应对经济发展风险的特殊作用

随着经济科技发展的突飞猛进及人们对其所带来的深度困境的无力，思想政治教育的经济价值日益突出。在应对经济发展风险的过程中，其不仅发挥了一般作用，还发挥了特殊作用。

（一）对社会主义市场经济体制主导性与多样性的反作用

公有制为主体、多种所有制经济共同发展，是中国社会主义初级阶段经济体制的基本特征。同时，公有制的实现形式多样化，充分体现了社会主义市场经济体制主导性与多样性的基本特征。现阶段的经济体制决定了思想政治教育是主导性与多样性的统一。社会经济成分和经济利益、生活方式、组织形式、就业岗位和就业方式的多样化，势必带来人们思想观念的多样化，使整个社会呈现多样性的复杂局面。因此，新的形势要求思想政治教育必须在坚持主导性的同时，不能忽视多样性的发展。同时，作为思想意识形态，思想政治教育对经济体制主导性与多样性又具有反作用。

首先，体现为国家政治主导。政治主导是社会主义市场经济体制发展的必然要求，是社会主义公有制经济基础主导性的保证。历史表明，市场经济在推动经济发展的同时，也带来了整个社会生产的无政府状态。马克思、恩格斯对此进行了深刻的批判，指出市场经济将可能带来的经济震荡与危机，并且提出国家要有计划地进行组织。邓小平也提出市场经济体制要与社会主义基本制度结合。市场经济不是万能的，它不能只有自身提供的发展的条件，还必须要有政治（包括法律）为其提供的发展保证，也就是需要“无形的手”发挥作用。在席卷全球的金融危机中，中国经济的相对平稳充分彰显了国家政治主导对市场经济的重要作用。

其次，体现为满足市场主体多样化的社会需求。“进行社会主义市场经济体制改革是社会多样化产生的基础，市场经济的自主性要求是社会多样化产生的前提，市场经济体制的竞争机制是社会多样化产生的内在机制。”[①] 江泽民进一步将我国社会多样化特征概括为“社会经济成分、组织形式、物质利益、就业方式日益多样化”[②]。社会的多样化发展必然伴随着市场主

---

① 张耀灿等：《现代思想政治教育学》，人民出版社2006年版，第224页。

② 江泽民：《论“三个代表”》，中央文献出版社2001年版，第59页。

体需求与发展的丰富化、多样化。在坚持国家政治主导市场经济发展方向的前提下，必须同时满足市场主体的多样化发展需要。只有这样，才能保证市场经济的丰富性与多样性，为经济发展添活力。在经济发展危机中，必须坚持国家政治主导经济发展方向与满足市场主体多样化发展要求的统一，即经济发展的方向性与丰富性的统一，这正是思想政治教育应对经济发展风险的特殊作用之一。

（二）经济竞争中的“软实力”作用

文化是经济的母体。在经济与精神文化的关系中，经济对精神文化具有决定作用，精神文化为经济发展提供内在动力，保证经济合理、持续发展。正是在这个意义上，作为蕴含精神文化的思想政治教育在经济竞争中具有“软实力”作用。

思想政治教育的重点是爱国主义教育，爱国主义教育是我国传统文化的重要组成部分，是精神文化的重要内容，因而“软实力”首先体现为思想政治教育是“国魂”。随着经济全球化的日趋深入，国家之间的竞争突出的表现已经由经济竞争、政治竞争转移到文化竞争，世界范围内正进行着一场“没有硝烟的战争”。胡锦涛同志在党的十七大报告中指出，“当今时代，文化越来越成为民族凝聚力和创造力的重要源泉、越来越成为综合国力竞争的重要因素，丰富精神文化生活越来越成为我国人民的热切愿望”。“中华文化是中华民族生生不息、团结奋进的不竭动力。”① 对于组织和集体来说，思想政治教育是“群魂”。与国际经济竞争相衔接，经济组织之间的竞争越来越体现为文化理念等一系列软环境因素的相互竞争。彼得·圣吉在《第五项修炼》中深入分析了文化在企业组织中的重要作用，其所提倡的“共同愿景”的激发与确定，对明确企业发展的方向、凝聚企业的竞争力、消除企业的“组织病毒”都具有深远意义。思想政治教育关于集体主义教育的内容正是“共同愿景”的中国式表达，与其有异曲同工之妙。对于个体来说，思想政治教育是“灵魂”。人是经济的主体，应对、解除经济发展风险的关键在于主体作用的发挥，其前提在于主体素质的高低。在人的素质系统中，人文素质是根基，是灵魂。精神文化通过提高人的人文知识，塑造人的人文精神来提升人的人文素质，为人的智能和体能的开发提供内驱力，并

---

① 胡锦涛：《高举中国特色社会主义伟大旗帜为夺取全面建设小康社会新胜利而奋斗：在中国共产党第十七次全国代表大会上的报告》，人民出版社 2007 年版。

保证开发的正确方向，使人的全面素质得到提高。有了素质全面发展的人作动力，经济才会有序、健康地发展。

（三）风险社会中的预测作用

风险的最大特征是它的“不确定性”。面对经济发展风险的不确定性，预测变得尤为重要。思想政治教育的预测作用是由思想的预测性决定的。思想通过对动机的把握发挥预测作用，增加实现目标的可能性。风险的“不确定性”对目标的实现具有极大威胁，规避风险对实现目标具有重要作用。

思想政治教育的预测作用对经济发展风险的预防与规避具有重要作用。思想政治教育的预测作用是通过对社会稳定进行预测、舆情预测等实现的，对个体而言，则是通过职业生涯设计来预测个人发展方向，动员个体自觉发展。在经济风险中，则表现为动员个体自觉应对风险。同时，思想政治教育也可以消除人们在经济风险面前对未来的无知与恐惧。列宁说：“神奇的预言是童话，科学的预言却是事实。”《中庸》中说，“凡事预则立，不预则废”。经济全球化、社会信息化、文化多元化和价值取向多样化的不断加深，在一定程度上加剧了经济发展风险的不确定性和整个社会的风险性。面对复杂多变的社会现实、经济现实，科学地发挥思想政治教育的预测作用具有重要现实意义。

新时期大学生思想政治教育实践的丰富与发展*

——改革开放30年大学生思想政治教育实践发展成果

改革开放30年来，大学生思想政治教育按照面向现代化、面向世界、面向未来的要求，面对改革开放和社会主义现代化建设的新形势、新情况，范围不断扩大，渠道、载体逐渐增多。思想政治教育实践领域、实践途径与方式、实践功能不断丰富和发展，创造了丰富多彩的实践成果。

一、新时期大学生思想政治教育实践领域的拓展

大学生思想政治教育实践领域的拓展，既有空间领域的拓展，也有时间领域的拓展。

（一）开放条件下面向世界的拓展

我国实行改革开放，融入经济全球化大潮，面向世界竞争，面临的发展机遇与挑战都是前所未有的。我国要在面向世界的竞争中取得主动权，要在面临西方发达国家强势经济、科技挑战的背景下加快发展，必须实施人才强国战略，培养大批能够面向世界勇于竞争的专业人才。各级各类学校直接担当着人才强国的任务。面向世界的人才不仅要有参与世界竞争的智能与科学技术水平，还要有面对世界复杂局面的思想、道德和心理素质。面对世界各种文化激荡和价值观的冲击，更要有强烈的爱国情感与民族精神；面向世界的经济、科技、人才竞争，更要有敢于竞争的勇气和勇于创新的精神；学习、生活在对外开放的环境和复杂多变的社会，更要有良好的心理素质和道德风范；等等。这些思想、政治、道德、心理素质的培养、形成，是高校思想政治教育的重要职责。为此，思想政治教育工作者既要有面向世界的视野，又要有教育的能力与水平。除了要对世界经济、政治、文化的发展态势

---

* 原载于《思想教育研究》2008年第11期，作者郑永廷、朱白薇，收录时有修改。

有所了解和把握，还要研究其他国家，特别是西方发达国家思想政治教育方面的重大理论与实际问题，比较研究各国思想政治教育的特点和优势。根据我国文化传统和培养人才的要求，学习、借鉴世界各国思想政治教育的经验，推进我国思想政治教育发展，为培养面向世界的人才服务。总之，面向世界开展思想政治教育已经成为发展趋势，进行比较思想政治教育的研究与实践，是新时期大学生思想政治教育发展的一个新生长点。

（二）现代化进程中面向社会领域的拓展

在现代社会条件下，政治、经济和科学技术的发展不断开辟出新的领域。市场经济体制所引发的竞争格局，大众传播媒体所形成的传媒环境，广大群众在民主权利、自主意识增强之后参与的各种活动，以计算机和信息技术为基础的互联网络，不断开辟着新领域，涌现着新问题，既广泛深刻地改变着社会的面貌，推进着社会进步，也广泛影响着学生的思想与行为，在赋予学生新的时代特征的同时，折射出许多新的思想、道德、心理问题，迫切需要思想政治教育工作者积极主动地与学生进行交流，对其新的思想、道德、心理问题进行疏导，并要根据社会和学生发展的需要，逐步探索竞争伦理、科技伦理、环境伦理、网络伦理等新的道德理论与价值观，保证和促进学生在新的历史条件下适应社会发展需要，成为中国特色社会主义的合格建设者与可靠接班人。

（三）竞争条件下面向未来的拓展

随着开放的扩大和改革的深化，新情况、新问题不断出现，社会的迅速变化和社会信息量的剧增，增加了学生判断与选择的难度；科学技术的迅猛发展，不断改变着生产方式和人们的活动方式；随着社会竞争的加剧和价值取向的多样化发展，人们的期望值不断攀升，利益关系日趋复杂。所有这些，既增加了社会的复杂程度，又加快了社会的变化频率。因此，对每一个人来说，现代社会在发展过程中总是既存在大量机遇，又存在不少风险。因此，发展的机遇与风险在很大程度上都具有未知性、未来性特点。社会的这种发展状况在学校里也有充分的体现。学生的学习、升学、就业都处在直接的比较和竞争之中。由于我国教育资源不足，就业压力大，学生为了上重点学校、找到满意的工作，常常要进行激烈竞争，付出极大的努力和代价。为此，学生总是想方设法抓住各种机遇，力求避免学习、成长过程中的挫折与失误，更加关注自己的发展前景，更加注视未来发展进程中可能出现的问题。在学校，只要有竞争就会有主动与被动、优胜与劣汰的差别，学生在对这种差别进行判断和选择时，总是力求主动和优胜，避免被动与淘汰。这样，学生对发展过程中的多种因素需要作出自己的分析与判断，特别是对尚未出现的不确定因素既关切而又难以把握，对竞争的结果十分关注。为此，思想政治教育要满足学生的发展需要，只能面向未来，探索适用未来领域的理论与方法，发展思想政治教育的预测、预防功能，帮助学生学会把握社会发展趋势，明确发展目标，尽可能消除学生对未来发展的无知，力求全方位塑造学生自己主动发展，避免在复杂多变的环境中陷于被动。这既是当代学生的成长需要，也是思想政治教育立足现实、面向未来的特性。

（四）在复杂多变条件下向心理领域的拓展

在现代社会条件下，社会因素和社会信息不断增多并且变化节奏加快，社会流动加大和人们的社会关系的复杂程度增加，加上新旧体制的转换和新旧观念的冲突，不可避免地会带来许多新问题、新矛盾。所有这些变革、矛盾、冲突都会在学生相对单纯的内心世界产生影响，使其形成心理震荡和加重心理负荷，甚至导致一些学生心理不平衡，产生心理障碍与心理疾病。同时，面对一个复杂多变的开放环境和激烈竞争的社会，学生要学业有成、成长顺利，需要有健康、良好的心态。否则，学生可能会在复杂多变的社会环境中出现适应性困难，产生迷惘与困惑，有的甚至会荒废自己的精神家园。因此，学生心理方面的问题便十分突出地被摆到了思想政治教育工作者面前。开展心理测试与心理分析，进行心理诊断与心理咨询，普及心理健康知识，提高心理素质，便成为新时期思想政治教育的一项重要任务。研究学生心理问题，还有一个更重要的任务，就是开发人才资源。每一个学生都有一个复杂的内心世界，每一个学生都有巨大的潜能。学生的知、情、意、行既表现在德性上，也表现在智能上。德性与智能的关系，智力因素与非智力因素的关系，学生的动机与行为之间的关系，以及学生主观能动性的发挥，等等，都是需要我们进一步探索的问题。思想政治教育对宏观领域的研究、探索不会穷尽，同样，对微观领域的探索也不可能到头。因此，我们要把学生的潜能充分发挥出来，把人才资源充分开发出来。不掌握学生内心世界的发展变化规律，不能有效地把外在教育内化为学生的素质，开发人才资源就只能是一句空话。

（五）在科学发展观指导下面向生态领域的拓展

人类文明的发展大致经历了原始文明、农业文明和工业文明三个阶段。目前，人类文明正处于从工业文明向生态文明过渡的阶段。面对生态恶化的挑战，党的十七大报告明确提出要建设生态文明，目标是基本形成节约能源资源和保护生态环境的产业结构、增长方式、消费模式，解决人与自然的关系问题。生态文明，是指人类遵循人、自然、社会和谐发展这一客观规律而取得的物质与精神成果的总和；是指以人与自然、人与人、人与社会和谐共生、良性循环、全面发展、持续繁荣为基本宗旨的文化伦理形态。三百年的工业文明以人类征服自然为主要特征，生态文明则将人类改造世界的物质和精神文明拓展到自然界。生态文明的提出表明，社会、自然与人的发展不只是一个当下发展和发展当下的问题，而是一个以人为本，全面、协调和可持续发展的问题，即科学发展的问题。这当中不仅蕴含了以人为本的价值观念，还蕴含着人与自然和谐共处的伦理精神。生态文明使道德对象从人与人、人与社会扩展到人与自然，传统道德价值观和文明观的内涵得以大大拓展。把生态文明纳入大学思想政治教育，使如何处理人与自然的关系成为新的道德教育内容，不仅拓展了思想政治教育的领域，而且丰富了思想政治教育的内容。大学生生态文明教育旨在通过生态文明观的培养、认知的提高、情感体验的加深及习惯的养成，将大学生塑造成为智慧的“理性生态人”，而不仅仅是聪明的“科技人”。

（六）在信息化条件下向虚拟领域的拓展

随着计算机技术和信息技术的发展，网络已不仅是一种信息载体和技术的存在方式，还是一种社会存在方式，具有社会和人文功能，形成了网络社会。网络社会既依赖于现实社会，又不同于现实社会，它是人类开辟和创建的新空间——网络虚拟领域。在网络领域这个新空间，学生进行着虚拟实践活动。虚拟实践是一种在虚拟领域中以信息流动为主的活动，包括对信息发布、流向、选择、整合、优化等过程。虚拟实践是学生现实实践的延伸、优化和发展。同时，学生在虚拟实践活动过程中，也会形成各种关系，这种关系被称为虚拟关系。虚拟关系是一种信息关系，它既是现实社会关系的折射，又是对现实关系的延伸、丰富与发展。所以，虚拟实践和虚拟关系构成了学生在虚拟领域的学习、生活方式。网络领域的出现和发展，对学生的学习方式、生活方式和思维方式产生了广泛而深刻的影响，在推动学生学习、成长的同时，也给学生带来了许多新的思想、心理、道德问题，这迫切需要思想政治教育向网络领域发展，以保证学生适应和正确使用网络。网络领域对学生的影响，是思想政治教育向虚拟领域发展的前提与基础；引导学生科学利用网络，则是思想政治教育向虚拟领域发展的任务与目的。帮助学生认识网络的本质属性、功能属性、社会属性，指导学生正确利用网络，学会学习、鉴别、选择信息和优化自己的生存与发展方式，是思想政治教育在新的历史条件下的重要任务。

二、新时期大学生思想政治教育实践途径与方式的发展

改革开放以来，随着社会现代化发展，大学生思想政治教育在实践中不断探索新途径、新方式，增强了教育的针对性，提高了教育的实效性。

（一）发挥大学生思想政治教育主渠道的作用

在高等学校各种教育活动中，课堂教学是最基本、最重要、最稳定的教育活动。课堂教学的内容是人类认识世界和改造世界成果的结晶，具有系统性和感召力。与此相应地，学校的育人职能在任何时候都主要通过课程教学来实现。因此，中共中央、国务院在《关于进一步加强和改进大学生思想政治教育的意见》中明确提出，要充分发挥课程教学在大学生思想政治教育中的主导作用，并把课程分为三个组成部分，即思想政治理论课程、哲学社会科学课程和其他课程。其中，思想政治理论课是大学生获得思想政治教育的主渠道，哲学社会科学课程负有思想政治教育的重要职责，各门课程都具有育人的功能。我国高校的课堂教学坚持“育人为本，德育为先”的原则，依靠广大教师教书育人，挖掘各类课程的思想教育资源，将思想政治教育融入各类课程课堂教学的各个环节。哲学社会科学类课程坚持马克思主义的指导地位，积极利用学科资源，在民族精神、人文精神、创新精神培养中发挥了重要作用。各类专业课程坚持正确的价值取向，在求实精神、科学精神、探索精神的培养中发挥了不可替代的作用，从而有效地促进了学生的全面发展。

（二）拓展大学生思想政治教育实践途径

新时期大学生思想政治教育实践途径的拓展，主要表现在以下四个方面。

一是依托大学生组织建设，开展思想政治教育。大学生组织包括党团组织、学生会、班级组织，宿舍和学生社团组织。依托大学生组织建设开展思想政治教育，是我国高校的优势和特点。中共中央、国务院在《关于进一步加强和改进大学生思想政治教育的意见》中提出，要“发挥党的政治优势和组织优势，做好大学生思想政治教育工作”。在新时期，我国高校提出了以党建带团建的大学生思想政治教育模式，把着力点放在对入党积极分子的教育培养上，积极将优秀大学生吸纳到党的队伍中来，积极将大学生党支部建在班上，把大学生党支部建设成为带领学生团结进步的坚强“堡垒”，有力地带动和促进了广大学生的自我教育自我管理。

二是建立社会实践教育基地，发挥优势教育资源作用。社会是高校思想政治教育的大环境，也是大学生展示人生的舞台。社会实践是大学生了解国情、认识社会的场所，是大学生增长才干、奉献社会，锻炼毅力、培养品格，增强社会责任感的重要途径。社会实践基地可以起到优化资源、示范辐射的作用。建立足够数量而稳定的社会实践基地，既有利于大学生在社会实践中奉献社会，又有利于学校和地方之间的合作，从而达到互惠多赢的目的。改革开放以来，高校建立了三个层次的社会实践教育基地：起示范作用的国家级社会实践教育基地；有一定规模的地方性社会实践基地；高校根据具体实际和专业特点，与地方、单位、社区共建的社会实践教育基地。基地的建立促进了大学生社会实践的深入，同时，大学生社会实践活动的深入又能推进基地的发展，由此形成双向互利的良性循环。

三是开展形式多样的社会实践活动，丰富学生的社会生活经验。改革开放以来，社会实践成为大学生思想政治教育的有效途径。1980 年，继清华大学学生提出“振兴中华，从我做起，从现在做起”、北京大学学生提出“团结起来，振兴中华”的口号之后，北京、辽宁等地的一些高校出现了大学生开展社会调查和咨询服务的自发活动，社会实践的序幕由此拉开。1983 年 10 月，中国共产主义青年团中央委员会（以下简称“团中央”）、中华全国学生联合会（以下简称“全国学联”）发布《关于纪念“一二·九”运动四十八周年开展“社会实践周”活动的通知》，这是我国官方第一次提出“大学生社会实践活动”的概念。1984 年 5 月，时任团中央书记处第一书记的胡锦涛同志提出“受教育、长才干、作贡献”的社会实践活动方针，这一方针也是当今大学生社会实践活动的指导思想。1997 年，团中央、中国共产党中央委员会宣传部（以下简称“中宣部”）、中华人民共和国国家教育委员会、全国学联发布《关于开展中国大中学生志愿者暑期文化科技卫生下乡活动的通知》，大学生志愿者暑期文化、科技、卫生“三下乡”（以下简称“三下乡”）活动被正式命名。经过十多年的发展，“三下乡”活动已经成为在大学生中最具影响力的社会实践活动品牌。2005年，为贯彻落实中共中央、国务院《关于进一步加强和改进大学生思想政治教育的意见》，中宣部、中央精神文明建设指导委员会办公室、教育部、团中央出台了《关于进一步加强和改进大学生社会实践的意见》，提出大学生社会实践的总体要求是以邓小平理论和“三个代表”重要思想为指导，认真贯彻以人为本、全面协调可持续的科学发展观，全面贯彻落实党的教育方针，遵循大学生成长成才规律和教育规律，开展教学实践、专业实习、军政训练、社会调查、生产劳动、志愿服务、公益活动、科技发明和勤工助学等。实践证明，参加社会实践，有利于大学生了解社会、认识国情、增长才干、奉献社会、锻炼毅力、培养品格，对于形成中国特色社会主义共同理想，实现中华民族伟大复兴，增强其历史使命感和社会责任感，具有不可替代的作用。

四是开展大学生思想政治教育的环境建设。校园文化建设是高校以精神文化建设为主，兼顾物质文化、制度文化的综合性建设，是一种社区文化建设，旨在把思想政治教育的内容、要求渗透在物质、信息、制度、活动载体之中，形成潜移默化的影响力，为学生创造成长发展的良好环境。因此，开展校园文化建设既是思想政治教育适应、调节社会环境影响的需要，也是发展思想政治教育的重要途径。

校园文化建设是一个复杂的系统工程，渗透于教育教学工作的各方面。改革开放以来，各个高校校园建设坚持校园环境的使用功能、审美功能和教育功能的和谐统一，以优美的校园环境陶冶大学生关爱自然、关爱社会、关爱他人的美好情操。许多高校在进行校园规划、校舍建设、景点设计、花草树木种植等方面，均考虑到了涵盖学校师生精神面貌、集体舆论、心理环境、文化传统等多种因素。经过规划的校园校舍能体现学校的教育理想，使校园成为朝气蓬勃、奋发图强、充满生机活力和希望的园地。有些院校为更好地发挥校训、校风、教风、学风的激励和引导作用，每一幢教学楼和每一条路均用校训等命名，以求将这些精神文化在校园内积淀下来，在共同孕育学校文化的过程中形成一种具有持久影响力的“学校行为场”。此外，充分利用校园长廊，宣传党的理论、路线、方针、政策，以及国内时事和健康向上的文化，通过学生优秀作品的展示，营造大学校园文化氛围。同时，各高校开展了丰富多彩的学生社团活动、以“挑战杯”为龙头的学生课外学术科技活动、计算机操作竞赛、创新科技知识系列讲座、学术报告会、英语听说能力竞赛、模拟国际学术会议、读书论坛、读书读报知识竞赛、书画摄影展、校园歌手赛、演讲赛、辩论赛、数学建模大赛及举办文艺汇演等，这些富有时代特征、符合学生特点的活动激发了学生的热情，增强了校园的学术气氛，营造了良好的学风，促进了学生综合素质的提高。

三、新时期大学生思想政治教育实践功能的发展

社会实践是随着时代的发展和进步而不断拓展的，人类实践经历了以自然为主要对象、社会为主要对象、人为主要对象的发展。思想政治教育是以人为实践对象的活动，不仅具有认识功能，而且具有塑造、改造思想和规范行为、开发潜能的作用。联合国教科文组织国际教育发展委员会在《学会生存：教育世界的今天和明天》报告中指出，教育的种种弊端，最主要的是它的“保守性”，“自古以来教育的功能只是再现当代社会和现有的社会关系”。这种具有复制功能的教育是普遍存在的。我国古代所推行的“传道、授业、解惑”的教育，也是一种复制性教育。在几千年封建社会中，教师传授、注释的是“四书五经”，学生言必称“子曰”，思想政治教育受这种传统教育的影响很深。复制性思想政治教育固然可以传承文化，有其存在合理性的一面，但它仅仅重复过去的东西，仅具有认识功能，缺乏创造与超越，已不能满足现代社会发展和当代学生的发展需要。针对教育包括思想政治教育的保守性、封闭性，邓小平提出了教育要面向现代化、面向世界、面向未来的主张，还提出了培养“四有”新人的目标，为克服思想政治教育复制性弊端，推动思想政治教育实践发展指明了方向。在全国第三次教育工作会议上，江泽民强调：每一个学校都要爱护和培养学生的好奇心、求知欲，帮助学生自主学习、独立思考，保护学生的探索精神、创新思维，营造崇尚真知、追求真理的氛围，为学生的禀赋和潜能的充分开发创造一种宽松的环境。新时期思想政治教育实践功能的发展，主要表现在以下两个方面。

第一，在实践中的导向功能。面对快速发展变化的社会，思想政治教育的导向功能必须适应社会发展的客观要求而不断发展；对世界观、人生观、价值观尚在形成过程中的青年学生来说，导向显得尤其重要。导向包括理想信念导向、奋斗目标导向、行为方式导向。思想政治教育导向并不是教育者通过对理论所预示目的性的论述、阐释来体现的，而是要通过学生对所预示目的性理论的认同来体现的，并在实践中指导其行为，导向会才起作用并具有价值。思想政治教育导向功能的实现，其基本标志是学生的目标或理想信

念的形成。也就是说，思想政治教育改变了学生的思想、行为，包括塑造、生成了正确思想和改变、克服了错误思想；养成了良好习惯和改变了不良行为。思想政治教育对学生的这种塑造、改造是一种客观的对象性活动，使学生实现了对原有状况的超越，因而其活动具有实践作用。如果思想政治教育仅仅是教育者对理想信念、奋斗目标、行为规范的解说与阐述，而没有真正地被学生接受，或者学生只对其在概念、内容上进行记忆而没有形成自己的思想，这样的思想政治教育则仅有认知性而没有实践性，在新时期也会一直面临挑战。为此，思想政治教育工作者面对复杂多变的环境和处于高度社会化、信息化、开放性中的大学生，应研究社会环境对学生的影响并注重思想政治教育情景的创设，使思想政治教育贴近社会、贴近实际、贴近学生，开辟校园文化建设、社会实践教育新途径，逐步推进思想政治教育由平面向立体（开放与社会化）、单一向多样（比较与选择）、零散向系统（信息与整合）的转化，增强思想政治教育的实践功能。

第二，在人才培养中的开发功能。在当今时代，人才资源是最重要的资源，教育人、培养人、开发人的活动已经从科教兴国与人才强国的战略高度确立了其在社会主义现代化建设中的地位。应当看到，人才资源开发绝不仅仅是智能开发，还有精神潜能的开发。学生的精神潜能是巨大的、无限的，对其的开发也是无止境的。对学生精神潜能的开发，实际上是学生的主体性不断增强、能动性充分发挥的过程，是学生个性特点、创造精神的培养和创造性文化环境创设的过程。学生的智能需要智育培养、开发，学生的精神潜能往往也不能由学生自发地完全释放出来，而需要思想政治教育进行引导、开发。在人才需求日益迫切、人才竞争日益激烈的新时期，我国思想政治教育工作者围绕人才开发问题进行了研究与实践，形成了开发学生精神潜能与智能的思路和经验：尊重学生的兴趣爱好，发挥学生的特长优势，是开发学生潜能的基础；充分调动学生的主动性、积极性，促进学生的智力与能力的发展，是开发学生潜能的重点；培养学生的创新精神与创造能力是开发学生潜能的最高层次。因而，思想政治教育开发既是有层次性的递进过程，也是与智能开发相结合的过程。思想政治教育开发实际上是思想政治教育创新。创新就是一种发掘、开发的过程。思想政治教育创新不仅是思想政治教育工作者要在思想政治教育观念、思想政治教育内容、思想政治教育方法上有新突破、新发展，更重要的是要培养学生的创新精神。创新精神实际上是一种顽强的拼搏精神、艰苦的奋斗精神、忘我的牺牲精神。学生进行创新性的学习和研究需要付出艰苦的努力，需要其具有坚定的目标、顽强的毅力和勇于探索的勇气。这种精神的培养当然不是一般性思想政治教育可以实现的，而是需要大量艰苦且富有创造性的思想政治教育才能担当和胜任。同时，随着学生主体性的增强，个性化发展成为学生普遍关注的问题。注重对学生鲜明个性的培养，需要深度开发思想政治教育。所谓个性，是指学生比较稳定的心理特征的总和，包括气质、性格、智力、意志、情感、兴趣等方面，实际上是概指学生的内心世界。个性既包括了学生的兴趣、爱好、性格等主观世界的基础性内容，也包括了学生的主观能动性方面的理想、信念、情感、意志等核心内容，还包括了智能、思维等综合性内容。对所有这些内容进行综合概括的个性概念，实际上是学生的内在特征描述。具体到每一个学生来说，个性是不同的。但决定每个学生个性特征的主要因素还是反映学生主观能动性的核心内容，即学生是否有远大志向、执着追求、顽强意志、丰富情感等，舍此来谈个性特征或者不全面，或者不典型。因而，我们说学生个性鲜明、突出，判断的内容和标准离不开上述的主要因素。有的学生个性鲜明、突出，有的学生个性平淡、一般。个性特点鲜明、突出的学生易富有创新性，而个性平淡、一般的学生则不易富有创新性。个性与创新性的这种内在联系性，实际上是学生的主观能动性的发挥与智能发掘的关系。培养学生的个性特点，能够激发其创新性，增强其创新力，而通过创新，又能够促进其个性特点的进一步发展。所以，个性与创造性的关系，是直接互动的关系。

以科学发展观主导大学生思想政治教育*

全面建设小康社会是我国在21世纪的奋斗目标，也是我国现代化建设的新阶段。在这个阶段，人怎么发展，大学生思想政治教育怎么改革发展，这是需要我们认真研究的问题。党和国家以邓小平理论和“三个代表”重要思想为指导，确立了全面建设小康社会追求物质丰裕、政治文明、文化先进，推进社会和人的全面发展的目标体系，提出了以人为本，坚持全面、协调、可持续发展的战略思想。这一科学发展观，为推进大学生思想政治教育改革发展，发挥大学生思想政治教育的主导作用，促进学生的全面发展，提供了明确的理论指导和思想保证。大学生思想政治教育的主导功能与价值，集中体现在以学生为本、促进学生全面、协调发展上。坚持思想政治教育的人本主导，加强思想政治教育的全面引导，探索思想政治教育的协调发展，是全面建设小康社会大学生思想政治教育的主导发展取向。

一、坚持思想政治教育的人本主导

党中央提出的科学发展观，其内涵是极其丰富的，其中以人为本是科学发展观的核心，更是大学生思想政治教育的根本宗旨，因为大学生思想政治教育的对象是人。所谓以人为本，就是社会的一切发展既依赖于人的发展，又是为了人的发展；人既是发展的目的，又是发展的手段。坚持以人为本的发展观，首先要把人的全面发展作为社会和人的根本目标，把社会的经济、政治、文化发展归因于满足了人的发展需要，就是要代表广大人民群众的根本利益，体现一切为了群众和立党为公、执政为民的民本观。其次，要把人的发展作为一切发展的基础，坚持人民群众是社会发展的主体和历史发展的动力的唯物史观，广泛发动群众，充分调动群众的积极性与首创精神，推进我国社会主义现代化建设，继承和弘扬党的“一切依靠群众”“从群众中来到群众中去”的群众观。最后，要树立人才资源是第一资源的观念，把人才资源作为最重要的战略资源来认识、开发和管理，高校要努力担当人才强

* 原载于《思想教育研究》2005年第3期，作者郑永廷、朱孔军，收录时有修改。

国的历史重任，形成“小康大业，人才为本”的共识。大学生思想政治教育坚持以人为本，就是要把代表学生的根本利益，促进学生的全面发展，调动学生积极性与创造性作为根本任务与根本目的。

在大学生思想政治教育领域，人本发展观是与文本发展观相对应的。所谓文本发展观，就是以书为本、从理论出发的发展观，就是在教育过程中，只重备课，忽视“备人”；只讲抽象理论，忽视人的具体实践；注重文本逻辑性，忽视人的发展需要；强调文本意义阐释，忽视社会实践发展；等等。概括起来，就是只重书本，不重人本。这种文本发展观的基本特征是理论脱离实际的教条主义，是抽象化、概念化的形式主义，是经院式、学究式的本本主义。教条主义、形式主义、本本主义在党的历史上和过去的大学生思想政治教育中曾多次出现，它既制约了马克思主义理论的生命力，又导致了实践发展的模式化，从而使人的思想僵化保守，曾多次对我国革命和建设造成重大危害。

改革开放以来，虽然高校在解放思想、实事求是的思想路线指导下，对教条主义、形式主义、本本主义进行了批判并取得了很大的进步，但是，大学生思想政治教育脱离社会改革发展实际和当代学生特点的现象依然不同程度地存在着。诸如理论教育仅满足学生在竞争领域、信息领域、网络领域等新的领域发展的需要，而价值、心理健康教育的理论比较缺乏，且对当今社会出现的重大问题尚难作出有说服力的回答；思想政治教育与学生专业学习、研究分离的“两张皮”状况还没有得到很好的解决；一些思想政治教育工作者、领导者在市场竞争中为了自身现实利益而简单应付思想政治教育的倾向仍然存在；传统、单一的大学生思想政治教育方法难以满足学生的多样化和个性化发展需求；等等。这些思想政治教育现象是缺少人本主义、难以满足学生发展需要的一种教育倾向。

学生在某些滞后和针对性不强的思想政治教育过程中，往往难以感受到思想政治教育的价值而疏离，甚至对理论缺乏兴趣和不愿接受，致使思想政治教育的有效性下降。而一些学生又因缺少理论武装往往发出彷徨与迷惘的呼喊，力图自发地求解精神困惑，表现出精神的饥渴状态。这就是当前高校学生需要与思想政治教育供给的矛盾，是大学生思想政治教育必须面对的问题。为此，大学生思想政治教育应当以人本发展观反省教育的文本发展观，改革其脱离社会发展实际和学生实际的倾向，使其真正成为学生生存与发展的辅助力量。唯有如此，思想政治教育的主渠道才能通畅，主导作用才能得以切实发挥。

二、加强思想政治教育的全面引导

坚持推进社会和人的全面发展，是科学发展观的中心内容，是党的全部工作，包括大学生思想政治教育的根本目标，大学生思想政治教育就是要保证和促进人的全面发展。所谓人的全面发展，按照马克思的观点，就是人的本质“以一种全面的方式，也就是说，作为一个完整的人，占有自己全面的本质”。物质性、社会性、精神性都是人的本质属性。生活在一定社会条件下的人既要拥有生存与发展的物资条件，又要不断丰富社会关系，还要有自己的精神生活；在发展取向上，既坚持全面，又有所侧重，既要发展特色，又互不替代，以物质、社会、精神的全面方式发展自己。

在不同历史时期，全面发展观的内涵是不同的，全面发展观是相对于片面发展观而言的。在历史发展进程中，由于受生产水平和社会政治制度的制约，人往往呈现片面发展状态，并在不断克服片面发展的过程中走向全面。在我国古代，人的发展侧重于道德发展，即所谓“道德人”。我国“文化大革命”以阶级斗争为纲和政治运动为中心，人的发展集中于政治，把人变成“政治人”；西方中世纪的神本价值主导，使人成为在神面前的“神性人”；资本主义的“商品拜物教”使人成为“经济人”；现代社会一些人对科技的顶礼膜拜，又使一些人成为“工具人”。从历史发展的过程来看，人类社会在不同时期具有不同的主导价值取向，形成了人不同侧重的发展趋向，而社会和人在发展价值取向上的替代，又造成了人的片面发展。

马克思曾经系统分析了古代人在“人的依赖关系”状况下的片面发展，深刻分析了资本主义社会的人在“物的依赖”状况下的片面发展，提出了人的全面而自由的发展是未来社会和人的发展目标。我们党提出的人的全面发展观，就是要避免以往社会人的片面发展状况，克服“道德人”“政治人”“神性人”“经济人”“工具人”的局限，真正按照人的本质属性，使人实现物质与精神、科技与人文、政治与道德、生理与心理、知识与能力等方面的全面发展，进而真正成为“全面人”。

坚持人的发展的全面性，既是人的本质要求，也是社会主义的本质体现。按照马克思主义的观点，人的全面发展从根本上讲是人的本质的全面占有，从社会发展趋势看则是社会主义的目标。过去，我们在人的发展上过分强调社会性，忽视物质性，产生了一大批热衷于政治运动的“政治人”。结果，由于人们追求物质的动力不足，社会生产缺乏动力，不仅物质生活水平不高，而且缺少接受教育、提高科学技术水平的条件。当人们开始追求物质利益后，又有一些人忽视政治与道德而表现为“经济人”“工具人”，结果，在社会上和学校里引发了许多社会问题。例如，一些人将物质交换原则引入政治活动，为了满足个人私欲玩弄政治权术，以权谋私，大搞钱权交易；一些人滋长了享乐主义和利己主义，迷信金钱至上，相信“人不为己，天诛地灭”的自私哲学；一些人为了私利丧失良心大搞欺骗活动；一些人营私舞弊、剽窃他人成果；等等。这是物本价值取向对社会政治、道德、教育等领域的冲击，也是经济主导价值观单一化而导致的对其他社会价值观的替代性现象。这种价值取向的实质是将物质的满足作为人的最高目的，把物质价值置于价值体系的最高点，是一种典型的片面认识与片面发展。这种物本价值取向与科技为本的价值取向，对大学生的影响是广泛的，所引发的价值替代性后果是堪忧的。无论是物质替代精神，还是科技替代道德，都是以物质、科技作为唯一衡量价值的准绳，忽视了自身内在精神世界的耕耘与和谐。于是，一些学生思想上存在着迷惘与困惑，不愿意从精神和理论的层面求解；一些学生不自觉表现的急躁、浮躁、焦躁、烦躁，不明白“人无远虑，必有近忧”的古训；一些学生拥有现代化生活的物质条件，但烦恼不断和幸福感缺乏；一些学生在激烈的社会竞争中，稍有不顺就怨天尤人和动力不足；还有一些学生内在精神缺乏支撑，患上各种精神疾病而遭受精神折磨。所有这些我们可以感受到的事实，不仅给学生发展增加了阻抗，还要社会对其所造成的损失做出补偿。

面对现代社会人发展的复杂状况，大学生的思想政治教育要以科学发展观为指导，在理论上启发学生重新学习马克思主义关于人的本质与全面发展理论，克服实用主义倾向与片面性理解，切实全面把握人的本质并确立全面发展的目标；在实践中帮助学生适应社会发展的全面性与丰富性，改变过去非此即彼和抑此扬彼的简单方式，切实在坚持全面发展中形成重点与特色；在比较中引导学生认识人类的全面发展趋势和片面发展的危害，避免盲目发展倾向，正确吸取人类在发展上的经验教训。

大学生思想政治教育坚持人的全面发展观，是一项长期而艰巨的任务。这是因为，从历史上看，由于受客观历史条件的限制，以往人的发展取向存在片面性。这种片面性实际上反映的是社会和人的发展的不成熟性，要克服这种片面性或不成熟性有一个过程。有些学生否定了“文化大革命”以政治替代其他价值取向的错误之后，转向了对政治本身的否定而陷于经济、科技价值取向，从一个极端摆向另一个极端，这仍然是不成熟的表现。从现实来看，科技进步、市场体制所引发的社会竞争力量强大。在竞争中，经济与科技由于直接与人们的物质利益相关，并且可以通过物化、量化和指标化进行比较而显示价值优位，因此受到重视，而精神、道德往往因难以被直接比较而被忽视，这是造成人的片面发展的现实原因。针对历史与现实情况，大学生思想政治教育只能以政治与经济相统一、科技与人文相统一的理论，探索与现代物质、科技相协调的精神价值理论，强化理论说服力和精神、道德上的影响力，为学生的全面发展创造条件。

三、探索思想政治教育的协调发展

坚持社会和人的协调发展是科学发展观的重要内容，也是大学生思想政治教育在新的历史条件下应遵循的重要原则。所谓协调发展，是指人在发展过程中与所处环境、条件的互动与和谐，而不是分裂与对抗。人的全面发展与协调发展是不可分割地联系在一起的，全面发展是协调发展的基础，没有全面发展，就无法进行各方面素质的协调；而协调发展则是全面发展的保证，没有协调发展，就无法坚持全面发展。因而，人的协调发展是人应有的科学、合理发展状态，是大学生思想政治教育必须追求的目标。人的协调发展主要包括人与社会、人与自然和人自身发展的协调。

人与社会的关系始终是人生存与发展所面临的主要关系。在古代社会中，“人的依赖关系”把人进行等级分裂，造成人与人的对立；在资本主义中，社会人对物的依赖关系，使人陷于物质价值的追求而相互争夺，使人和社会不可能实现协调发展。为了解决人与社会的冲突，马克思和恩格斯提出了“自由人的联合体”思想，即在这样一个联合体中，“每个人的自由发展是一切人的自由发展的条件”。这一思想是对单纯群体本位、极端个人本位的扬弃与超越，是对个人与社会关系割裂的否定与克服。它既肯定了个体的自由发展，又把一切自由发展的个体从本质上统一为整体的社会联合体，即人的“类存在”。这样，人再也不是“单子式”的相互矛盾的存在，而是有着共同利益的联合体。马克思和恩格斯提出的“自由人的联合体”思想，是人与社会协调发展的理想目标，人类要生存和发展下去，只能向这一目标努力。

在我国社会主义初级阶段，人与社会的关系还存在诸多矛盾，既存在自然经济条件下的人际依附关系，以及血缘、地缘、业缘等裙带关系，也存在市场经济条件下的个人本位、个人中心的倾向。前者表现为主体性不强，后者表现为社会化程度不高。因此，增强学生的主体性，提高学生的社会化水平，是大学生思想政治教育所面临的双重任务。

学生的主体性发展，实际上是对学生自身素质的全面提高，是对学生内在潜能的充分发掘，它是一切发展的基础与源泉。同时，学生的社会化发展实际上是学生与社会的协调和学生的社会关系的丰富，是学生面向社会充分发挥作用的根本途径，它是一切发展的前提与条件。学生的主体性与社会化发展的辩证关系，实质上是个体与社会、学生的内在与外在的辩证关系。然而，对学生与社会协调发展的关系不是每个学生都能自觉认识和把握的。有的学生只看到市场经济体制自主性与竞争性的一面，而忽视了市场经济体制高度社会化与合作性的一面；只看到社会主义民主自由性的一面，而忽视了社会主义法制规约性的一面。为此，大学生思想政治教育既要发展学生的自主性、竞争性、独立性，又要提高学生的社会化、合作性，要探索学生的主体性与社会化相结合发展的协调状态。

学生与自然的关系，也是学生所面临的基本关系。古代社会“人的依赖关系”实际上根源于人对自然的依赖，即人从属、顺从自然而“听天由命”。资本主义社会人对物的依赖关系，导致人为了物质追求而对自然的任意宰割与对立。为了解决人与自然关系的协调，马克思主义认为，人一方面要发展科学技术，发展自己，超越自然，成为自然界的主人；另一方面，人要从私有制和个人本位状态下解放出来，克服孤立个人的偏狭，寻求类主体的人与自然关系的和谐，即“作为完成了的自然主义，等于人道主义，作为完成了的人道主义，等于自然主义，它是人与自然之间——斗争的真正解决”。

从我国的历史和现实情况来看，由于我国科学技术落后，人对自然的开发还不充分，科学技术水平还需要大力提高。因此，动员学生提高科学技术水平，提高认识和开发自然的能力，仍然是大学生思想政治教育长期而艰巨的任务。不完成这个任务，学生与自然的协调性只会停留在很低的层面上。同时，在我国实现现代化的过程中，也出现了人与自然的矛盾与冲突，主要表现为一些人在利用科学技术发展工业时，为了追求自身利益而过分开发稀有资源并造成污染，使环境恶化，危及人的生命安全；一些人物欲膨胀，无节制地享用自然珍稀资源和现代物质条件，加速了物种灭绝和环境污染，破坏了生态平衡；一些人为了眼前利益，对自然资源进行盲目甚至掠夺性开发，违背自然规律，已经并且还将遭受来自自然的严厉报复和惩罚。人与自然的这些矛盾与冲突已经威胁到人与社会的生存与发展。如果大学生思想政治教育对此不予以正视和引导，学生就会见怪不怪、习以为常，甚至会使学生得到片面发展。因此，大学生思想政治教育在鼓励学生大力提高科学技术水平的同时，要强调统筹发展和对自然的责任，反对物质享乐主义，引导学生探索与自然协调发展的和谐格局。除了学生与社会、自然协调发展的问题，还有学生自身协调发展的问题。学生自身的协调发展，亦可被称为学生的可持续发展，是指学生实现眼前发展与长远发展的结合，并坚持对自身不断超越的发展状态。学生的发展和社会发展一样，也存在着眼前发展与长远发展、持续发展与间断发展、缓慢发展与快速发展的状态。市场经济体制下的激烈竞争，现代科学技术发展的日新月异，社会信息传播的千变万化，以及终身教育与学习型社会的形成，都要求每个学生持续发展，也为每个学生的持续发展创造了条件。但是，在谋求发展的过程中，一些学生由于受眼前利益、局部利益和个人利益的驱使，往往只重视眼前发展而忽视长远发展，结果导致发展的间断和缓慢，甚至发生倒退。为此，大学生思想政治教育要根据现代社会的客观要求，按照可持续发展战略，引导学生在注重竞争发展的同时，立足长远发展；在关注现实利益的同时，树立远大目标，坚持眼前与长远、现实与理想的协调统一，防止只图眼前、不顾长远，只求实利、忽视理想的发展取向。

以党的十七大精神指导和推进思想政治教育研究与发展*

中国共产党第十七次全国代表大会是在我国改革发展关键阶段召开的一次十分重要的大会。这次大会高举旗帜、明确目标、全面部署、凝聚人心，对中国特色社会主义事业的发展起到不可估量的作用。当前及今后一个阶段，认真学习贯彻党的十七大精神，是全国各行各业面临的一个重要任务。思想政治教育作为一项党性、实践性突出的社会事业与人的事业，更需要深入学习贯彻党的十七大精神，全面推进自身的改革、研究与发展。

一、深入学习领会党的十七大主题，研究和发展理想信念教育

党的十七大郑重向全世界和全国各族人民提出了会议的主题：高举中国特色社会主义伟大旗帜，以邓小平理论和“三个代表”重要思想为指导，深入贯彻落实科学发展观，继续解放思想，坚持改革开放，推动科学发展，促进社会和谐，为夺取全面建设小康社会新胜利而奋斗。这个主题鲜明地向党内外、国内外宣示，我们党将举什么旗，走什么路，以什么样的精神状态、朝着什么样的发展目标继续前进。举什么旗、走什么路的问题，对国家而言是一个根本方向、根本目标问题，对个人而言则是理想信念问题。我们要利用学习贯彻党的十七大精神的有利时机，研究和发展理想信念教育。

（一）党的十七大主题为当前开展理想信念教育提供了坚实的实践与理论基础

党的十七大主题第一次把新时期我们党的理论创新与实践创新所取得的伟大成果集中起来，形成系统；第一次阐明了高举中国特色社会主义伟大旗帜的内涵——最根本的就是要坚持中国特色社会主义道路和中国特色社会主义理论体系；第一次把党的大会的主题与社会主义核心价值体系的主题结合

---

* 原载于《学校党建与思想教育》2008 年第 2 期，作者郑永廷、张艳新，收录时有修改。

起来，从而为开展中国特色社会主义共同理想教育提供了系统的理论内容与坚实的实践基础。我国自改革开放以来，所取得的理论成果——中国特色社会主义理论体系是在国内认同程度高、国际影响范围广、经过了实际运用和实践检验的理论；所取得的实践成果——中国特色社会主义事业快速、持续地发展是惠及全国各族人民、震动国际社会的财富。实践充分证明，中国特色社会主义道路是强国富民之路、民族复兴之路。我们围绕党的十七大主题，运用改革开放所取得的理论创新与实践创新成果，可以进行最有说服力的理想信念教育。

（二）学习领会党的十七大主题是立足现实与实现理想相结合的需要

高举中国特色社会主义伟大旗帜，是我国社会的灵魂、方向和力量，关系国家的前途与人民的安康。中国特色社会主义，既是改革开放和社会主义现代化建设的理论主题，也是实践主题；既是我们党的理论旗帜，也是广大人民群众的精神旗帜。这面旗帜不仅是我国改革开放取得成功的根本原因，是我国改革开放伟大实践的根本结论，也是我们继续推进改革开放伟大事业的根本保证。因而，深入学习领会党的十七大主题，是继续推进中国特色社会主义事业发展的需要，也是增强个人发展动力、民族凝聚力的需要。我们应当看到，在现实社会条件下，一些大学生在社会竞争压力下，存在注重眼前、具体利益的价值取向，忽视长远、全局价值取向的功利化倾向；在社会信息压力下，出现了注重科技、挤压人文，注重工具理性、忽视价值理性的倾向；在社会风险压力下，表现出注重感性的即时性思维，忽视理性的人文性思维。这些价值取向上的不平衡性与偏差，是确立中国特色社会主义共同理想的思想障碍，是理想信念教育面临的现实难题。我们要深入研究现实问题与理想实现的关系，使党的十七大主题的学习富有成效。

（三）学习领会党的十七大主题要对来自国内外各种错误思潮与主张作出回应

在举什么旗、走什么路的问题上，我们既面临着国际上的挑战，也面临国内某些冲击。近几年，美国以武力“扩展民主”陷于困境后，在总结东欧剧变与“颜色革命”经验的基础上，推出了“转型外交”，即将外交重点转向中国等“新兴国家”，“支持每个国家、每种文化中民主运动和民主制度的发展”，其目标就是要改变每个国家，特别是我国的社会主义制度。中国是美国“转型外交”的重中之重。胡锦涛同志在中共中央党校所讲的“四个坚定不移”和党的十七大的主题，就是在向全世界宣告我们的主张与决心，就是对试图改变我国社会主义制度的有力回击。在国内，虽然中国特色社会主义已经成为我国社会的主流，但噪音与杂音仍然存在，如有人发表言论，政治上主张中国搞民主社会主义、宪政社会主义、功能社会主义等；经济上推行新自由主义，主张经济上最大程度自由化、尽快实行私有化；文化上鼓吹历史虚无主义，肆意歪曲近现代中国革命的历史、党的历史与中华人民共和国的历史。党的十七大提出的主题，既是对我国社会主流的强有力引导，也是对这些噪音与杂音的正面回应。在学习党的十七大主题、进行理想信念教育的过程中，我们要引导学生适应开放环境与信息社会的客观实际，面向世界和现实，运用比较、鉴别、分析、批判的方法，认识各种社会思潮的本质。

二、深刻认识改革开放历史进程与宝贵经验，研究和发展爱国主义教育

改革开放以来，我国社会主义现代化建设取得了举世瞩目的伟大成就。党的十七大报告用“三个最”和“三个面貌”高度概括了这一历史新时期。“三个最”即新时期最鲜明的特点是改革开放，最显著的成就是快速发展，最突出的标志是与时俱进。“三个最”带来了“三个面貌”的历史性变化，即中国人民的面貌、社会主义中国的面貌、中国共产党的面貌发生了历史性变化。我们要深刻认识改革开放的历史进程与宝贵经验，以爱国主义教育为重点，深入开展弘扬和培育民族精神教育。

（一）开展改革开放历史进程教育，激发人们的爱国情感

我国改革开放的历史进程是连续的不平凡的历史进程，要引导学生认识改革开放进程是一个持续推进的过程。党的十七大报告用“三个永远铭记”饱含深情而又实事求是地概括了改革开放伟大事业是几代中国共产党人带领人民接力推进的。第一个“永远铭记”以毛泽东同志为核心的党的第一代中央领导集体为改革开放的历史进程奠定了根本政治前提和制度基础；第二个“永远铭记”以邓小平同志为核心的党的第二代中央领导集体带领全党全国各族人民开创了改革开放新时期；第三个“永远铭记”以江泽民同志为核心的党的第三代中央领导集体带领全党全国各族人民把改革开放成功推

向了 21 世纪。要帮助学生了解改革开放进程是不平凡的进程。改革开放是从纠正“文化大革命”的全局性错误开始的。我国要实现工作中心的转变与经济体制的转型，敢于面对发达国家经济、科技的强势挑战而融入经济全球化大潮，应对来势凶猛的社会信息化冲击，等等。我们是在这样一个不平凡的历史进程中开创中国特色社会主义道路并实现快速持久发展的。情感与认知是相互融合、相互促进的，积极的认知会引发积极的情感，因而要积极开展改革开放伟大进程与宝贵经验的历史教育，激发学生的爱国情感。

（二）以改革开放的伟大成就，增强学生的民族自尊与自信

改革开放的伟大成就，集中体现在党的十七大报告的“三个生动描述”上。一是，这场历史上从未有过的大改革、大开放极大地调动了亿万人民的积极性，使我国成功实现了从高度集中的计划经济体制到充满活力的社会主义市场经济体制、从封闭半封闭到全方位开放的伟大历史转折；二是，中国的发展不仅使中国人民稳定地走上了富裕安康的广阔道路，而且为世界经济发展和人类文明进步作出了重大贡献；三是，社会主义和马克思主义在中国大地上焕发出勃勃生机，给人民带来更多福祉，使中华民族大踏步赶上时代前进潮流、迎来伟大复兴的光明前景。我们可以用我国改革开放前后经济指标的比较和经济总量的国际地位、人均收入的变化和人们生活水平的提高，用国际政治地位的提高和国内民主政治的发展与人们自主、自由的增强，用文化教育面向世界影响的扩大和文化、科技、教育的迅速发展，用和谐社会建设成果的国际效应与科学发展的现实状况，等等，进行爱国主义教育，坚定学生走中国特色社会主义道路的决心和信心，增强学生民族复兴的责任感和使命感。

（三）深刻认识改革开放的性质和目的，使青年学生担当振兴中华民族的使命

党的十七大报告进一步概括了改革开放的性质和目的。改革开放的性质，是党在新的时代条件下带领人民进行的新的伟大革命。改革开放的目的，一是解放和发展社会生产力，实现国家现代化，让中国人民富裕起来，振兴伟大的中华民族；二是要推动我国社会主义制度自我完善和发展，赋予社会主义新的生机活力，建设和发展中国特色社会主义；三是要在引领当代中国发展进步中加强和改进党的建设，保持和发展党的先进性，确保党始终走在时代前列。这“三个目的”所要解决的分别是经济基础、政治制度、

党的领导问题，集中起来，就是强国富民、振兴中华。因而，坚定改革开放信念，就是坚定国家发展、民族振兴的爱国主义信念。改革开放作为一场新的伟大革命，不可能一帆风顺或者一蹴而就。面对改革开放进程中一些新情况、新问题，如收入差距过大、社会治安混乱、贪污腐败、教育不公等，有些人不看经济社会发展大局，存在不满情绪与怀旧情结，有的甚至主张倒退。这些人在国外被称为“新左派”。其实，国外学者也认为他们“向‘左’就是倒退”“没有出路”。当前加强和发展爱国主义教育，要重点引导学生深刻认识改革开放的性质和目的，主动投入改革开放的实践，积极推进改革开放的进程；要大力培养以爱国主义为核心的民族精神和以改革创新为核心的时代精神，使青年学生肩负起振兴中华民族的伟大历史使命。

三、深刻领会和贯彻落实科学发展观，促进学生全面发展

（一）深刻理解和全面把握科学发展观的要义，促进学生适应并推进社会发展

科学发展观的第一要义是发展。科学发展观是用来指导发展的，不能离开发展这个主题。发展是解决我国社会各种问题的关键，是党执政兴国的第一要务。自改革开放以来，我国牢牢抓住经济建设这个中心，一心一意谋发展，不断推进社会生产力的解放和发展，同时强调着力把握发展规律，创新发展理念，转变发展方式，破解发展难题，提高发展效益，推进社会快速发展、持续发展、和谐发展。我们也应看到，发展为社会提供了丰富的物质、文化财富，同时也带来了许多新情况、新问题。迅速发展的社会格局与复杂多变的社会环境，给当代大学生造成了认识、选择和适应上的困难，而大学生面临发展这个主题，首先必须适应社会发展。青年学生只有关注社会、面向社会、学习社会，不断发展自己，才能跟上时代步伐，才能适应社会要求，才可能成为推进社会发展的积极力量。否则，就会滞后于社会的发展，甚至成为社会发展的障碍。因而，思想政治教育要牢牢把握发展这个主题，积极引导学生适应社会及其发展要求，并促进学生成为推进社会发展的生力军。

（二）坚持以人为本，注重人文关怀与学生的民生问题

科学发展观的核心是以人为本。以人为本的实质是，人是目的与手段的

统一，即一切为了人，一切依靠人。以人为本体现了马克思主义的人民主体思想，体现了我们党全心全意为人民服务的根本宗旨。思想政治教育的对象是人，更应该坚持以人为本。思想政治教育坚持以人为本，其一是要注重人文关怀，即了解学生、关心学生、尊重学生、爱护学生、为了学生，在教育教学过程中，既要“备课”，更要“备人”，改变注重书本、注重理论、注重课堂而忽视学生需要与实际的倾向；其二是要解决学生民生问题，即有效解决学生根本利益、切身利益问题。学生的根本利益是学生健康成长与全面发展，是学生综合素质的提高。学生在竞争压力、信息压力、风险压力下，在复杂多变的社会环境中，难免存在适应、取向、选择上的困难，难免产生诸多迷惘困惑，帮助学生解决成长过程中的矛盾与问题，是学生最大的问题。

（三）把握科学发展观的基本要求，促进学生全面发展

科学发展观的基本要求是全面协调可持续发展。全面协调可持续发展既是对社会发展的要求，也是对人的发展要求。社会的全面协调可持续发展，是人全面协调可持续发展的条件，而人的全面协调可持续发展，则是社会全面协调可持续发展的基础。学生的全面发展，是学生在德、智、体、美等各个方面既都得到发展，又能够有重点、有特色地发展。当前，重物质、轻精神，重智育、轻德育的发展倾向在一部分学生中不同程度存在，应研究这种倾向产生的社会原因及其导致的不良后果，并探索出有效的解决途径。学生的协调发展表现为学生与社会、学生与自然、学生自身的和谐发展。一些大学生不适应社会，缺乏环保意识，存在心理失衡与心理冲突，这些都是不协调发展的主要表现，研究和解决这些不协调问题，是实现学生社会化与全面发展的重要任务。学生的可持续发展要求学生在德、智、体、美等各个方面，既要立足现实，又要有远大目标；既要注重满足眼前需要，又要着眼于长远发展。

四、以全面建设小康社会的奋斗目标，激励学生奋发有为

（一）以自主创新能力显著提高的目标，激励学生奋发学习

党的十七大报告对未来经济建设提出了新目标、新要求。在这些目标中，党中央根据当今时代科学技术日益成为经济发展决定性力量的趋势，提

出自主创新能力是国家发展战略的核心，是提高综合国力的关键，要求全国自主创新能力有显著提高。提高自主创新能力，是全面建设小康社会和增强我国国际竞争力的迫切需要。我国作为一个发展中的大国，科技自主创新能力薄弱、核心技术缺乏，长期困扰着我国经济发展，这势必制约着全面建设小康社会目标的实现。提高自主创新能力，大学生担当着义不容辞的历史责任，因为大学生是未来科学技术的主力军，是推进中国特色社会主义事业发展的生力军。我们既要研究如何利用党的十七大所确定的发展目标和我国存在的差距，激励学生奋发学习，也要研究拔尖人才和高层次人才培养、成长的条件。

（二）以发展社会主义民主政治的目标，引导学生理解中国特色社会主义政治发展道路

党的十七大报告对发展中国特色社会主义民主政治提出了新的要求，作出了新部署。报告强调，人民民主是社会主义的生命，发展社会主义民主政治是我们党始终不渝的奋斗目标，并对中国特色社会主义政治发展道路作出了精辟概括，这就是“一个统一”和“四个制度”。“一个统一”就是坚持党的领导、人民当家作主、依法治国有机统一。“四个制度”就是坚持和完善人民代表大会制度、中国共产党领导的多党合作和政治协商制度、民族区域自治制度以及基层群众自治制度。这“一个统一”和“四个制度”构成了适合我国国情、能够把 13 亿人民的意志和力量凝聚起来的政治制度安排，集中表现了我国社会主义民主政治的特点和优势。我们要根据我国国情的特殊性及经济制度的性质，研究和讲清政治制度、民主发展的民族性，引导学生坚持中国特色社会主义政治发展道路。同时，要分析西方国家，特别是美国的政治制度、资产阶级民主的由来与实质，消除西方政治与民主对我国学生的不良影响。

（三）以社会主义文化大发展大繁荣的建设目标，调动学生的积极性

党的十七大报告强调要推动社会主义文化大发展、大繁荣，兴起社会主义文化建设新高潮。然而，我国高等学校普遍存在重科技文化、轻精神文化的现象，具体表现为重智轻德，重科技、轻人文。因而，研究、发展高校精神文化成为高校思想政治教育一项艰巨的任务。研究、发展高校精神文化，首先要以当代社会为背景，以人的文明需要为出发点，研究、发展高校精神

文化的价值性，这是发展高校精神文化的前提与基础。其次，要研究我国高校精神文化与科技文化、西方文化、传统文化、大众文化的关系，明确我国精神文化的主导性，明确校园文化建设的核心是精神文化建设。最后，要研究、发展师生的精神生活方式，尤其要调动师生的积极性与创造性，引导其精神文化的正确生产与消费。

五、认真学习党的十七大关于教育的论述，推进思想政治教育改革发展

（一）党的十七大报告关于教育的重要论述

党的十七大报告把教育由过去放在文化建设部分，改为放在社会建设最先部分，并强调优先发展教育，建设人力资源强国；并指出，教育是民族振兴的基石，教育公平是社会公平的重要基础。这些说明，教育不仅是全社会、全体人民生存与发展的重要民生问题，而且是国家强盛、民族振兴的基石，因此，教育占据了非常重要的地位。党的十七大报告提出了改革发展教育的新要求，即全面贯彻党的教育方针，坚持育人为本、德育为先，实施素质教育，提高教育现代化水平，培养德、智、体、美全面发展的社会主义建设者和接班人，办好人民满意的教育。这些对教育的根本要求，其针对性与现实性是很强的，具体表现在：一是针对重智育、轻德育的倾向，强调所有教育都要坚持育人为本、德育为先；二是针对应试教育倾向，强调所有教育都要实施素质教育；三是针对教育相对滞后倾向，强调所有教育都要提高现代化水平（包括教育观念、内容、方式现代化）；四是针对教育存在的问题，提出人民满意是衡量教育效果的标准。此外，党的十七大报告还针对高等教育规模发展快的现实，强调高等教育重在提高质量。

（二）思想政治教育的改进与加强

根据党的十七大报告的这些精神，我们首先要研究在新的历史条件下，如何切实贯彻落实大学生思想政治教育战略，为推进科教兴国、人才强国战略和建设人力资源强国服务，进一步增强思想政治教育者的责任感与使命感，发挥思想政治教育的先导作用、育人作用、开发作用。其次，要针对思想政治教育存在和面对的问题与困难，研究如何使思想政治教育适应和推进我国社会的快速发展和学生的多样化需要，改变思想政治教育的滞后状况，

进一步更新教育观念，深化教学内容与方式改革，立足于提高学生思想政治素质。最后，要根据高校教育规模增大、思想政治教育投入相对不足的实际，研究提高思想政治教育现代化水平与教育质量的对策，加快辅导员专业化步伐，增强思想政治教育的感召力与实效性。